国連の金融制裁

法と実務

吉村祥子 編著

東信堂

はしがき

　本書は、国際連合（国連）による経済制裁に関連した措置のうち、金融上の制裁措置、いわゆる金融制裁につき、多角的な視点から考察しようとするものである。

　今日、国連安全保障理事会（安保理）が決定する対北朝鮮経済制裁をはじめとして、経済制裁に関連する学術研究やメディア報道は数多くなされている。一方、経済制裁において主に着眼されてきた措置は、物品の輸出入制限や停止など、いわゆる「目に見える」措置であった。冷戦時に形成された対共産圏輸出統制委員会（Coordinating Committee for Export Control, COCOM）のような多国間の貿易制限枠組みは（技術規制も含むとはいえ）その象徴であろう。送金停止や資本取引停止に代表される金融上の強制措置は、経済制裁において輸出入停止などの措置を強化する意味合いで用いられてはいたが、どちらかと言えば副次的な位置づけであったと考えられる。

　国連の経済制裁が全面的制裁からスマート・サンクション（smart sanctions）に変容する過程で、無辜の一般市民に対する制裁の影響を最小化する方策が考察され、武器禁輸、資産凍結、渡航禁止という措置が経済制裁の主要な措置となっていった。その中で、資産凍結のような金融上の制裁措置は、「概して富裕層」である「有責者（政府高官をはじめとする指導層）」に対して大きな影響を与えることが期待され、さらに輸出入禁止措置と比較しても「非制裁国およびその国民の金融資産の大半が預託されている少数の有力国が協力すれば、相当の経済的打撃を与えることが可能」であると期されている（中谷和弘「安保理決議に基づく経済制裁」『国際問題』No. 570、2008 年 4 月、35 頁）。

一方で、今日では、凍結の対象となる「資産」については特定の物品も含むという安保理決議も採択され、「金融資産」のみが凍結の対象となるわけではないと認識されつつもある。また、技術革新や新たな商品開発などに伴い、国連設立時には存在していなかった仮想通貨のような新たな取引形態も出現し、今後さらなる金融商品開発や取引の活性化も考えられる。経済制裁措置の中では副次的な位置付けであった金融制裁は、国連の経済制裁の政策変化に伴い注目を集めるようになっているが、その特質を考慮した制裁の発動や履行、適用が行われなければ、期待されているような効果は得られないと考えられる。

　本書は、理論と実務の双方の側面から、国連の金融制裁について考察するものである。まず第1章では、総論として経済制裁の組織化や国連の実行、さらに国連金融制裁の課題について概観する。第2章から第4章までは、主として国連の制裁発動時の課題を扱う。第2章では、金融制裁の対象拡大に伴い、有責者の個人資産凍結とともに制裁対象として注目されている政府系ファンドや中央銀行に対し、国連が制裁を発動した事例やその国際法上の課題が分析される。第3章は、国連において制裁の履行確保等を目的として設置される制裁委員会などの補助機関を取り上げ、金融制裁レジームの発展に基づく制度構築や役割について考察がなされている。第4章は、国連のスマート・サンクション政策の視点から金融制裁を取り上げ、その実効性を左右する要因等につき考察が行われている。

　第5章から第8章は、主として国連の金融制裁履行時の課題を扱う。第5章では、国連安保理の決定による経済制裁の一般的な履行の状況や、金融制裁を履行する上での諸課題についての分析が行われている。第6章では、日本において国連の金融制裁を履行する上での根拠法となる外国為替及び外国貿易法（外為法）の説明を中心に、日本における制裁実施の概要や今後の展望を考察する。第7章は、経済制裁に関しては多くの事例がある米国につき、金融制裁に関する原則や規制内容及び法的課題を概観し、デジタル通貨の発展等に伴う見通しについても見解が述べられる。第8章は、EUにおける金融制裁履行の法的問題につき、特に安保理決議に基づくが、国連機関が対象

を指定しない制裁の事例を中心に分析が行われている。

　第9章及び第10章は、国連の金融制裁適用時の課題を扱う。第9章は、銀行実務を中心に、金融制裁への対応を概観し、実質的に制裁の「ゲートキーパー」の役割を果たしている金融機関の今後につき考察を行っている。第10章は、欧州の裁判所において、国連による金融上の措置を含む制裁が適用された個人等が提訴した判例を分析し、他の条約上の義務に対し優位性を持つ国連憲章上の義務と、国際人権規範は調和するのか否かを考察している。そして、第11章は、ケーススタディーとして対イラン経済制裁を扱い、米国やEUによる独自制裁とも比較しつつ、国連の金融制裁が対イラン制裁においてどのような役割を果たしたか、またどのような課題が浮き彫りになったかを分析している。

　また、巻末には、参考資料として、国連憲章をはじめとする関連国際・国内文書、国連安保理が決定した主な経済制裁、米国財務省外国資産管理室（Office of Foreign Assets Control, OFAC）による近年の制裁違反認定と和解の主要事例を掲載した。

　本書の各論文は、国連の金融制裁に関する様々な側面を扱っているという点で共通している。また全体を通し、条約及びその条文、及び国連機関の決議の内容や用語につき、薬師寺公夫・坂元茂樹・浅田正彦編集代表『ベーシック条約集2017』及び香西茂・安藤仁介編集代表『国際機構条約・資料集（第2版）』（いずれも東信堂）に基づくことを原則とし、その他にも様式や用語の統一を可能な限り行った。一方で、各々の執筆者は、各分野の専門家でもあり、またこれまでの自らの考察や経験に基づいた見解も有している。各章の内容については、執筆者の意向を尊重し原稿を執筆していただいたため、必ずしも全体にわたって統一された見解を示しているわけではないことをお断りしておきたい。

　本書は、サントリー文化財団による人文科学・社会科学に関する学際的グループ研究助成（2015・2016年度）「国際連合（国連）による金融制裁の法的問題―金融制裁の正統性・実効性の追求」の研究成果の一部である。学際的

グループ研究にふさわしく、様々なバックグラウンドを持った研究者や実務者が、時に時間を忘れ白熱した議論を重ねた研究会は、毎回非常に有意義であった。各界で活躍されご多忙な中、時には遠方から駆けつけて下さり、貴重な知的貢献をいただいた研究会参加者の皆様、そして執筆を快くお引き受け下さり、熱意を持って原稿を完成して下さった本書執筆者の皆様に心から御礼申し上げる。また、本研究の一部は、財政・金融・金融法制研究基金助成（2015 年度）「国際連合（国連）による金融制裁に関する法的問題の研究」にも基づいている。研究にご理解をいただき、報告会で有益なご指摘をいただいた先生方、ならびに財団・基金関係者の皆様には深く感謝申し上げる次第である。

　研究会の開催や資料収集、本書刊行にあたっては、美除隆行さん、阪井美帆さん、内野優花さん、織田雄太郎さん、水野雄介さん、高田陽奈子さんという優秀な大学院生の皆さんにも協力いただいた。心からの謝意を示すとともに、経験を何らかの形で将来に活かしてもらえれば幸甚の至りである。

　最後に、本書の刊行に際しては、東信堂社長・下田勝司氏から格別の配慮をいただいた。同氏からは本研究に対する熱意とともに、企画の段階から今日まで多くの励ましをいただいた。重ねて感謝の念を申し上げるとともに、同氏の思いも込められた本書が、国際社会の将来に対する議論の一端を担うことができれば幸いである。

　2018 年 3 月

　　　　　　　　　　　　　　　　　　　　　　　　　　　　吉村祥子

目次／国連の金融制裁 ── 法と実務

はじめに………………………………………………………………………………i

第1章　国連の経済制裁と金融上の措置
──その変遷と今日的課題　　　　　　　　　　　吉村祥子………3

Ⅰ　はじめに……………………………………………………………………3

Ⅱ　経済制裁と国際機構による「集団安全保障」化……………………4

　1　経済制裁とは（4）

　2　国家の単独の決定による経済制裁と経済制裁の「組織化」（5）

　3　国家の単独の決定による経済制裁と国連による経済制裁の相違（6）

Ⅲ　国連の経済制裁と制裁措置………………………………………………7

　1　国際連盟と経済制裁──対イタリア制裁と金融制裁（7）

　2　国連憲章における経済制裁（9）

　3　国連による経済制裁発動の機関と権限（11）

　4　経済制裁における金融上の措置と特徴（12）

Ⅳ　国連による金融制裁の課題……………………………………………20

　1　国連による金融制裁の発動に関する課題（20）

　2　国連による金融制裁の履行に関する課題（21）

　3　国連の金融制裁の適用と課題（24）

Ⅴ　おわりに…………………………………………………………………26

第2章　政府系ファンド、中央銀行、特定通貨に対する金融制裁
　　　　　　　　　　　　　　　　　　　　　　中谷和弘………34

Ⅰ　はじめに…………………………………………………………………34

Ⅱ　政府系ファンド及び中央銀行に対する金融制裁………………………… 35

　　1　国連制裁（35）

　　2　単独制裁（39）

　　3　省察（39）

Ⅲ　特定通貨に対する金融制裁と国際資金決済の盲点……………………… 44

Ⅳ　おわりに………………………………………………………………………… 46

第3章　国連金融制裁における安保理補助機関の機能
——国際組織法の視点から

佐藤量介………49

Ⅰ　はじめに………………………………………………………………………… 49

　　1　問題の所在（49）

　　2　問題の明確化（51）

Ⅱ　安保理補助機関の法的位置づけ……………………………………………… 53

Ⅲ　金融制裁レジームの発展状況………………………………………………… 56

　　1　制裁の「狙い撃ち」化と補助機関（56）

　　2　金融制裁レジームにおける補助機関の発展状況（58）

Ⅳ　国際組織法枠組みにおける若干の考察……………………………………… 62

Ⅴ　おわりに………………………………………………………………………… 65

第4章　国連による「スマート・サンクション」と金融制裁
——効果の追求と副次的影響の回避を模索して

本多美樹………70

Ⅰ　はじめに………………………………………………………………………… 70

Ⅱ　国連安保理による経済制裁…………………………………………………… 71

　　1　目的と特徴（71）

2　今日の国連経済制裁（72）

　　3　制裁に導入された倫理的視点（73）

　　4　スマート・サンクションの政策議論（74）

Ⅲ　スマート・サンクションとしての金融制裁 ………………………………… 76

　　1　金融上の措置とその問題点（76）

　　2　実効性を左右する要因（77）

　　3　スマート・サンクションの新展開：制裁対象者の「リスト化」（79）

　　4　一般市民への影響回避のためのメカニズム（81）

Ⅳ　おわりに ………………………………………………………………………… 82

第5章　国連安保理制裁の変容と履行確保に関する最近の課題
──金融制裁をはじめとする諸措置の実施に当たっての実務上の課題を中心に

石垣友明 ……87

Ⅰ　はじめに ── 安保理制裁の概観と問題の所在 ……………………………… 87

Ⅱ　安保理制裁の正当性への根強い批判 ………………………………………… 89

　　1　冷戦時からの安保理の政治的性格に対する途上国の不満・批判（90）

　　2　狙い撃ち制裁導入後の NAM 諸国による安保理制裁への批判（91）

　　3　安保理制裁の正当性を向上するための努力（92）

Ⅲ　制裁の拡大・精緻化に伴う実施の困難性 …………………………………… 93

　　1　人の移動・物資の移転を巡る規制実施の課題（94）

　　2　資金規制を巡る諸課題（95）

　　3　決議実施に関する国連加盟国の人的・財政的・技術的制約（95）

　　4　制約下での漸進的な改善のための方策（97）

Ⅳ　個別制裁と安保理制裁との関係 ……………………………………………… 97

　　1　各国が導入する個別制裁の意義（98）

　　2　個別制裁が安保理制裁の実施を複雑化させる要因（99）

　　3　安保理決議に基づく制裁措置を導入する意義（100）

Ⅴ　おわりに──効果的な制裁実施への展望 …………………………………… 101

viii

第6章　日本における国連金融制裁の履行

福島俊一……107

I　はじめに……………………………………………………………107

II　日本における国連金融制裁の実施状況………………………108

  1　概観（108）

  2　外為法の沿革（109）

  3　外為法による行為・取引規制の類型（111）

  4　外為法の規制発動要件とその変遷（112）

  5　許可義務の実効性確保（114）

  6　外為法が国連金融制裁の主たる担保法となった経緯（114）

III　外為法に基づく措置の課題…………………………………115

  1　射程をめぐる課題（116）

  2　確認義務をめぐる課題（117）

IV　包括的な制裁法に関する考察………………………………118

V　おわりに…………………………………………………………120

第7章　金融制裁の国家による履行と法的問題
──米国の制裁関連法令を中心に、国際取引法の観点から

久保田　隆……123

I　はじめに…………………………………………………………123

  1　金融制裁とは（123）

  2　本章の内容（124）

II　米国による金融制裁の考え方………………………………125

  1　金融の生態系（the Financial Ecosystem）に対する配慮（126）

  2　米国流価値観の戦略的説得と官民挙げた LFS 構築（127）

III　金融制裁に関する米国法の規制内容………………………128

目次／国連の金融制裁　ix

  1 日本法との比較（128）

  2 米国法の体系（130）

IV 対イラン制裁の事例紹介・・・131

V 国家による履行の法的課題・・135

  1 制裁対象者の人権保障（135）

  2 域外適用（136）

  3 金融制裁の実効性確保を巡る諸課題（138）

第8章　EUにおける国連の金融制裁の履行

——自律的制裁における理事会の判断資料の範囲にみる基本権保障と制裁の実効性

柳生一成・・・・・・143

I はじめに・・・143

II EUの金融制裁の概要・・・145

  1 EUの金融制裁の分類と法的根拠（145）

  2 EUの自律的制裁において私人を制裁対象リストに掲載する過程（147）

  3 「2層システム」に関する問題（150）

III LTTE事件およびハマス事件の概要・・・・・・・・・・・・・・・・・・・・・・・・・・・・・・・152

  1 検討の方法と問題の所在（152）

  2 LTTE事件の概要およびハマス事件との相違点（152）

IV 事件の評価と問題・・157

  1 第三国当局に基本権保障を求めることについて（157）

  2 対象者へEU制裁を継続する根拠の新情報にも国内決定が必要かについて（160）

V おわりに・・162

第 9 章　銀行の制裁対応実務

中雄大輔……166

Ⅰ　はじめに……166

Ⅱ　銀行に遵守が求められる経済制裁関連法規……167

   1　経済制裁に関する国連安保理決議（167）

   2　経済制裁に関連する各国の法規（167）

   3　銀行の役職員個人への経済制裁関連法規の適用の可能性（171）

Ⅲ　銀行の経済制裁対応実務……172

   1　取引先スクリーニング（173）

   2　取引フィルタリング（176）

   3　案件審査（案件デュー・ディリジェンス）（179）

Ⅳ　銀行における経済制裁関連実務の課題……180

   1　デリスキング（180）

   2　狙い撃ち制裁（Targeted Sanctions）とデリスキング（182）

   3　情報分断の弊害：米 The Clearing House の提言（183）

Ⅴ　おわりに……185

   1　銀行の保守的な経済制裁対応（185）

   2　デリスキングとその対応策（186）

   3　より実効的・効率的な経済制裁対応の追求（186）

   4　新技術の負の側面（187）

第 10 章　国連の金融制裁と国際判例

加藤　陽……192

Ⅰ　はじめに……192

Ⅱ　国際判例による国連安保理の制裁への挑戦……194

   1　欧州司法裁判所の判例——EU 法秩序の自律性——（194）

2　欧州人権裁判所の判例──調和的アプローチ──（199）

III　国際判例で用いられた手法の分析 ……………………………………… 204

1　欧州司法裁判所と欧州人権裁判所の判例に共通にみられる特徴（204）

2　両裁判所のアプローチの違い（206）

IV　おわりに …………………………………………………………………… 209

第11章　国連イラン制裁における金融制裁について

鈴木一人……214

I　はじめに…………………………………………………………………… 214

II　国連イラン制裁における金融上の措置の位置づけ……………………… 215

III　資産凍結 ………………………………………………………………… 216

1　資産の所有とコントロールを巡る問題（218）

2　制裁指定された個人や団体の名称等の変更（220）

IV　拡散金融を巡る問題……………………………………………………… 222

V　安保理決議 1929 に基づく金融取引の監視……………………………… 223

VI　独自制裁………………………………………………………………… 225

VII　安保理決議 2231 と金融制裁…………………………………………… 228

VIII　おわりに……………………………………………………………… 231

資料I　国連金融制裁に関連する国際・国内文書 ……………………………… 236

1　国際連合憲章（抄）（236）

2　安全保障理事会仮手続規則（抄）（242）

3　外国為替及び外国貿易法（日本）（抄）（242）

4　米国国連参加法及び国際緊急経済権限法（抄）（251）

5　欧州連合条約及び EU 運営条約（抄）（255）

資料II　国連安全保障理事会により憲章第 7 章に基づいて経済制裁措置が
　　　　決定された事例………………………………………………………… 258

資料Ⅲ　米国財務省外国資産管理室（Office of Foreign Assets Control, OFAC）
　　　　による近年の制裁違反認定と和解の主要事例························· 268

索　　　引··· 274

執筆者紹介··· 282

国連の金融制裁――法と実務

第1章　国連の経済制裁と金融上の措置
―― その変遷と今日的課題

吉村祥子

Ⅰ　はじめに
Ⅱ　経済制裁と国際機構による「集団安全保障」化
　　1　経済制裁とは
　　2　国家の単独の決定による経済制裁と経済制裁の「組織化」
　　3　国家の単独の決定による経済制裁と国連による経済制裁の相違
Ⅲ　国連の経済制裁と制裁措置
　　1　国際連盟と経済制裁―対イタリア制裁と金融制裁
　　2　国連憲章における経済制裁
　　3　国連による経済制裁発動の機関と権限
　　4　経済制裁における金融上の措置と特徴
Ⅳ　国連による金融制裁の課題
　　1　国連による金融制裁の発動に関する課題
　　2　国連による金融制裁の履行に関する課題
　　3　国連の金融制裁の適用と課題
Ⅴ　おわりに

Ⅰ　はじめに

　1945年6月に署名され、同年10月に発効した国連憲章は、その前文で、「……言語に絶する悲哀を人類に与えた戦争の惨害から将来の世代を救い、……国際の平和及び安全を維持するためにわれらの力を合わせ、……われらの努力を結集することに決定した。」と謳っている。また、憲章第1条は、国連の目的の1つを「国際の平和及び安全を維持」とし、「平和に対する脅威の防止及び除去と侵略行為その他の平和の破壊の鎮圧とのため有効な集団的措置をとること」を規定した。国連憲章には「経済制裁」という用語は使

われていないが、この「集団的措置」の一つが、今日では実質的に国連の経済制裁と称される措置である[1]。

経済制裁という強制措置は、国連発足以前から国家が単独で決定する外交上の強制措置として用いられてきた。同様に、経済制裁措置の中の一つである金融制裁も、国連における「集団的措置」として経済制裁が規定される以前から発動されてきた。今日では、国家が単独で決定する経済制裁と国連の経済制裁が並存しており、経済制裁の手段も多様化している。中でも本書で中心的に扱う金融制裁は、今日多岐に渡る措置が含まれ、多様な主体が関与する措置であると同時に、技術の進歩や取引形態の変化などの要素から、経済制裁の様々な側面に変容を促すものである。

本章は、まず経済制裁が国際機構により「組織化」されるまでの過程を概観し、主として国際法上の観点から国家の単独の決定による経済制裁と国連の経済制裁の相違を説明する。次に、国連による経済制裁のしくみと実行を概観し、金融制裁の位置付けを考察する。その上で、主に今日的な問題を中心に、制裁の発動・履行・適用という側面から国連による金融制裁の課題を挙げ、制裁の効果という観点から国連の金融制裁の再検討の必要性を述べる。

II 経済制裁と国際機構による「集団安全保障」化

1 経済制裁とは

経済制裁の定義は論者によって異なるが、イギリス王立国際問題研究所は、1938 年刊行の『国際制裁（International Sanctions）』において、国際関係における経済制裁を「事実上の法の侵害、あるいは法が侵害される虞のある際に、国際共同体の構成員により講じられる行動」と規定する[2]。

特定対象の政策変更を要求する目的で発動される外交上の非軍事的な強制措置は、ハフバウアーらの研究が示すように、紀元前ギリシャ時代から講じられてきた[3]。その後、経済制裁は、ナポレオンによる「大陸封鎖」のような戦争時における軍事上の戦略の一環として用いられるようになった[4]。そして、20 世紀における国際連盟の成立や国連憲章の採択・発効により、徐々

に武力による威嚇や武力の行使が制限・禁止されるに至り、経済制裁も組織化されていった。

今日の国際社会では、国際社会の規範（ルール）の認定や経済制裁の実施を「国家（あるいは国家群）」が自らの判断で行う経済制裁（いわゆる国家の単独の決定による経済制裁）と、国連による経済制裁のように、国連憲章に基づく集団安全保障体制の一環として発動する経済制裁とが並行して発動されている[5]。なお、独自の外交政策の一環として、欧州連合（EU）のような限定された加盟国のみによって構成される国際機構や、複数の国家が共同で発動する経済制裁は「組織化された一方的制裁（organized unilateral sanctions）」とも称され、国連による経済制裁とは異なり、国家の単独の決定による経済制裁の範疇に入ると理解されている[6]。

2　国家の単独の決定による経済制裁と経済制裁の「組織化」

歴史的に、経済制裁は、戦時中に敵の経済力の弱体化を目的とした軍事上の戦略の一環として、あるいは特定の政策に対する反応や変更を求める要望の一環として、国家あるいは国家群の決定により行われてきた[7]。しかし、第一次世界大戦後、経済制裁は、国際連盟という政府間国際機構により平和を追求するための措置の一つとして組織化に至った。

1919年6月に署名され、1920年1月に発効した国際連盟規約では、締約国は「戦争ニ訴ヘサルノ義務ヲ受諾」し（前文）、規約上の「約束ヲ無視シテ戦争ニ訴ヘタル連盟国ハ、当然他ノ総テノ連盟国ニ対シ戦争行為ヲ為シタルモノと看做」すと規定された。そして、規約に違反して戦争を行なった国際連盟加盟国に対し、「他ノ総テノ連盟国ハ、之ニ対シ直ニ一切ノ通称上又ハ金融上ノ関係ヲ断絶シ、自国民ト違約国国民トノ一切ノ交通ヲ禁止シ、且連盟国タルト否トヲ問ハス他ノ総テノ国ノ国民トノ間ノ一切ノ金融上、通商上又ハ個人的交通ヲ防遏スヘキコトヲ約ス」(第16条1項) と規定し、国際連盟におけるいわゆる集団安全保障の中心的な手段として経済制裁が位置付けられた。

経済制裁が「軍事力行使からある程度自律した政策手段」[8]へと変容し、

国際連盟における集団安全保障を達成するための措置となった理由としては、「戦争の規模・破壊力が飛躍的に増大した」ため、第一次世界大戦後は武力行使ではなく、非軍事的な手段を用いて紛争解決を行う方法が模索された[9]という点が挙げられる。また、19世紀後半以降の国際行政連合の相次ぐ設立に見られるように、「科学技術の発達、とくに輸送・通信分野における技術の急速な進歩」と国際協力の促進は、「国際社会における経済的相互依存の著しい進展をもたらした」。そのため、政策変更を促す目的で経済制裁を用いる有用性は高まり、特に経済的に優位な国家を中心に、紛争解決手段として経済制裁という手法を用いることへの意義が認識された[10]。また、国際連盟の創設に尽力した米国大統領ウッドロー・ウィルソンは、国際連盟規約に違反した加盟国に対し、戦争ではなく、「より利害関係があり、戦争以上に関与し、戦争以上に恐ろしい」経済制裁（economic boycott）を課すべきだとし[11]、その考えも反映された。

　第二次世界大戦後設立された国連も、集団安全保障の措置の一つとして経済制裁を位置付けた。国際連盟と国連により「組織化」された経済制裁は、今日、理論的には強い影響力を持つことが可能である。世界のほぼ全ての国が加盟する国連において特定の方式で経済制裁が発動されれば、世界中で経済制裁の実施が行われることとなり、制裁に参加する国家の数のみで比較しても国家の単独の決定による経済制裁よりもさらに影響力や効果は大きいのである。

3　国家の単独の決定による経済制裁と国連による経済制裁の相違

　Ⅱ–1で述べたように、今日では、国家の単独の決定による経済制裁と、「組織化」された国連の経済制裁が並存し、時に両者が同一主体に対し同時に発動されることもある。一方、国際法上では国家の単独の決定による経済制裁と、国連の経済制裁には相違がある。

　国際法委員会（International Law Commission, ILC）は、1979年に行った国家責任に関する条約草案作成審議の際に、「制裁」という用語は国連のような国際機構による強制措置にのみ用いられるとし、国家の単独の決定による経済

制裁とは国際法上の区別があることを示唆した。当時特別報告者であったアゴーは、国連を始めとする国際機構による制裁や二国間の非軍事的復仇などを含め「制裁」の意味を広く解釈することを提案したが、複数委員から、国連憲章という国際法に基づき決定される非軍事的強制措置と、もともと国際法上は違法な措置である非軍事的復仇は異なっており、両者には明確な区別がなされるべきだという見解が出されたのである。

　最終的に、国家責任に関する条約草案では、「制裁」という文言ではなく、「対抗措置」という文言が用いられ、条文の範疇から国連の経済制裁は除外する考え方を採用した[12]。2001 年採択の国家責任条文では、対抗措置を講じる場合の目的や条件につき規定し、均衡性の要件に加え、一定程度の制限も設けている[13]。

　中谷和弘は、国家の単独の決定に基づく経済制裁につき、制裁を発動する主体が自ら原因行為の違法性を判断できるかという観点から、「国家の単独の決定に基づき発動される経済制裁措置の合法性の判定は容易ではない」とし、国際法における合法性の観点からも直接的な被害国と第三国との間で取ることができる措置は異なるとする。また、国連のような「国際組織の決定に基づいて発動される経済制裁措置は、組織法の要件に従ってとられる限り……一般国際法上の合法性の要件を逸脱（derogate）することが容認されうる」とし、同一内容の制裁措置であっても、国連の経済制裁として発動された措置の方が、国際法上合法性が認められる範囲が広いと示唆している[14]。

III　国連の経済制裁と制裁措置

1　国際連盟と経済制裁—対イタリア制裁と金融制裁

　国際連盟規約では、第 16 条において経済制裁が規定されたが、1920 年の連盟第 1 回総会において、規約第 16 条の適用に関し考察を行う委員会（International Blockade Committee, 国際封鎖委員会）が設置され、制裁の適用要件や適用方法、また制裁を発動する時期や国家が制裁を適用する方法などが審議された[15]。その結果、1921 年の連盟総会において、いわゆる「規約第 16

条適用の指針」が採択され、「規約の違反があったか否かを決定することは、各連盟国の義務である」とされた他、具体的な制裁措置の予見や決定は不可能である、制裁の発動は、制裁を科す国家の損失や不利益が最小限度となる場合に限るべきであるなど[16]、実質的に集団安全保障の「分権化」が進み[17]弱体化も図られた。さらに、全会一致制度の表決手続が採られていたことにより、制裁の対象となりそうな加盟国が反対票を投じれば実質的に連盟の制裁は発動されないなど、連盟の構造的な問題も浮き彫りになった[18]。

　結果的に、国際連盟による経済制裁発動は、1935年にイタリアの対アビシニア（エチオピア）軍事侵攻に対する経済制裁が唯一の事例となった。理事会が、イタリアが連盟規約に反した戦争を開始したという報告書を採択した後、総会により当事国を除く調整委員会（Co-ordinating Committee）が設置され、対イタリア制裁の具体的な措置内容や制裁の履行確保方法等につき審議が行われた[19]。最終的に対イタリア武器等輸出禁止、対イタリア金融制裁、イタリア産物品の輸入禁止、特定動物・鉱物等の対イタリア輸出禁止、制裁で経済的困難に陥る国に対する相互支援という5分野の制裁に関連した措置が採択された[20]。

　対イタリア制裁の第2分野である金融制裁は、国際連盟加盟国政府が、全ての①対イタリア政府融資及びイタリア政府発行／政府向け公債への応募、②イタリア政府向け銀行取引又は与信、及び対イタリア政府直接・間接の融資契約等の執行、③イタリア領域内公的機関、個人又は企業向け融資及び融資引受、④イタリア領域内公的機関、個人又は企業向け銀行取引又は融資、それらに対する直接・間接融資契約等の執行、⑤イタリア領域内の公的機関、個人又は企業向け株式発行又は他の資本発行及び引受け等の禁止、さらにこれらの取引を不可能にするあらゆる必要な措置を講じること、という内容であった[21]。このような金融上の制裁措置が対イタリア制裁で導入されたのは、輸入に関する支払等を困難にし、イタリアが武器等の物資を購入できなくして制裁をより強固にしたいという主たる目的があったからだと指摘される[22]。

　実際、イタリアは、国際連盟による金融上の制裁措置を見越し、1934年から「為替管理令による資本投資の防止、海外支払の制限」、銀の輸出禁止

等の措置を講じた。しかし、イタリアの信用力低下は免れず、制裁発動前から、既にイタリアとの取引を縮小したり、対イタリア輸出への融資を停止したりする海外銀行も現れていた[23]。さらに、1935年以降には、イタリアリラの信用低下、中央銀行の金準備高減少、巨額の国際収支支払超過など、イタリアは厳しい状況に追い込まれていった[24]。

連盟による対イタリア制裁は、実際イタリアに一定の経済的な打撃を与えたが、石油等の重要物資が制裁の対象外であり、また連盟加盟国の足並みも揃わなかったことから、1936年にイタリアはエチオピアを武力併合し、経済制裁も終了した[25]。本制裁において、金融上の強制措置については、武器等物資の取引停止に比して注目を集めていたとは言えないが、イタリア政府や国内私人との取引縮小のようなリスク回避の動きが見られるなど、今日の国連による金融制裁発動時と共通する動きが見られるのは興味深い。

2　国連憲章における経済制裁

国際連盟の反省を踏まえ、第二次世界大戦後の1945年に10月に発効した国連憲章は、まず、すべての国連加盟国は「武力による威嚇又は武力の行使」を慎むとした（第2条4項）。次に国連加盟国は5カ国の常任理事国と10カ国の非常任理事国の15カ国から成る安全保障理事会（以下、安保理）に「国際の平和及び安全の維持に関する主要な責任」を負わせるとし（第23条2項）、その義務を果たす目的で、安保理には憲章第6章にある紛争の平和的解決や、第7章にある非軍事的強制措置（いわゆる経済制裁）及び軍事的強制措置（いわゆる軍事制裁）を含む「特定の権限」が与えられると規定した（第24条2項）。

国連憲章は、継続すれば「国際の平和及び安全の維持を危くする虞」のある紛争はまず平和的手段によって解決しなければならないとする（第33条1項）。一方で安保理は「平和に対する脅威、平和の破壊又は侵略行為の存在を決定し、並びに、国際の平和及び安全を維持し又は回復するために、勧告をし、又は第41条及び第42条に従っていかなる措置をとるかを決定する」権限を有する（第39条）。一般的にはこの第41条に基づく強制措置が、今日

国連の「経済制裁」と称される措置であり、以下のような条文となっている。

　　「安全保障理事会は、その決定を実施するために、兵力の使用を伴わないいかなる措置を使用すべきかを決定することができ、且つ、この措置を適用するように国際連合加盟国に要請することができる。この措置は、経済関係及び鉄道、航海、航空、郵便、電信、無線通信その他の運輸通信の手段の全部又は一部の中断並びに外交関係の断絶を含むことができる。」

　そして、国連安保理は、第 41 条に基づく措置では不充分であると認めたときは、示威、封鎖等を含む「空軍、海軍、又は陸軍の行動をとることができる。」(第 42 条) そのため、国連加盟国は、特別協定を締結して安保理が利用する兵力や援助等を決定し（第 43 条)、安保理常任理事国の参謀総長か代表者で構成される軍事参謀委員会が兵力の使用について計画し、指揮をとる(第 46 条、47 条)。以上の規定に基づいて講じられる強制措置が、国連憲章に基づいた軍事制裁と称せられる措置である。

　国連憲章は、安保理が、経済制裁や軍事制裁等の「決定」をした際には、「国際連合加盟国は、安全保障理事会の決定をこの憲章に従って受諾し且つ履行することに合意する」(第 25 条) と規定する。この国連憲章第 25 条により、一般的に国連安保理の決定は「法的拘束力を有する」と解されている。国連加盟国が経済制裁を含む安保理の決定の履行を義務化することで、より制裁への実効性を高めようという意図が見て取れる。加えて、国連非加盟国であって本来安保理が決定した経済制裁を履行する条約上の義務がなくとも、「国際の平和及び安全の維持に必要な限り」国連による強制行動の対象国に対して援助供与しない等「原則に従って行動することを確保しなければならない」(第 5 条、第 6 条)。これは、一般的には国連非加盟国を通じた取引等が行われることにより経済制裁の効果が低下することを防ぐ、すなわち非加盟国を通じた「抜け駆け」を防止する措置である。

　また、国際連盟規約においては、加盟国は経済制裁の履行による「損失及

不便ヲ最小限度ニ止ムル為相互ニ支持スヘキコト」が定められていた（第16条3）。国連憲章でも、安保理が決定した経済制裁を履行することにより「特別の経済問題に自国が当面したと認めるもの」は、「この問題の解決について安全保障理事会と協議する権利を有する」（第50条）とし、自国の経済状況が悪化することを恐れて経済制裁に参加しない国家を防ぐ規定が設けられている[26]。

3 国連による経済制裁発動の機関と権限

　このように、国連憲章上、経済制裁は、国際連盟の経験を踏まえ、連盟の仕組みをより強化した形で設計され、その決定を行うのは、「国際の平和及び安全の維持に関する主要な責任」を負っている安保理とされた。安保理は「中華民国、フランス、ソヴィエト社会主義共和国連邦、グレート・ブリテン及び北部アイルランド連合王国及びアメリカ合衆国」の5カ国による常任理事国、さらに、地理的配分等に基づいて2年の任期で選挙される他の10の国連加盟国、いわゆる非常任理事国で構成される（第23条1、2項）。なお、国連憲章上の常任理事国の国名は、1945年に採択された当時のままであるが、1971年に国連総会で国民党政府を追放し中華人民共和国が正式に中国を代表するという決議が採択され、安保理の常任理事国も中華人民共和国となった[27]。また、1991年にソヴィエト連邦を構成していた15共和国が独立宣言してソ連は崩壊し、現在はロシア共和国が安保理常任理事国の地位にある[28]。

　安保理は1国1票制で、現在は手続き事項に関する決定は9理事国の賛成投票、「その他のすべての事項に関する」決定は「常任理事国の同意投票を含む9理事国の賛成投票」による意思決定によってなされる（第27条）。経済制裁の決定は「その他のすべての事項」、すなわち実質事項であるので、常任理事国の同意投票を含む9理事国の賛成が必要となる。一般的に称される「拒否権」とは、1カ国であっても常任理事国の同意投票がない状況を指す。

　1950年に国連総会で採択された、いわゆる「平和のための結集決議」には、「安全保障理事会が、常任理事国の全員一致が得られないために、国際の平

和及び安全に関する第一義的責任の遂行に失敗したときには、総会は、国際の平和及び安全を維持しまたは回復するための集団的措置……について、加盟国に対して適当な勧告をするためにも直ちにその事項を審議しなければならないことを決議する」とある[29]。この決議に象徴されるように、拒否権等の事由で安保理が集団安全保障に関連する決定を行えない場合、国連総会が経済制裁などの強制措置を含む決議を採択することも可能である。

　ただし、総会は「国際連合加盟国若しくは安全保障理事会又はこの両者に対して勧告をすることができる」(第10条) という権限にとどまっている。そのため、総会において採択された決議は安保理が決定した決議のように加盟国が決議を履行する義務は必ずしも生じないのが実際である。

4　経済制裁における金融上の措置と特徴

(1)　これまでに発動された国連の経済制裁とは

　国連憲章の起草過程などを鑑みれば、国連における主要な集団安全保障の手段は経済制裁ではなく軍事制裁となるはずであったことがわかる[30]。しかし、国連発足後、安保理においてまず要請された強制措置は憲章第41条に基づく非軍事的措置であり、第42条に基づく軍事制裁ではなかった。1946年4月、ポーランド代表はスペインのフランコ政権の成立と活動につき、「国際摩擦や紛争を発生させる虞のある事態」であって安保理の議題とすることを要請し[31]、安保理において国連憲章第39条と第41条に基づきフランコ政権との外交関係の断絶を求める決議案を提示したのである[32]。

　しかし、ポーランド代表が示した対スペイン制裁に関する決議案は常任理事国を含む7カ国の反対で否決され[33]、その後安保理は長い間経済制裁の決定を行えなかった。ようやく1966年に、安保理は白人少数派政権が一方的に独立宣言を行なった南ローデシアに対し部分的経済制裁を決定し[34]、国連創設から20年以上を経て国連憲章上に設計された経済制裁が初めて発動されるに至った。それ以降も、冷戦中に安保理が決定した経済制裁は、一連の対南ローデシア制裁以外では1977年の対南アフリカ武器禁輸[35]の一件のみにとどまり、安保理の「機能麻痺」が浮き彫りになる形となった。

第1章　国連の経済制裁と金融上の措置　13

　冷戦中とは対照的に、冷戦終結後の 1990 年以降、国連安保理が決定する
経済制裁の発動回数は急激に増加した。1990 年 8 月にはクウェートに軍事
侵攻したイラクに対し、安保理は即座に反応し、軍事侵攻からわずか 4 日後
には、国連憲章第 7 章に基づいてイラクに対する物品の輸出入及び取引の禁
止、イラク政府ならびに公的団体や民間企業に対する資金提供および金融ま
たは経済資源の提供と送金等の禁止を決定する決議 661 を採択した[36]。以後、
国連安保理は、2017 年 12 月までに、旧ユーゴスラビア、ソマリア、リビア、
リベリア、ハイチ、アンゴラ（UNITA）、ルワンダ、スーダン、シエラレオネ、
ユーゴスラビア共和国連邦（セルビア・モンテネグロ）、アフガニスタン（タリ
バーン・アルカイダ）、エチオピア・エリトリア、コンゴ民主共和国、コート
ジボワール、シリア（ハリーリ元レバノン首相暗殺関与者）、北朝鮮、イラン、ギ
ニアビサウ、中央アフリカ、イエメン、南スーダン、マリを対象に経済制裁
の決定を行っている[37]。

　また、2001 年に採択された安保理決議 1373 は「テロ行為」やその従事
者に対する資金供与の禁止等を決定し[38]、2004 年に採択された安保理決議
1540 は「非国家主体」に対する大量破壊兵器等供与の禁止を決定している[39]
が、具体的な制裁対象を安保理が決定しているわけではない[40]。これらの決
議に基づく制裁対象については、決議を履行する国家等が決定できるのであ
る（第 8 章参照）。

　なお、国連安保理で課された経済制裁の解除が決定された後に、別の事由
で同じ対象に再度制裁が発動されたり、同一の制裁措置であるが対象範囲
が変化したり、対象を分けて異なる手続きが講じられたりするなどの変化
もたびたび発生する。例えば、1990 年 8 月から課されていた対イラク全面
的制裁は 2003 年に一旦解除され、旧イラク政府やサダム・フセイン等旧イ
ラク高官などを対象とした資産凍結などの措置に変更された[41]。スーダン
は、1996 年に元エジプト大統領ムバーラク暗殺未遂関与者の不引渡を事由に、
非軍事的制裁措置を科され[42]、2001 年に一旦解除となったが[43]、2000 年代
初頭より激化したダルフール紛争を契機に、スーダンにおける非政府団体や
平和プロセスを妨害した個人等に対する武器禁輸や資産凍結等の決定がなさ

れている[44]。

　安保理決議 1267 から始まる対アフガニスタン（タリバーン）制裁は、情勢
変化やその後の安保理の決定により制裁対象や手続きが大きく変容した。当
初、安保理決議 1267 ではタリバーン等金融資産凍結やタリバーンによる団体
等への資金提供等が禁止された[45]が、安保理決議 1333 ではアフガニスタン
内のタリバーン支配地域における武器等禁輸とオサマ・ビン・ラーデンや関
連組織及びアルカイダに対する金融資産凍結や資金提供の禁止等が決定され
た[46]。その後、安保理では、制裁の対象となるアルカイダ、オサマ・ビン・
ラーデン、タリバーンに「関連する（associated with）」個人や団体などの範囲に
関する決定[47]、制裁対象リストへ追加時に提供する情報に関する決定[48]に加
え、制裁対象の非リスト化に関する決定がなされた[49]。そして、安保理決議
1904 において非リスト化に従事するオンブズパーソンの設置が決定され、決
議 1989 で対アルカイダ等制裁にのみ本手続を適用するとし[50]、決議 2253 に
おいて ISIL（ダーイシュ）も同様の手続による制裁の対象とすることが決定さ
れた[51]。そして、当初アルカイダ等と同様であった対タリバーン制裁につい
ては、安保理決議 1988 でアルカイダ（及び ISIL（ダーイシュ））とは別の手続下
で継続すると決定された[52]。

　さらに、拒否権発動などの事由で国連安保理における経済制裁の決定がな
されなかった場合、国連総会で審議が行われ、その結果経済制裁措置を含ん
だ決議が採択されることもある。また、安保理が採択する決議の中で、国連
憲章第 25 条の範疇にある「決定」として採択される措置と、いわゆる「勧
告」として採択される措置が並存することもある。

　先に述べた 1946 年の対スペイン制裁を例にとれば、安保理で決議案が否
決された後、ポーランド代表は 11 月に当該議題を総会で審議するよう求め
た[53]。12 月に国連総会は 1946 年に対スペイン制裁に関する決議を採択し、
フランコ政権下のスペインに対する外交関係断絶が勧告された[54]。国連総会
はその後、数十年にわたって対南アフリカ経済制裁に関連する決議を採択し
続けるなど、特に冷戦中安保理に代わり経済制裁に関する決議を採択してき
た[55]。

また、北朝鮮に対しては、まず2006年7月に同国の弾道ミサイル発射を事由に、ミサイル又はミサイル発射技術等の自国からの移転及び北朝鮮からの移転禁止を要請する（require）、すなわち勧告する安保理決議1695が採択された[56]。同年10月には、北朝鮮による核実験を受け、安保理は通常兵器・大量破壊兵器及び関連技術ならびに奢侈品の禁輸、指定する個人等への資産凍結と渡航禁止を決定（decide）する決議1718を採択した[57]。さらに、2009年には、北朝鮮による再度の核実験を受け、安保理は、禁輸の範囲及び金融制裁の範囲拡大を決定するとともに、制裁対象品目を含む貨物と信じる合理的な根拠がある場合の貨物及び船舶検査を求める（call upon）決議1874を採択している[58]。このように、制裁措置が、加盟国が「受諾し且つ履行する」決定として採択されるか、あるいは一般的に勧告としての効力を有する措置として採択されるかについては、安保理理事国や国連加盟国間での政治的な事由が背景にあると考えられている。

(2) 国連の経済制裁における金融上の措置

以上のように、国連創設後、安保理及び総会において様々な経済制裁措置が採択されてきたが、金融上の制裁措置ではどのような手段が発動されてきたのだろうか。

国連の経済制裁における金融上の措置として、まず国連安保理が強制的経済制裁を最初に発動した対南ローデシア経済制裁時より用いられている手段として、送金禁止[59]のような金融取引の禁止や資産凍結[60]という措置がある。

これらの措置の対象は、対南ローデシア経済制裁時は「政府資産の凍結・送金禁止」であったが、近年では「有責者の個人資産の凍結・送金」や政府系ファンド等も含まれ、対象拡大の傾向が見られる[61]（第2章参照）。同時に、凍結対象の「資産」の範囲についても、例えば対南ローデシア経済制裁時は「any funds」[62]であり明らかに金融資産が対象となっているが、現在国連の経済制裁において一般的に資産凍結を指す用語として使用されるのは「asset freeze」であって、必ずしも金融資産のみが凍結対象となるわけではないと解されている（第11章参照）。このような制裁対象の拡大や多様化の原

因の一つとして、国連の経済制裁の様態が、全面的な禁輸から、制裁措置や制裁対象を制限あるいは特定するという「スマート・サンクション（smart sanctions）」へ変容したという点が挙げられる[63]。

次に、制裁対象への資金移転の禁止が挙げられる。対南ローデシア経済制裁時には、国連加盟国に対し、人道上の目的を除き、南ローデシア政府や企業向け投資及び資金・経済的資源の提供を禁止することが決定された[64]。また、被制裁国内の政府や私人への投資や資金提供の禁止要請は、国連機関で勧告として採択された対南アフリカ経済制裁時にも多く見られた[65]。近年では、例えば対北朝鮮経済制裁において、銀行事務所・支店の開設禁止、合弁会社の設立禁止、銀行持分の取得やコルレス契約禁止、北朝鮮金融機関員の国外追放、北朝鮮における金融機関の代表事務所設置や口座開設禁止、代表事務所等の閉鎖、北朝鮮外交団の口座数制限などの措置も決定されるなど[66]、より詳細な措置が決議において規定される場合もある。

以上のような金融に直接関連した制裁措置以外にも、国連安保理は制裁対象の状況に応じた措置を決定している。例えば、対南ローデシア経済制裁では、商標又は登録意匠の使用に係るフランチャイズ契約の禁止が決定されている[67]。対北朝鮮制裁では、現金の輸送禁止、金の取引禁止の決定や、北朝鮮労働者の新規雇用禁止、北朝鮮国外で収入を得ている労働者の送還、船舶に対する保険及び再保険の禁止[68]などが決定された。対エリトリア制裁では暴力的な手段などを用いた「ディアスポラ税」の徴税禁止という措置も決定された[69]。

国連安保理の決定による制裁措置以外にも、国連安保理及び総会で「勧告」として採択された経済制裁において金融上の措置が規定されることもある。例えば、これまでにサービスも含む金融関連の措置では、被制裁国から離発着する航空便、乗客又は航空貨物を保険の対象から除外する、被制裁国からの輸出入品に対する海事保険契約締結の禁止、被制裁国企業に対する保険引受の禁止などが勧告されている[70]。対アルカイダ／ISIL（ダーイシュ）制裁では、制裁対象の個人や組織等が国際金融システムにアクセスできないよう、加盟国国内の金融機関に対し措置を取るよう要請が行われた[71]。対

北朝鮮経済制裁に関連する安保理決議 2270 では、加盟国に対し、大量破壊兵器拡散関与者に対する金融制裁の実施に関する金融活動作業部会（Financial Action Task Force, FATF）勧告の適用要請を行っている。

キンバリー・アン・エリオット（Kimberly Ann Elliott）は、金融制裁は、公的あるいは民間部門の資金の「フロー（flow）」に対する影響を主たる措置としてきたが、現在では自国・他国にある銀行口座内の、あるいは他の資産という「ストック（stocks）」を制裁対象にすることもできる、また企業活動に大きな影響を与える外国投資の禁止も行えるとし、経済制裁における金融上の措置の多様化を示唆している。また、金融制裁は、禁輸のような貿易を制限・終了する制裁に比して容易に制裁を科すことができ制裁対象にとって逃れるのは困難である、市場の反応は制裁を促進できる、貿易を行う上でも資金が必要であるため金融上の制限措置は結果的に広範な貿易や経済上の影響につながる、などの事由を挙げ、物品の貿易を制限する制裁に比して金融制裁の方がはるかに効果的であると述べている[72]。

（3）　スマート・サンクションとインターラーケン・プロセスにおける議論

今日、スマート・サンクションへと変容した国連の経済制裁においては、武器禁輸・資産凍結・渡航禁止が主要な制裁措置とされている。一方、特定領域を対象とする全面的制裁と、物理的に移動も可能な個人等も対象としたスマート・サンクションでは様々な相違もあるため、1990 年代から、スマート・サンクションの主な方式別に国連・政府・民間セクター・研究者等が会する国際会議が開催され、国連の経済制裁のあり方も含め提言が行われた。

国連の金融制裁を中心に審議し、多くの提言がなされたのは、1998 年と 1999 年にスイス政府主催で開催された国際会議（インターラーケン・プロセス）である。1998 年に開催されたインターラーケン・プロセス I では、「金融制裁」や「狙い撃ち（Targeting）」とは何かといった基本的な事項に始まり、履行時の国内法令や運営、金融制裁を科す基準、国際監視等の面で審議が行われた。その結果として、「狙い撃ち」対象の特定化とともに資金の流れの特定化や管理の重要性が示され、金融機関によるマネー・ロンダリング対策の

取り組み等への参照がなされた。また、「資産」が何を指すのかといった決議の文言を明確にすることや国連事務局の能力強化、国家間による情報交換の重要性や履行のためのモデル法策定、制裁を事由とした債務不払回避の方策、制裁における人道上の配慮や制裁を終了する際の要件の明確化の必要性等も示された[73]。

　1999 年には、インターラーケン I のフォローアップも含めた国連金融制裁に関する国際会議であるインターラーケン II が開催された。インターラーケン II では、狙い撃ち金融制裁の技術的側面、制裁履行における国内法令、制裁に関する決議及びその解釈の主要要素の 3 分野における作業部会で審議がなされた。また、金融制裁を履行する上での制度や技術的支援の必要性や国連事務局や制裁委員会、制裁の履行を行う国家の能力強化や支援の必要性なども検討された。

　狙い撃ち制裁の技術的側面について審議した作業部会では、全面的な制裁に比して狙い撃ち制裁では制裁対象（target）に関する弱点などの様々な情報が必要（"know your target"）であり、その情報収集作業は国連加盟国が行うべきだとした。また、制裁対象リストの制定は加盟国や地域当局も行う余地を残すべきで、その際には情報提供者のプライバシー保持等の確保が必要なこと、SWIFT（Society for Worldwide Interbank Financial Telecommunication）等を使用した迅速な資金移動でも銀行間取引のソフトウェア使用などにより調査可能である、オフショア取引所の制裁履行は一律ではない、資産の領域外への移動のみを考慮するのではなく、制裁対象の資産をどう管理するかが重要である、などの点が提示された。加えて、インターネット・バンキングが制裁履行に対し影響を与える可能性について示唆しながらも、現時点では十分な分析ができないとした。

　制裁履行における国内法令に関する作業部会では、国内において国連安保理決議を履行するための国内法令の必要性が強調された。そして、国連の経済制裁の履行に対応した国内法を有する加盟国もある一方、外国貿易に関する国内法令や金融に関する国内法令等を適用する加盟国もあるとし、より統一された国内法制定の必要性を強調した上で、コモン・ロー系国家と大陸法

系国家の双方が参照可能なモデル法を提示した。そこでは、安保理で国連憲章第 41 条に基づく措置が決定された際には、既契約であるか否かを問わず制裁履行措置を適用すること、適用範囲は該当する国家の領域内に加え自国民や自国法人にも及ぶ、違反行為には刑罰が科せられる、などが規定されている。

　制裁に関する決議やその解釈等に関する作業部会では、国連安保理による経済制裁をより効果的にするため主要な用語定義を行い、不明瞭ではない解釈とするための作業が行われた。その結果、「資産凍結」に関しては、全ての国家に対し、直接または間接的に、国家当局、国内の企業や団体等、また国内の個人や法人等が所有またはコントロールする資金や他の金融資源を凍結し、医薬品や食料品、教育上の物資等、人道上の目的に適う物資の支払い等については例外とするモデル決議案が示された。また、「金融サービス」に関しても、全ての国家に対し、管轄権の範囲内であらゆる当局、団体または個人が直接または間接に所有またはコントロールする、あらゆる資産に関連する金融サービスの提供禁止を決定し、監査や国外の資産に対する保険などを例外とするモデル決議案が示された[74]。

　また、本作業部会では、決議で使用される特定文言の定義についても提示している。まず「資産（assets）」とは「現在、将来または臨時の、有形または無形のあらゆる資産または財産権」とし、あらゆる資金や金融資源、土地を含む不動産、物品や家財を含む動産、金塊や貴金属、特許、商標権及び著作権、契約やライセンス、営業権、金銭的価値を有する判決等、資産の持分を示す書類等が含まれるとしている。「資金又は他の金融資源」とは「あらゆる種類の金融資産及び経済的利益」とし、現金、小切手、手形、マネー・オーダーなどの送金手段、金融機関や他の団体にある預金、勘定残高、負債、株式や債券などの証券や債務証書、利子、配当金などの資産から生ずる他の収入、与信や相殺権、保証や契約履行保証、又は他の金融上の約束、信用状、船荷証券、売買証書、その他資産の持分を示す書類等が含まれるとした。そして、「金融サービス」については、個人や代理人が、資金あるいは他の金融資源の提供、保管、運営、送金、移転や交換等の活動及び助言を行うこと

であって、銀行サービス、信託の設定や運営、投資サービス、あらゆる種類の証券発行への参加、資金等の仲介、決済及び手形交換サービス、金融情報の提供や移転、資産運用、監査や投資等を含む金融サービスの助言などが含まれるとした[75]。

インターラーケン・プロセスでは、国連の金融制裁に関する諸側面が議論され、種々の提言が行われると同時に、有識者による報告書も提出された。中でも、米国財務省外国資産管理室（Office of Foreign Assets Control, OFAC）室長（当時）のリチャード・ニューコム（Richard R. Newcomb）による報告書は、米国の制裁対象特別指定（Specially Designated Nationals, SDN）方式などを、国連の金融制裁に応用することが可能かなどを示唆している[76]。

国連の経済制裁がスマート・サンクション方式へ変容しつつある時期に、金融制裁の様々な側面に関し審議・提言を行なったインターラーケン・プロセスは極めて意義深い。本会合の成果では、例えば凍結の対象となる「資産」には物品や不動産、金銭的価値を有する資格等も含まれるとする見解を示すなど、送金禁止や金融機関の口座にある資産の凍結といった制裁措置に代表される従来の「金融制裁」とは異なる考え方も提示され、国連の経済制裁に対する再考を促す提言が多く含まれている。インターラーケン・プロセスの成果は、その後の国連の経済制裁の実行の中で一部は取り入れられてはいる[77]一方で、全般的にはあまり活かされているとは言いがたいのが実態である。以下では、今日の国連による金融制裁の主要な問題点を指摘し、課題を探る。

IV　国連による金融制裁の課題[78]

1　国連による金融制裁の発動に関する課題

国連による金融制裁の発動に関する課題は、経済制裁の発動主体に関連する課題と、制裁の個別措置への対処に関する課題とに大きく分類することができる。

国連の経済制裁の主要な発動主体は安保理であるが、安保理を中心とした

集団安全保障は「一般的な集団安全保障の青写真とは異なる」とも称されている[79]。すなわち、第二次世界大戦時の連合国が常任理事国である安保理が発動する経済制裁が、今日正統性を有する措置として捉えられるかは疑問なのである。制裁を発動する国際機構（機関）の正統性は、経済制裁の実効性を左右する大きな論点である上、経済制裁は国家のみならず私人にも大きな影響を与えるため、現在の安保理の構造や意思決定方法に基づいた措置が、国連加盟国のみならず制裁の影響を受ける他の主体にも正統性を持って受け入れられる必要がある。その目的を達成するために、今日の国際社会の変容を踏まえた安保理改革は必至であると言えよう。

また、金融制裁という措置に着目すれば、金融商品の中には技術革新の結果比較的早く移動を行うことができるものもあるのに対し、制裁措置が物品の輸出入制限等である場合には、輸送のため長時間の移動を伴うものが対象となるなど、今日では制裁措置の対象の特質を考慮した発動方式が求められている[80]。制裁措置を規定する決議の文言の明瞭化や明快さ[81]とともに、個別措置の性質を鑑みた上での戦略的な制裁の発動が必要である。

「国家間機構」である国連では、当初制裁の対象として考えられていたのは国家であったが、今日では安保理決議による制裁対象は個人や企業、団体が中心となり、今日では名宛人も、国家とともに「企業、団体、慈善団体、地方自治体さらには個人等」といった制裁に関与する多様な非国家主体も加えられている[82]。さらに、仮想通貨のような国家が発行体ではなく管理者でもない手段[83]についても考察する必要があり、「国家」を名宛人とした決議で経済制裁を決定し、「国家」が経済制裁に関する決議を履行して管轄権を行使し、制裁違反の特定や違反者への処分を行うといった「国家」を主体として組織化され成り立ってきた経済制裁のあり方に対し、今日的な問題点を浮き彫りにしている。

2 国連による金融制裁の履行に関する課題

(1) 国連による履行確保の手段：安保理補助機関（制裁委員会等）とその活動

国連安保理は、対南ローデシア経済制裁決定以降、安保理仮手続規則に基

づく補助機関として理事国全てで構成される制裁委員会を設置している。制裁委員会の任務の多くは安保理決議で規定されるが、決議の履行監視や人道目的による制裁適用除外の決定、国連憲章第50条にある制裁によって「特別の経済問題に直面」した国家の認定や支援方法など、幅広い任務が課せられる場合もある。また、国連の経済制裁がスマート・サンクション方式へと変容した後には、安保理決議により制裁対象を指定する役割をも担ってもいる[84]。

　今日では、安保理の決定による経済制裁に関しては、制裁委員会に加えて、制裁違反行為等が疑われる主体等への調査を行い、報告書を提出する専門家パネルの設置も行われている[85]。また、安保理決議1267に始まる対アルカイダ等経済制裁では、分析支援及び制裁監視チーム（Analytical Support and Sanctions Monitoring Team）が設置され[86]、履行監視等につきより詳細な分析を行った活動をしている（第3章参照）。

　これらの履行確保等に関わる安保理補助機関の意思決定手続きはコンセンサスが原則であり、反対があれば決定はなされない。加えて、制裁関連の補助機関は活動内容について報告書の提出は行うが、個別具体的な審議内容は原則として非公開であるため、より透明性の高い活動を行うよう求められてきた。特に制裁委員会の活動の不透明性については、不当に制裁対象に指定されたと主張する個人が、資産凍結等の制裁措置につき人権規約等に違反するという申立が相次いだことから、制裁対象のリスト化・非リスト化に対する「デュー・プロセス」が求められるようになった[87]。その結果、制裁対象のリストからの除外要請を受け付ける「フォーカル・ポイント」が国連内に設置された[88]他、対アルカイダ（及びISIL（ダーイシュ））制裁については、オンブズパーソンの設置が行われた[89]。

　このように、制裁関連決議の履行確保等を目的として設置された補助機関やその活動については、安保理で決定される制裁措置の変化などに基づき改変がなされてきた。結果として、履行確保に関しては消極的な姿勢から転換し、専門家パネルによる実地調査なども行われていることから、対南ローデシア制裁時などと比すればある程度の進展は見られると考えられる。

第1章　国連の経済制裁と金融上の措置　23

一方、国連による制裁履行確保の問題としては、補助機関設置や機関内での意思決定等の際に政治的な判断が影響すること、また調査等を行う主体の情報開示の程度といった点が挙げられる。

一例を挙げれば、安保理で経済制裁を決定するのと同じ決議で制裁委員会が設置されるのが通例であるが、場合によっては制裁委員会が設置されない、あるいは時間をおいてから制裁委員会が設置される場合がある[90]。逆に、対アルカイダ等制裁のように、他の制裁レジームにはない補助機関が設置される場合もあり、安保理理事国が制裁履行に対しどのような意思を有するかが大きく反映されているのが実状と考えられる。また、「専門家」で構成され、本来独立して制裁違反等の調査を行うべき専門家パネルについても、調査や報告書の公表に対し政治的な意図がはたらくことも指摘されている[91]。

加えて、国連は国家とは異なるため、警察のような法令に基づいた捜査等は行うことはできない上、情報提供や開示についても、該当主体の意思がなければ困難である。そして、情報収集の点においても、国連そのものにインテリジェンス関係の部局がないことから[92]、現地での調査や情報収集の面において、国家や専門家、他の主体の協力を得ることなしには実施が困難であるというのも実態であろう。

(2)　国家・国家以外の主体による国連金融制裁の履行と課題[93]

国連が発動する経済制裁の履行は、決議の内容を実現するために、まず国家が関連国内的措置を講じることが必要になる。一方で、インターラーケンⅡにおいて、より統一された経済制裁履行を目的とした国内法の制定が提唱され、モデル国内法が提示されたことに象徴されるように、現状では、全ての国家が国連の経済制裁を履行するための特別法を有しているわけではない。国家によっては、関連国内法を適用して履行を行う国家もあるが、必ずしも当該国内法令の制定目的が制裁履行ではない場合もあるため、実際には全てを履行することは難しい状況も発生している[94]。さらに、国連加盟国の中には、国内で適切な立法や執行を行うのが難しい状況の国家があるのも事実であり、より対象が広がり、より多様な措置が決定されるようになった国連の

経済制裁を履行するのはますます困難になってきている（第5、6章参照）。

物品の輸出入禁止のような措置とは異なり、金融制裁の場合は容易に制裁対象の移動を行うことができる場合も多いため、制裁の効果をより高めるためには、制裁措置の発動と時を同じくして国内的措置を講じることが必要である。さらに、制裁対象として「狙い撃ち」された私人が国境を超えて移動することも考えられるため、理論的には全世界で制裁措置が履行されなければ、いずれかの場所で制裁の「抜け穴」が生じるおそれもある。このため、今日における国連の金融制裁の履行には、相当程度整備された国内法令や執行体制が必要と考えられるが、全ての国家が対応できるわけではないというのが現状ではないだろうか。

また、物品の輸出入禁止措置の場合、制裁違反の摘発や違反品の没収を担うのは主として税関などの国の機関であることが想定される。一方、金融制裁の場合は、民間部門も含めた金融機関が実質的に「ゲートキーパー」の役割を果たしている（第9章参照）。一方で、システム構築等も含めコストは金融機関自体が担っており、人材や資金力の有無が実質的に金融制裁の履行確保に大きな影響を与えているのである。

3　国連の金融制裁の適用と課題

（1）　一般的な国連の金融制裁の適用

国連の経済制裁を履行するための国内的措置は、最終的に私人を始めとした取引等を行っている主体に適用され、制裁が実施されることとなる。制裁が適用される段階で従来から課題となっているのは、域外適用に代表される国内的措置が適用される範囲である。

経済制裁に関する法的問題としては、従来から、属地主義と属人主義の抵触、すなわち外国支店や現地法人等にも本社がある国家の国内的措置が適用されるのか否かという点が提起されてきた[95]。金融制裁の場合は、いかなる場所で行われる取引であっても、自国通貨が関与した取引には国内的措置を適用するという動きもあり、その場合問題はさらに複雑化し、適用可能な範囲も広範囲となる。

さらに今日では、国際連盟が対イタリア制裁を発動した時点とは全く異なる金融商品や取引形態が存在しているのも事実である。国連の金融制裁においてもまず想定されている取引は、国家が認定した金融機関が法貨を用いて記録に残る取引を行い、違反行為がある場合には国家機関が介入して事実調査や処分を行うことが可能である取引である。一方、国連加盟国の中には、ハワラのような記録に残らない送金手段が従来から用いられている地域や、途上国で銀行システムが未発達であるという背景から、携帯電話などを用いた安価な送金手段がより発達している地域もある[96]。また、法貨ではない仮想通貨等の発達と使用拡大は、法整備が未だ途上ということもあり、国家機関による取引の把握や介入を困難にしているのも事実である[97]。

このように、金融制裁の適用範囲の課題は、従来の域外適用等の問題に加え、制裁が適用される取引やサービスの範囲はどこまでか、さらに国家がどの程度まで把握可能なのか、といった問題も含むようになっているのである（第7章参照）。

(2) 制裁対象となった個人等への適用

国連の経済制裁における制裁対象の「リスト化」は、当初、制裁対象を統一化することにより制裁の履行時にも対象の統一化が図られるという考え方から、スマート・サンクションをより効果的に行う手段として提唱されていた[98]。しかし、「狙い撃ち制裁」という用語に象徴されるように、制裁対象の「リスト化」は異なる意味で捉えられるようになった上、2008年の欧州司法裁判所第1カディ上訴審判決[99]を契機に、制裁対象となった個人等の人権（例えば個人の資産凍結措置と財産権の関連）と国連の経済制裁とのあり方とが大きな問題として取り上げられるようになった（第10章参照）。

これらの批判を受け、国連では、制裁対象リスト作成の際にその事由を挙げるなどの改革を行った[100]。しかし、例えば非リスト化手続は対アルカイダ・ISIL（ダーイシュ）制裁（オンブズパーソンによる手続）と、他の制裁（フォーカル・ポイントによる手続）とで異なるなど、全ての制裁において個人等への適用が同様に考えられているかは疑問である。制裁対象を選定する際には、

どのような主体に対しいかなる措置を講じれば効果が最大限化されるかを主眼におくべきではないだろうか。

V　おわりに

　経済制裁が国際社会において制度化され、国際連盟・国連において集団安全保障の一措置として位置付けられて以降、その様態は変容を続けてきた。国際連盟時には、物品の輸出入禁止を強化する目的などで導入された金融上の手段を用いた制裁措置は、今日においても他の制裁措置と併用され、時には単独で用いられ、より重要性を持つ手段として位置づけられていると言えよう[101]。

　金融制裁は、「制裁の発動国の国民にもダメージを与える貿易制裁とは異なり、制裁対象の政権官僚など一部の対象への打撃にとどまる」こと、また政権幹部など政策変更に大きな影響を有し且つ富裕層に属する個人等も対象とすることから[102]、経済制裁の措置の中でも戦略的に用いられれば効果は大きいと指摘されている[103]。一方で、特に「金融」は多様且つ複雑な取引や形態が存在すること、また追跡の困難さなどから、物品の輸出入禁止に比して違反の特定が難しいといった特質も持つ[104]。さらに、スマート・サンクションにおいて多用される「資産凍結」では、「資産」の範囲も多様化していることから、より複雑な履行の方式も求められている。

　経済制裁で用いられる様々な措置の変化や性質を見極め、戦略的な方法での発動がなければ、「効果的」な経済制裁を実現することはますます難しくなり、スマート・サンクション下であっても予期せぬ効果が発生することもある（第4章参照）。一方で、アラビンダ・アチャルヤ（Arabinda Acharya）が指摘するように、国家のみでは到達することが困難な目標も、国際機構が行うことにより可能となる場合もある[105]。

　「国家間機構」である国連が、もともと国家を念頭に設計した「古い皮袋」たる集団安全保障の仕組みに、国家に加え多様な主体が関与する「新しい酒」たる金融制裁を、「破くことなく入れる」、すなわち適合させ活用する

ことが、国際社会における平和の実現に対する国連の貢献の度合いを左右するのではないだろうか。国連の金融制裁が今日我々に投げかける課題を紐解くことにより、国連の集団安全保障や国際社会の将来に対してどのような挑戦が突きつけられているのか、その一端を解明することが可能であろう。

注

1　例えば、いわゆる「平和のための結集決議」(A/RES/377A(V), 3 November 1950)に基づき集団安全保障や国際的な制裁のあり方について審議する目的で設置された委員会は「集団措置委員会（Collective Measures Committee）」という名称である。委員会においては、経済および金融上の制裁措置も審議され、国際連盟による対イタリア制裁における金融上の制裁措置や第二次世界大戦中の連盟国による対枢軸国（ドイツ、イタリア、日本）に対する金融関係の断絶が事例として挙げられている。Report of the Collective Measures Committee, GAOR Supplement No. 13, A/1891 (1951), pp. 13-14.

2　Royal Institute of International Affairs, *International Sanctions* (Oxford University Press, 1938), p.16.

3　Gary Clyde Hufbauer, Jefferey J. Schott and Kimberly Ann Elliott, *Economic Sanctions Reconsidered: History and Current Policy* (Second Edition) (Institute for International Economics, 1990), p.p. 4-5.

4　宮川眞喜雄『経済制裁：日本はそれに耐えられるか』（中央公論社、1992 年）20-25 頁。

5　本多美樹『国連による経済制裁と人道上の諸問題―「スマート・サンクション」の模索』（国際書院、2013 年）35-40 頁。

6　Rahmat Mohamad, "Unilateral Sanctions in International Law: A Quest for Legality" in Ali Z. Marossi and Marisa R. Bassett, ed., *Economic Sanctions under International Law: Unilateralism, Multilateralism, Legitimacy, and Consequences* (T.M.C. Asser Press, 2015), p. 75.

7　Kern Alexander, *Economic Sanctions: Law and Public Policy* (Palgrave Macmillan, 2009), p. 12.

8　奥迫元「グローバル化時代における経済制裁をめぐる理論的検討―経済制裁のグローバル・ガバナンスを求めて―」臼井実稲子・奥迫元・山本武彦『経済制裁の研究―経済制裁の政治経済学的位置づけ』（志學社、2017 年）13 頁。

9　奥迫、同上、13 頁。

10　奥迫、同上、13-14 頁。

11　Hamilton Foley, *Woodrow Wilson's Case for the League of Nations: Complied with his approval* (Princeton University Press, 1923), pp. 67-72.

12　ILC における「制裁」と「対抗措置」に関する議論については、吉村祥子『国連非軍事的制裁の法的問題』（国際書院、2003 年）56-60 頁を参照。

13　国家責任条文第 2 章「対抗措置」第 49 条から第 54 条を参照。

14　中谷和弘「経済制裁の国際法上の機能とその合法性」(3)『国家学会雑誌』第 100

巻 11・12 号（1987 年）926-940 頁。例えば、2006 年に国連安保理はイランに対する経済制裁を決定したが、同時期に欧米諸国から発動されていた対イラン独自制裁に対する国際法上の違法性を問う論考が出されている。浅田正彦「国家責任条文における対抗措置と対イラン制裁」『国際法研究』第 5 号（2017 年）32-69 頁などを参照。

15 League of Nations, International Blockade Committee, *Minutes of the Session held at Geneva from August 22nd to 29th, with Annexes*, A. 28（b.）1921（5 September 1921）, Annexes 18 and 19.

16 League of Nations, Resolutions adopted on October 4th, 1921.

17 最上敏樹『国際機構論講義』（岩波書店、2016 年）57-58 頁。

18 例えば、1931 年のいわゆる「満州事変」に関し、国際連盟理事会において日本の中国からの撤兵を求める決議が提案されたものの、日本 1 国のみの反対により決議は採択されなかったことは、全会一致の表決制度に基づく集団安全保障制度の弱点を浮き彫りにしたと言える。最上、同上、58-59 頁。

19 調整委員会及び関連する委員会の概略と活動については、吉村祥子「国連の非軍事的制裁における「制裁委員会」の機能と役割」『修道法学』第 22 巻 1・2 合併号（2000 年）168-176 頁を参照。

20 League of Nations Official Journal, Special Supplement No. 150, pp. 1-12.

21 Proposal No. II, Financial Measures, adopted by the Co-ordination Committee on October 14th, 1935, League of Nations Official Journal, Special Supplement No. 150, p. 4.

22 "Financial Sanctions" in Royal Institute of International Affairs, *supra* note 2, pp. 76-77.

23 海野芳郎「国際連盟の対イタリア制裁―イタリア・エチオピア戦争における―」（二）『外交時報』1142 号（1977 年 2 月）11-12 頁、Royal Institute of International Affairs, *ibid.*, pp. 78-79.

24 海野、同上、11 頁、

25 海野芳郎「国際連盟の対イタリア制裁―イタリア・エチオピア戦争における―」（四）『外交時報』1144 号（1977 年 4 月）26-29 頁。

26 国連憲章第 50 条の起草過程や法的問題については、戸田博也「国連による経済制裁―国連憲章第 50 条の意義―」『法學政治學論究』第 52 条（2002 年）61-92 頁等を参照。

27 A/Res/2758（XXVI）（25 October 1971）. 決議では「蒋介石の代表（the representatives of Chiang Kai-shek）」を国連から追放するとなっている。なお、国連における中国代表権に関する審議と本決議に至るまでの過程については、明石康『国際連合―その光と影―』（岩波書店、1985 年）127-132 頁を参照。

28 ソ連崩壊後、ロシアが国連においてソ連を継承した経緯については、Carolyn L. Willson, "Changing the Charter: The United Nations Prepares for the Twenty-First Century" *American Journal of International Law*, Vol. 90（1996）, pp. 118, Sydney D. Bailey and Sam Daws, *The Procedure of the UN Security Council*（Third Edition）（Oxford University Press, 1998）, p. 381 を参照。なお、国連公式文書においては、"Membership of the Security Council" in S/INF/47（1993）, p. v に記載がある。

29　A/RES/377A（V）, *supra* note 1.

30　例えば、1942 年に米国国務省内で後に国連憲章となる文案の起草が行われた際、侵略に対する強制措置として主に考えられていたのは軍事的な行動であり、経済制裁については国際連盟時の対イタリア経済制裁の事例が思い起こされたため、加盟国が取るべき強制措置のリストに挙げられたと記載されている。Ruth B. Russel and Jeannette E. Muther, *A History of the United Nations Charter: The Role of the United States 1940-1945* (The Brookings Institution, 1958), p. 252.

31　S/32（9 April 1946）.

32　S/PV.34（17 April 1946）.

33　S/PV.48（24 June 1946）.

34　S/RES/232（1966）, 16 December 1966.

35　S/RES/418（1977）, 4 November 1977.

36　S/RES/661（1990）, 6 August 1990.

37　安保理の決定による経済制裁の概要については、Jeremy Matam Farrall, *United Nations Sanctions and the Role of Law* (Cambridge University Press, 2007), pp. 247-463（対南ローデシア制裁から対イラン制裁まで）、三菱 UFJ リサーチ＆コンサルティング『安保理決議による経済制裁：制裁に至る事情・内容・効果等の横断的比較分析』（外務省委託調査、2013 年）（対南ローデシアから対ギニアビサウ制裁まで）を参照。また、国連安保理補助機関 HP 内の "sanctions" 箇所に、安保理が決定した現在実施中の経済制裁について関連する文書等が掲載されている。United Nations Subsidiary Organs HP, available at https://www.un.org/sc/suborg/en/sanctions/information（2017 年 11 月 13 日アクセス）。

38　S/RES/1373（2001）, 28 September 2001.

39　S/RES/1540（2004）, 28 April 2004.

40　このような内容を有する安保理決議の採択を、安保理の「立法」と捉え、その是非を問う学説もある。例えば、Stefan Talmon, "The Security Council as World Legislature", *American Journal of International Law*, Vol. 99 (2003) pp. 175-193, 浅田正彦「安保理決議 1540 と国際立法」『国際問題』No. 547（2005 年）35-64 頁、Johnstone Ian, "Legislation and Adjudication in the UN Security Council: Bringing Down the Deliberative Deficit", *American Journal of International Law*, Vol. 102 (2008), pp. 275-308 などを参照。

41　S/RES/1483（2003）, 22 may 2003.

42　S/RES/1054（1996）, 26 April 1996, S/RES/1070（16 August 1996）.

43　S/RES/1372（2001）, 28 September 2001.

44　S/RES/1556（2004）, 30 July 2004, S/Res/1591（2005）, 29 March 2005.

45　S/RES/1267（1999）, 15 October 1999.

46　S/RES/1333（2000）, 19 December 2000.

47　S/RES/1617（2005）, 29 July 2005.

48　S/RES/1735（2006）, 22 December 2006.

49　S/RES/1822（2008）, 30 June 2008.

50 S/RES/1989 (2011), 17 June 2011.

51 S/RES/2253 (2015), 17 December 2015.

52 S/RES/1988 (2011), 17 June 2011.

53 Annual Report of the Secretary-General on the Work of the Organization, GAOR Supplement No. 1, pp. 2-3.

54 S/RES/39 (I), 12 December 1946.

55 国連総会による対南アフリカ制裁も含め、アパルトヘイト下の南アフリカに対する国連機関等の行動については、United Nations Department of Public Information, *The United Nations and Apartheid 1948-1994* (United Nations, 1994) を参照。

56 S/RES/1695 (2006), 15 July 2006.

57 S/RES/1718 (2006), 14 October 2006.

58 S/RES/1874 (2009), 12 June 2009.

59 対南ローデシア経済制裁に関し送金の禁止を規定する箇所は、安保理決議 232 主文第 2 項(b)や決議 253 主文第 3 項(b)など。S/RES/232 (1966), 16 December 1966, S/RES/253 (1968), 29 May 1968.

60 対南ローデシア経済制裁に関し資産凍結を規定する箇所は、安保理決議 409 主文 1 など。S/RES/409 (1977), 27 May 1977.

61 中谷和弘「安保理決議に基づく経済制裁―近年の特徴と法的課題」『国際問題』No. 570 (2008 年 4 月) 33 頁。

62 S/RES/409 (1977), 主文 1 項。

63 中谷「前掲論文」(注 61)、33 頁。また、国連の経済制裁がスマート・サンクションへと変容した過程等については、本多『前掲書』(注 5) を参照。

64 S/RES/253 (*supra* note 35)、主文第 4 項.

65 対南アフリカ投資禁止を含めた国連総会で採択された対南アフリカ経済制裁関連決議の内容については、吉村『前掲書』(注 12) 155-173 頁を参照。

66 S/RES/2094 (2013), 7 March 2013, S/RES/2270 (2016), 2 March 2016, S/RES/2371 (2017), 5 August 2017. 国連安保理における対北朝鮮金融制裁措置の概要については、大森健吾「北朝鮮に対する金融制裁措置について」『調査と情報 (国立国会図書館)』No. 933 (2017 年 1 月) 4-5 頁を参照。

67 S/RES/388 (1976), 6 April 1976.

68 S/RES/2094 (2013), S/RES/2371 (2017), S/RES/2375 (2017), 11 September 2017, S/RES/2397 (2017), 22 December 2017.

69 S/RES/2023 (2011), 5 December 2011.

70 例えば、対南ローデシア経済制裁に関する安保理決議 333 など。S/RES/333 (1973), 22 May 1973.

71 S/Res/2199 (12 February 2015).

72 Kimberly Ann Elliott, "Analysing the Effects of Targeted Financial Sanctions" in Department of Economy, Swiss Federal Office for Foreign Economic Affairs, *2nd Interlaken Seminar on Targeted United Nations Financial Sanctions* (March 1999, Interlaken, Switzerland), pp. 189-193.

73 Swiss Federal Office for Foreign Economic Affairs, Department of Economy, *Expert Seminar on Targeting UN Financial Sanctions* (March 1998, Interlaken, Switzerland), pp. 5-38.

74 *Ibid.*, pp. 5-90.

75 *Ibid*, pp. 91-94.

76 Richard R. Newcomb, "Targeted Financial Sanctions: The U.S. Model" in *ibid.*, pp. 29-57. なお、OFAC の設立背景や歴史については、David Cortright, George A. Lopez, and Elizabeth S. Rogers, "Targeted Financial Sanctions: Smart Sanctions That Do Work" in David Cortright and George A. Lopez, *Smart Sanctions: Targeting Economic Statecraft* (Rowman & Littlefield, 2002), pp. 24-25 を参照。

77 例えば、対北朝鮮制裁に関しては、凍結の対象となる「経済資源（economic resources）」として資産に含まれる内容を示したが、インターラーケン・プロセスで提示された資産の内容を参考にしたと考えられる。また、船舶も「資産凍結」の対象となると言及する決議もある。S/RES/2270（2016）, S/RES/2397（2017）参照。

78 以下の部分は、筆者が国際法学会 2017 年度研究大会（2017 年 9 月、於朱鷺メッセ・新潟コンベンションセンター）で行なった「国連の金融制裁の法的問題―金融制裁の正統性・実効性の追求―」分科会パネル報告「国連金融制裁の発動時における法的問題」も基礎にしている。

79 Vaughan Lowe, Adam Roberts, Jennifer Welsh, and Dominik Zaum, *The United Nations Security Council and War* (Oxford University Press, 2008), pp.13-14.

80 この点は、経済制裁を研究する識者によってよく指摘されている。例えば、Cortright et al., *supra* note 76, pp. 29-30

81 今日採択される経済制裁関連の国連安保理決議の中には、1 主文がほぼ 1 頁にわたるものなど非常に長くかつ複雑な内容をもつものもある。例えば、対北朝鮮経済制裁に関する安保理決議 2397 主文第 5 項（北朝鮮に対する石油製品等輸出制限）などを参照。S/RES/2397（2017）, 22 December 2017.

82 奥迫「前掲論文」(注 8) 14 頁。

83 岡田仁志、高橋郁夫、山崎重一郎『仮想通貨：技術・法律・制度』(東洋経済新報社、2015 年) 18-20 頁。

84 国連の制裁委員会の機能と役割については、吉村「前掲論文」(注 19) を参照。

85 国連制裁委員専門家パネルは、対アンゴラ（UNITA）制裁時より設置された。経緯については、本多『前掲書』(注 5) 263 頁を参照。

86 S/RES/1526（2004）, 30 January 2004, S/RES/2253（2015）, 17 December 2015.

87 この点に関しては多くの論説や提言がある。例えば、Bardo Fassbender, "Targeted Sanctions Imposed by the UN Security Council and Due Process" *International Organizations Law Review* Vol. 3 (2006), pp. 437-485, Devika Hovell, *The Power of Process: The Value of Due Process in Security Council Sanctions Decision-Making* (Oxford University Press, 2016)、及びブラウン大学・ワトソン研究所が中心となって行われた研究や提言 (*Strengthening Targeted sanctions through Fair and Clear Procedures*, 2006, *Addressing Challenges to Targeted Sanctions*, 2009) などを参照。

88　S/RES/1730（2006）, 19 December 2006.

89　S/RES/1904（2009）, 17 December 2009.

90　例えば、安保理決議 1701 による対レバノン制裁に対しては、制裁委員会は設置されていない。S/RES/1701（2006）, 11 August 2006.

91　例えば、山本武彦「私の視点　対北朝鮮制裁　中国は監視報告公表認めよ」『朝日新聞』2011 年 12 月 10 日朝刊などを参照。

92　*Lowe et. al., supra* note 79, p. 21.

93　以下については、吉村祥子「国際連合（国連）による金融制裁の法的問題」『国際商事法務』Vol. 44, No. 4（2016 年）606-607 頁にも基づいている。

94　例えば、古川勝久は、国連対北朝鮮制裁の対象として指定された会社の船舶が、日本領海内において緊急避難を求めてきた際に、国連制裁専門家パネルの要請を受けても貨物検査のみの実施にとどまり、国内法上の根拠がないために船舶そのものを資産凍結の対象とはできなかったと指摘する。古川勝久『北朝鮮　核の資金源』（新潮社、2017 年）373-382 頁。

95　一般的には、Alexander, *supra* note 7, pp. 66-87 などを参照。また、1990 年以降の対イラク制裁の事例を中心にした抵触法の問題につき、石黒一憲『ボーダーレス社会への法的警鐘』（中央経済社、1991 年）89-150 頁を参照。

96　例えば、野口悠紀雄は、銀行の支店が極端に少ないケニアで、携帯電話会社が出資して構築した「エムペサ」と称される送金サービスを例に挙げ、「エムペサと類似のサービスは、ケニアにとどまらず、全世界の発展途上国に広がりつつある」「銀行サービスの利用が困難な途上国には約 25 億人が暮らすが、このうち約 10 億人が既に携帯電話を使用している。13 年 6 月において、エムペサ類似サービスの口座数（実際に利用されているもの）は、全世界で約 6,000 万を超える。うち 52% がサハラ砂漠以南のアフリカ大陸のものだ」と指摘する。野口悠紀雄『仮想通貨革命』（ダイヤモンド社、2014 年）121-132 頁。

97　仮想通貨の法的地位に関する議論や、米国・EU 等における仮想通貨に対する法的規制及び議論については、岡田仁志・高橋郁夫・山崎重一郎『仮想通貨』（東洋経済新報社、2015 年）115-199 頁を参照。

98　Richard R. Newcomb, "Targeting Financial Sanctions" in *Expert Seminar on Targeting UN Financial Sanctions*（supra note 73）, pp. 117-118.

99　*Kadi and Al Barakaat v. Council and Commission*, Joint Cases C-402/05 P and C-415/05 P, Court of Justice of the European Communities, Judgment of 3 September 2008.

100　例えば、安保理決議 1735 では、国連加盟国がアルカイダ、オサマ・ビン・ラーデン、タリバーン及び関連する個人や団体等を制裁対象リスト掲載の要請を行う際、その事由等を記するための様式を掲載している。S/RES/1735（2006）, 22 December 2006.

101　今日では、国連の経済制裁が、和平交渉のような紛争の平和的解決手段と同時に用いられることも数多いと指摘される。トーマス・ビアステッカー、ズザナ・フダコヴァ（山本武彦監訳、水谷元海訳）「国連制裁と和平交渉―補完的関係に発展する可能性」臼井・奥迫・山本『前掲書』（注 8）105-125 頁。

102　本多『前掲書』(注 5) 52 頁。

103　例えば、Kimberly Ann Elliott, "The Impacts of United Nations Targeted Sanctions" in Thomas J. Biersteker, Sue E. Eckert and Marcos Tourinho eds., *Targeted Sanctions: The Impacts and Effectiveness of United Nations Actions* (Cambridge University Press, 2016) p. 174.

104　例えば、米国 CIA でさえも、移転の複雑さも含め様々な事由から、アルカイダの資金源やオサマ・ビン・ラーデンの金融資産を追跡することの困難性を指摘していた。Arabinda Acharya *Targeting Terrorist Financing* (Routledge, 2009), pp. 28-29.

105　Acharya, *ibid.*, pp. 96-98.

第2章　政府系ファンド、中央銀行、特定通貨に対する金融制裁

中谷和弘

Ⅰ　はじめに
Ⅱ　政府系ファンド及び中央銀行に対する金融制裁
　　1　国連制裁
　　2　単独制裁
　　3　省察
Ⅲ　特定通貨に対する金融制裁と国際資金決済の盲点
Ⅳ　おわりに

Ⅰ　はじめに

　金融制裁は経済制裁の中でもターゲットに対して効果的な打撃を与えうるものとして注目されているが、国際法学において検討の中心となったのは有責者の個人資産凍結についてであって、政府系ファンド（Sovereign Wealth Fund, SWF）や中央銀行といった政府関連機関の資産凍結の問題はほとんど検討されて来なかった。現実にも SWF や中央銀行の資産凍結の事例は稀であり、国連安保理決議に基づく措置としては 2011 年の対リビア制裁が最初のものである。SWF が国際金融の世界において大きな影響力を有するようになったのは比較的最近のことであり、また SWF を有する国は限定されていることから、SWF の資産凍結がなされた事例が稀であることは理解できるが、各国中央銀行は主要諸国において金融資産を預け入れているという事実に鑑みると、中央銀行の資産凍結事案が少なかった理由は別途探る必要がある。いずれにせよ、資産額という点では、これらの機関の在外資産額は有責者個人の在外資産額に比べてはるかに巨額であるため、SWF や中央銀行の

第2章 政府系ファンド、中央銀行、特定通貨に対する金融制裁 35

資産凍結は、有責者個人の資産凍結に比べて、経済制裁の成否に与える影響がはるかに大きいといえる。

本章ではこのような問題関心から、まず SWF 及び中央銀行の資産凍結について、国連制裁の場合と単独制裁の場合に分けて、実例に沿いながら法的課題を検討する。その上で 2013 年の米国によるイラン・リアルに関する措置を例にとって、特定通貨に対する制裁をめぐる法的課題について検討し、あわせて国際資金決済サービスが有しうる問題点を付随的に指摘する。

私自身は、経済制裁及び SWF については一定の研究を行ってきたが[1]、ここでは上記の課題に特化して検討するため、一般的な解説は省略することをあらかじめお断りしておきたい。

II 政府系ファンド及び中央銀行に対する金融制裁

1 国連制裁

国連制裁において政府系ファンド及び中央銀行に対する制裁措置が発動されたのは、2011 年のリビアに対する非軍事的強制措置においてである。「アラブの春」の一環として同年 2 月 15 日に開始されたリビアにおける民衆による打倒カダフィ政権のデモに対して、リビア政府は民衆を弾圧した。これに対して、同月 26 日に採択された安保理決議 1970[2] においては、安保理は国連憲章第 7 章及び第 41 条の下で行動をするとして一連の非軍事的強制措置（経済制裁措置）を発動し、その中には有責者の資産凍結措置の決定が含まれていた（第 17 項）。対象者は Annex II で明記された 6 名（カダフィ大佐と5 人の子）であった。3 月 10 日には、欧州連合（EU）理事会が、資産凍結の対象を拡大する決定[3] をし、リビア中央銀行（Central Bank of Libya, CBL）、リビア投資庁（Libyan Investment Authority, LIA）という政府系ファンド、さらに、リビア・アフリカ投資ポートフォリオ（Libyan Africa Investment Portfolio, LAIP）、リビア外国銀行（Libyan Foreign Bank, LFB）、リビア住宅インフラ局（Libyan Housing and Infrastructure Board, HIB）の計 5 団体を制裁対象に加えた。その理由は、「これらの団体がカダフィ大佐と彼の家族のコントロール下にあり、カダフィ体

制の資金の潜在的淵源となっているため」と個々に明記された。3月17日には安保理決議1973[4]が採択された。同決議では、安保理は国連憲章第7章の下で行動するとして、加盟国に対して人民を保護するため「あらゆる必要な措置」をとることを容認した（主文第4項、武力行使容認決議である）が、それとともに、資産凍結の対象をリビア当局にかわって若しくはその指揮の下で行動する団体（entities）又はリビア当局によって所有若しくは支配された団体に拡大することを決定した（第19, 21項）。対象団体として、Annex II では CBL、LIA、LAIP、LFB、リビア国営石油会社（Libyan National Oil Company, NOC）の5つが挙げられた。これらの団体の資産凍結の正当化根拠としては、欧州連合理事会決定と同様に、これらの団体が「カダフィ大佐と彼の家族のコントロール下にあり、カダフィ体制の資金の潜在的淵源となっている」ことが個々に明記された。

3月19日には米英仏を中心とする多国籍軍がリビア政府側に対する空爆を開始した。同年8月には反体制派（リビア国民暫定評議会が中心）が首都トリポリを制圧し、カダフィ政権は崩壊した。同年9月16日に採択された安保理決議2009[5]では、NOC はもはや資産凍結の対象とはならないと決定する（第14項）とともに、LNB、LIA、LAIP、LFB の4団体に関しては、これらの団体の在外資産の凍結は次のいずれかの目的に使用する旨を加盟国が制裁委員会に通知した場合には解除できるとして、（ⅰ）人道上の必要性、（ⅱ）民生用の燃料・電気・水、（ⅲ）炭化水素のリビアによる生産及び販売の再開、（ⅳ）人民政府の機構及び人民の公共インフラの確立、運営又は強化、（ⅴ）銀行セクターの活動再開の促進（リビアとの国際貿易の支持又は促進を含む）、を挙げている（第16項）。12月16日には制裁委員会は CBL 及び LFB を資産凍結の対象から除外することを決定した[6]。2012年3月7日、制裁委員会は、LIA の子会社と LAIP の子社会は資産凍結措置の対象にはならない旨の通知[7]を発出した。凍結資産を解除する場合には、責任ある調整された方法で行うことを確保するために加盟国はリビア当局と緊密に協議することを奨励する、2011年9月16日段階で直接 LIA 及び LAIP の名前でリビア国外に所在していた資産は凍結され続けるが、同日以降に両団体が保有した資産は凍結

されないとした。凍結資産の解除については、安保理決議 1970 第 17 項及び安保理決議 1973 第 20 項では、「凍結資産は、事後の段階で可能な限り早期に、リビア人民が利用できるようにそして人民の利益になるように確保する」ことが安保理の意図であるとしている。

2011 年時点での LIA の資産額は約 670 億ドル、その 3 分の 1 を占める在外資産が凍結されたと指摘される[8]。リビアは特に旧宗主国のイタリアとの経済的関係が深く、LIA はイタリアの主要企業等にも投資をしてきた。イタリア政府が制裁委員会に提出した口上書（2011 年 7 月 5 日）による制裁履行状況の報告[9]では、CBL の凍結資産に関しては、Banca UBAE（本店ローマ）が 6,195,384.80 ユーロ及び 2,447,055.65 ドルを、UniCredit Banca（本店ミラノ）が 46,018,204.65 ユーロを凍結し、LFB の凍結資産に関しては、Banca UBAE が 104,143,685.71 ユーロ及び 8,814,136.50 ユーロを、UniCredit Banca が 37,100,000 ユーロを凍結した。イタリアにおいて凍結された総額は、193,457,275.16 ユーロ及び 11,261,192.15 ドルである[10]。

2016 年 3 月 21 日付のリビアの国連大使から安保理議長への書簡[11]において、リビア政府は LIA の資産凍結措置に関して、凍結解除自体を要求するものではないとした上で、凍結期間中に資産価値が保護され収益を最大化できるようにするため、凍結口座間での資金移動、再投資、口座の閉鎖・開設を認める安保理決議の採択を要求した。LIA の資産凍結はリビアに対する懲罰を意図したものではなく、革命及び権力移行の期間において資産を保護するための措置であったが、今やリビア人民の利益に対する非常に重大な負のインパクトを及ぼしているとする。LIA は 2014 年だけで 7 億 2,100 万ドルの実損を生じたとし、さらに投資したならば得られたであろう利益分 16 〜 23 億ドルを失ったとする。LIA は、株式ポートフォリオにアクセスできないため、市場の変化や為替の変動に対応できない、債券が満期が来てもそのままとなっている、外部のファンドマネージャーにマネージメント・フィーを払い続けている、ファンドのパフォーマンスが悪くてもファンドを閉鎖したりマネージャーを代えたりできない、それゆえ LIA の資金を保有する金融機関やマネージャーに競争力のある金利を供与したり効率的にマ

ネージしたりするインセンティブが生じない、とする。LIA の資産凍結が解除されないのは、全土を実効的に支配する国民統一政府が確立されるに至っていないという状況であるため、資金が横領されないように凍結の継続によって保護する必要性があるためである。

2016 年 1 月 29 日に制裁委員会に提示された専門家パネルの最終報告書[12]は、資産凍結について、次のように指摘する。第 1 に、LIA の責任者の話では LIA と LAIP の凍結資産は当初は約 650 億ドルあったが、現在は 550-600 億ドルに減少していること、満期となったファンドの再投資については安保理は明確な条項を設けなかったが、マネージメント・フィーの支払については安保理決議 1970 第 19 (a)項により認められることを指摘した上で、勧告 8 として、安保理に対して、「特定された個人及び団体の投資価値を保護するために、リビア政府と協議の上、凍結資産の再投資を明示的に許容及び奨励すること」を勧告する（パラグラフ 254-257）。第 2 に、利息の支払に関しては、凍結資産に付加され凍結され続けることを条件として利息は通常支払われるが、安保理決議 1970 第 20 項では、「加盟国は利息を支払うことができる （may）」という表現ぶりとなっているため、加盟国は銀行が利息支払を回避することを許容しうると指摘した上で、勧告 9 として、安保理に対して、「加盟国が金融機関に対して、通常のビジネス慣行に合致して特定された個人及び団体の凍結資産の利子を支払うことを促すよう、加盟国に奨励すること」を勧告する。なお、いくつかの加盟国がリビア政府の要請に基づき凍結資産を人道上又は医療上の目的のために使用する可能性を探求していることに関しては、そのような使用には障害はない旨を指摘する（パラグラフ 258-260）。なお、LIA と LAIP については、分裂した組織がマルタとトリポリに本拠をおいて対立しているが、マルタ、トリポリの両責任者とも、国民統一政府の確立までは横領からの保護のため資産を凍結しておくのが望ましいとした（パラグラフ 227-230）。また、中央銀行については、中立性を保っていないと指摘し、勧告 18 においてリビアの将来の国民統一政府に対して、「できる限り早期に国家金融機関の統一性を回復すること」を勧告するとともに、勧告 19 において加盟国に「リビアの金融機関及び国営石油会社の資金の横

領を回避するため、国民統一政府に対して技術支援を提供すること」を勧告する（パラグラフ 217-226）。

2　単独制裁

　単独制裁の対象に政府系ファンドを含めた例としては、米国による対ロシア経済制裁においてロシアの政府系ファンドであるロシア直接投資ファンド（Russian Direct Investment Fund, RDIF）を制裁対象にした例が挙げられる。米国は、ロシアのクリミア侵攻及びウクライナにおける武力行使が米国の安全保障及び外交政策に対する重大な脅威を構成するとして、2014 年 3 月 20 日の大統領令 13662 号においてウクライナにおける状況に寄与した者の資産を凍結するとした。同命令に基づき 2015 年 7 月 30 日に米国財務省の外国資産管理局（OFAC）は、RDIF を、ロシア国営開発銀行 Vnesheconombank（VER）によって過半数の株式を所有されているため要件を満たすとの理由で、資産凍結の対象に加えた[13]。

　単独制裁の対象に中央銀行を含めた例としては、1979 年 11 月 4 日に発生したテヘラン米国大使館人質事件において、米国が同月 14 日の大統領令 12170 号によって、米国内及び第三国の米国系銀行にあるイランの政府資産（イラン中央銀行の資産を含む）を凍結する措置をとったという先例がある。最近でも、米国は、イランの核開発疑惑問題に関連して、2012 年 2 月 5 日の大統領令 13599 号によってイラン政府（イラン中央銀行を含む）及びイランの金融機関の資産を凍結する措置をとった。EU は、2012 年 1 月 23 日の理事会決定 2012/35/CFSP においてイラン中央銀行の資産凍結措置を、また同年11 月 29 日の理事会決定 2012/739/CFSP において反体制派を抑圧するシリアへの経済制裁の一環としてシリア中央銀行の資産凍結措置を、それぞれ決定した。

3　省察

　ここでは次の 7 点を指摘しておきたい。

　第 1 に、安保理決議及び欧州連合理事会決定においては、LIA もリビア中

央銀行も「カダフィ大佐と彼の家族のコントロール下にあり、カダフィ体制の資金の潜在的淵源となっているため」資産凍結の対象となったと説明されている。この説明を敷衍すれば、SWF や中央銀行の資産を独裁者が私物化・簒奪したから、有責者の資産凍結の範囲を個人資産のみならず SWF や中央銀行にも拡大したものと解せられる。リビアのケースにおいては事実はこの説明通りであるが、ここで留意すべきは、一般には資産凍結の範囲は有責者の（拡大された）資産に限定する必要はなく、標的国の資産（まさに中央銀行の資産はこれに該当する）や標的国に寄与する資産（SWF の資産は通常これに該当する）であれば凍結対象とすることに特段の問題はないということである。

　第 2 に、国家責任との関連では、中央銀行は国連国際法委員会「国家責任条文」第 4 条の「国の機関」に該当し、その行動は国際法上当該国の行動とみなされる[14]。SWF は同条にいう「国の機関」には通常該当しないが、第 5 条との関係が問題となる。第 5 条は、「第 4 条の下での国の機関ではないが、当該国の法令上統治権能の一部を行使する権限を付与された人又は団体の行為は、特定の事案において当該人又は団体がその資格で行動していた場合には、国際法上当該国の行為とみなされる」と規定する。同条のコメンタリーでは、イラン米国請求権裁判所の Hyatt International Corporation v. Government of the Islamic Republic of Iran 判決（1985 年）が国家によって設立された慈善目的で資金を保有する自律的な基金（被抑圧者のための基金）について資産の押収を権限に含んでいたため公的団体であると判示したことを指摘した上で、同基金は同条によってカバーされるものであったとする[15]。この基準に照らすと、SWF については、株式の売買をはじめとする投資活動それ自体は「統治権能の一部を行使する」とはいえないが、付随して統治権能の一部を行使する権限（例えば、反体制派の在外資産を調査し凍結・没収する）を付与され、それに基づいて行動していた場合には、同条によってカバーされ、本国の行為とみなされると解せられる。

　第 3 に、主権免除との関連では、中央銀行は国連国家免除条約（2001 年）第 2 条 1 項 (b)(iii) にいう「国家の機関若しくは下部機関又は他の団体」に該当し、主権免除の主体である「国」に含まれると考えられる[16]。これに対

して SWF は同項 (b)(ⅲ) にいう「国家の主権的な権能の行使としての行為を行う権限を有し、かつ、そのような行為を現に行っている場合」という要件を満たさないため、「国家の機関若しくは下部機関又は他の団体」には該当しないと考えられる。また、SWF による株式保有は裁判権免除を援用できない場合の一つである第 15 条 1 項の「会社への参加」に該当すると考えられる。

強制執行からの免除については、まず中央銀行の財産に関しては、第 21 条 1 項 (c) において、「政府の非商業的目的以外に当該国により特定的に使用され、又はそのような使用が予定される財産とは認められない」ものの一つとして明記されており、強制執行からの免除を享受する[17]。資産凍結は強制執行に至るものではなく、国連国家免除条約の位置づけでは第 18 条の「判決前の強制的な措置」に該当する。第 21 条 2 項において「1 の規定は第 18 条……の規定の適用を妨げるものではない」と規定するため、第 18 条で規定された「(a) 当該国が……強制的な措置がとられることについて明示的に同意した場合」、又は、「(b) 当該国が当該裁判手続の目的である請求を満たすために財産を割り当て、又は特定した場合」には資産凍結を含む「判決前の強制的な措置」は可能であるが、通常はそのような要件を満たすことはない。但し、留意すべきは、国際法違反に対する対抗措置としてであれば、均衡性をはじめとする対抗措置の諸要件を満たす限り、中央銀行の資産凍結は結局可能となる（違法性が阻却される）。また、国連安保理の非軍事的強制措置としてであれば、国連憲章第 103 条（国連憲章に基づく義務の優位を規定）ゆえに、中央銀行の資産凍結を問題なくとりうる。

他方、SWF の財産に関しては、中央銀行の財産とは異なり一般に強制執行や判決前の強制的な措置からの免除を享受しないため、違法性阻却の問題を特に考える必要はない。「第 1 に」で述べたように、SWF の資産は通常、標的国に寄与する資産であるため、標的国に対する経済制裁措置の一環として SWF の資産凍結をすることは可能である。

第 4 に、米国による RDIF の資産凍結措置は、ロシアによるクリミア編入という国際社会全体に対する重大な国際法違反[18]に対する反応として、直

接の権利を侵害されていない第三国であっても一定の経済的不利益措置を対抗措置として発動できると解される[19]ため、国際法上合法であると解せられる（まして常任理事国による国際法違反には国連安保理は無力であることに鑑みると、重大な国際法違反の放置を避ける意味からも一定の積極的意義を有する行動であったと解せられる）。人質事件の際の米国によるイラン中央銀行の資産凍結は、人質拘留と外交特権の侵害という国際法違反に対する直接の被害国による対抗措置として位置づけることができる。なお、当時の措置においては、第三国に所在する米国系銀行の支店に預けられたイラン資産も凍結の対象に含まれたが、支店は子会社と違って独自の法人格を有しないため、域外適用といっても第三国企業に対する制裁措置の適用がなされた訳ではなく、また支店所在地から米国に対する強い抗議はなかったため、シベリア・パイプライン禁輸事件のように域外適用自体をめぐる厄介な問題は生じずに済んだ[20]。

　第5に、SWFを有する国家はむしろ途上国が中心であり、途上国の多くは現実には非民主主義的体制であって「法の支配」が不十分であることに鑑みると、リビアのようにSWFが独裁的な政治指導者によって私物化され、その資金が人民の弾圧や国際法違反の遂行のために用いられる恐れがあることに、十分留意しなければならない。その意味で、国連制裁、単独制裁の双方において、SWFの資産凍結が今後発動されることが求められる場合も生じうると思われる。

　第6に、国連安保理決議に基づく中央銀行やSWFの資産凍結が国際法上問題なく容認されるとしても、各国の銀行は訴えられるのではないかと懸念することが十分に予想される。そのような懸念を払拭する意味からも、1991年の安保理決議687[21]（対イラク経済制裁関連決議）第29項のように、「安保理決議に基づく措置の結果、契約の履行に影響が生じても、標的国とその私人の側からは請求権がないことを確保するため、加盟国は必要な措置をとる」旨の規定を入れておくことが望ましい。さらに望ましいのは、経済制裁の実施根拠となる国内法にそのような規定を設けることである。

　第7に、本章では詳細に検討することはできないが、接受国が同国内にある派遣国の大使館や総領事館の銀行口座預金を凍結することの可否につ

いて。外交関係ウィーン条約や領事関係ウィーン条約にはこの点に関する規定はないが、国連国家免除条約第 21 条 1 項(a)では、「当該国の外交使節団、領事機関……の任務の遂行に当たって使用され、又はそのような使用が予定される財産（銀行預金を含む。）」は、「(c)当該国の中央銀行その他金融当局の財産」とともに「政府の非商業的目的以外に当該国により特定的に使用され、又はそのような使用が予定される財産とは認められない」ものと規定され、強制執行からの免除を享受することになる。そしてこの強制執行からの免除は、いわゆる混合口座（外交用途にも他の用途に用いられる口座）にも及ぶと解せられる [22]。大使館や総領事館の銀行預金の凍結については、中央銀行の財産と同様に、第 21 条 2 項において「1 の規定は第 18 条……の規定の適用を妨げるものではない」と規定するため、第 18 条で規定された「(a)当該国が……強制的な措置がとられることについて明示的に同意した場合」、又は、「(b)当該国が当該裁判手続の目的である請求を満たすために財産を割り当て、又は特定した場合」には資産凍結を含む「判決前の強制的な措置」は可能であるが、通常はそのような要件を満たすことはない。それでは、国際法違反に対する対抗措置としてであれば、均衡性をはじめとする対抗措置の諸要件を満たす限り、大使館や総領事館の銀行預金の凍結は結局可能となる（違法性が阻却される）だろうか。対抗措置の制限として、国家責任条文第 50 条 2 項では「対抗措置をとる国は、次の義務の履行を免れない」として、「(c)外交官若しくは領事官、又はそれらの公館、公文書若しくは書類の不可侵の尊重」を挙げている。大使館や総領事館の銀行預金が明記されていないのは、外交関係ウィーン条約及び領事関係ウィーン条約に大使館や総領事館の銀行預金についての規定がおかれていないことの反映である。

　大使館や総領事館の銀行預金が強制執行からの免除を享受するか否かについては、①国家責任条文第 50 条 2 項(c)に明記されない以上、反対解釈により、対抗措置の制限は大使館や総領事館の銀行預金には及ばないと解することができるとともに、②大使館や総領事館の銀行預金については、国内裁判所で争いがあったが時間の経過とともに免除を認める（しかも混合口座についても認める）方向に判例は収斂し、国連国家免除条約でも免除を認める規定

をおいたという事実からも、慣習国際法として認めることに何ら異議がなかった外交官や公館の不可侵とは性格を大きく異にするものであって、第50条2項(c)の射程範囲外である、つまり対抗措置の制限には含まれないと解することが合理的である。もっとも、現実には、大使館や総領事館の銀行預金の凍結の国家実行は皆無であり、もし実施した場合には、相互主義により標的国も措置発動国の大使館や総領事館の銀行預金の凍結をすることになるため、実際に発動されることは今後もまずないと思われる。さらに、大使館や総領事館の銀行預金の金額は一般にはさほど多額ではないため、資産凍結を行っても標的国に与える打撃は限定的であることもまた、発動をためらう理由として考えられよう。

Ⅲ　特定通貨に対する金融制裁と国際資金決済の盲点

金融制裁において特定通貨に対する措置が含まれた例としては、米国が2013年6月3日の大統領令13465号 によって、イラン・リアルの売買や同通貨の交換レートに基づく契約、又は、イラン国外での同通貨のファンド・口座の維持をした外国金融機関に対して、米国内での口座開設の禁止措置や米国内にある資産凍結措置を発動するとした例が挙げられる。

イランの在外資産や国際取引の大半はユーロや米ドルであって、イラン・リアルの在外資産や同通貨による国際取引は全体の中で僅かであったと考えられるため、このような措置自体が有する直接的な効果は限定的なものであるが、米国財務省テロリズム・金融インテリジェンス担当次官は2013年6月7日のインタビューにおいて、この措置の真の狙いはイラン・リアルの通貨価値の下落を生じさせ同通貨を国際通商において使用不能にすることである旨を述べた[23]。

通貨主権の一態様として、一般国際法上、国家は自国領域内において他国通貨の使用を規制する権利を有する[24]。但し、米国の措置は一種の域外適用ではあるが、金融機関の本国で米国のこのような域外適用に異議を唱えた国家は特に存在しないようであり、そうであれば金融機関の本国との間では問

題は生じないため、結果として、措置の違法性の問題は特段生じないこととなる。

イラン・リアルの国際取引に関しては、アジア決済同盟（Asian Clearing Union, ACU）との関係に留意する必要がある。ACU は 1974 年 12 月に国連アジア太平洋経済社会委員会（ESCAP）のイニシァティブで設立された南西アジアの加盟国の中央銀行をメンバーとする組織であり、メンバー間での金融取引決済を行うことで地域的協力を促進することを目的としたものであり、本部はテヘランにおかれた。メンバーは、バングラデシュ、ブータン、インド、イラン、モルジブ、ミャンマー、ネパール、パキスタン、スリランカの各中央銀行である。問題は、イランが外国との貿易に関する代金の受渡を ACU を経由して行うことで対イラン輸出入禁止措置の抜け穴として利用してきたのではないかとの疑いがあることである [25]。一旦、イランの資金が ACU に入ると、外国金融機関にはそれが誰の資金かわからなくなってしまうのである。ACU は国連の関連機関ということでチェックが甘くなる傾向があり、この盲点を悪用することは容易なのかもしれない。

国際資金決済に関しては、対北朝鮮経済制裁では、SWIFT（Society for Worldwide Interbank Financial Telecommunication）が 1 つの抜け穴となったと懸念される。SWIFT はベルギーに本拠をおく協同組合であり、全世界の金融機関間の通信にクラウドサービスを提供する。2017 年 2 月 17 日に公表された北朝鮮専門家パネル報告書 [26] では、SWIFT は北朝鮮の金融機関に金融メッセージサービスを供与していた（パラグラフ 248）。この報告を受けて、SWIFT は 3 月 18 日に北朝鮮のすべての銀行に対して銀行間の資金移転などに必要な通信サービスの提供を停止することになった [27]。SWIFT が北朝鮮に当該サービスを供与し続けていたことを放置してきたベルギーは、2013 年の安保理決議 2094 [28] 第 11 項（安保理決議 1718 [29]、1874 [30]、2087 [31] により課された措置の回避に寄与し得る金融サービスの提供を防止することを決定する）に違反したと解せられる。

Ⅳ おわりに

　SWF 及び中央銀行に対する国連金融制裁は可能であり、後は政治的意思の問題である。これらに対する金融制裁を適切に実施しないと大きな「抜け穴」が生じかねないことは留意する必要がある。同様に、国際資金決済の枠組が制裁破りの「抜け穴」とならないように常に監視し、資金決済機関に制裁措置の適切な遵守を求めることが重要である。

　日本及び日本の金融機関は、国際社会における主要な金融プレーヤーであると同時に、主要国の中央銀行や SWF の金融資産が国内に所在することに鑑みて、このような分野においてもリーダーシップを発揮することが期待される。

注

1　経済制裁につき、「経済制裁の国際法上の機能とその合法性―国際違法行為の法的結果に関する一考察―(1)～(6・完)」『国家学会雑誌』第 100 巻 5・6 号（1987 年）1-47 頁、同 7・8 号（同年）62-134 頁、同 11・12 号（同年）1-65 頁、第 101 巻 1・2 号（1988 年）125-183 頁、同 3・4 号（同年）61-110 頁、同 5・6 号（同年）73-108 頁、「国家の単独の決定に基づく非軍事的制裁措置」『国際法外交雑誌』第 89 巻 3・4 号（1990 年）1-36 頁、「経済制裁と国際公益―第三国との関係を中心として―」広部和也、田中忠編集代表『国際法と国内法―国際公益の展開―(山本草二先生還暦記念)』(勁草書房、1991 年) 535-561 頁、「安保理決議に基づく経済制裁―近年の特徴と法的課題―」村瀬信也編『国連安保理の機能変化』(東信堂、2009 年) 79-96 頁、「経済制裁と国際法」『ロースクール国際法読本』(信山社、2013 年) 91-101 頁、SWF につき、「政府系ファンドと国際法」秋月弘子・中谷和弘・西海真樹編『人類の道しるべとしての国際法（横田洋三先生古稀記念論文集）』(国際書院、2011 年) 623-654 頁、Sovereign Wealth Funds : Problems of International Law between Possessing and Recipient States, *International Review of Law* (electronic journal of the Qatar University), Volume 2015 Issue 2 (Special Issue on Sovereign Wealth Funds, March 2015), available at http://www.qscience.com/doi/abs/10.5339/irl.2015.swf.7, (Published online: 14 May 2015) 参照。

2　S/RES/1970 (2011) (26 February 2011).

3　Council Implementing Decision 2011/156/CFSP (OJ L64/29, 11 March 2011).

4　S/RES/1373 (2011) (17 March 2011).

5　S/RES/2009 (2011) (16 September 2011).

6　SC/10493 (16 December 2011).

7　Security Council Committee Established Pursuant to Resolution 1970 (2011).

第 2 章 政府系ファンド、中央銀行、特定通貨に対する金融制裁 47

concerning Libya, Implementation Assistance Notice #1 (7 March 2012).

8 Libyan Investment Chief : We Need to Manage Frozen Assets, http://www.lia.com.mt/ en/news/libyan-investment-chief-we-need-to-manage-frozen-assets/（2017 年 11 月 4 日ア クセス）

9 S/AC.52/2011/38 (12 July 2011).

10 この額はイタリアが 2006 年に凍結したアルカイダの資産額 442,000 ユーロと比べる といかに大きいかがわかる。Giorgio Sacerdoti and Pia Acconti, The Security Council's Asset Freeze against Gaddafi's Libya and Its Implementation in Italy, *Italian Yearbook of International Law vol.XXI 2001*, p. 72 note 41.

11 S/2016/275 (2016) (23 March 2016).

12 S/2016/209 (2016) (9 March 2016).

13 "Ukraine-related Designations; Sectoral Sanctions Identifications; Cote d'Ivoire Designation Removals; Issuance of an Important Crimea Sanctions Advisory, July 30 2015", OFAC HP https://www.treasury.gov/resource-center/sanctions/OFAC-Enforcement/Pages/20150730.aspx （2017 年 11 月 4 日アクセス）

14 Sacerdoti and Acconti, supra note 10, p.73 note 42.

15 *Yearbook of the International Law Commission 2001, Vol. II Part Two*, pp.42-43. 拙著『ロー スクール国際法読本』(前掲・注 1) 120 頁。

16 飛澤知行『対外国民事裁判権法』(商事法務、2009 年) では、外国等に対する我 が国の民事裁判権に関する法律第 2 条三にいう「主権的権能を行使権限を付与され た団体」の例として、「独立の法人格を有し、主権的な権能を行使する権限を付与され ている外国の中央銀行」を挙げ (14 頁)、但し、「サウジアラビア通貨庁のように、国 の行政機関が中央銀行の権能を有している場合には、第 1 号により『国等』と取り扱 われることになるものと解される。」とする (15 頁注 3)。

17 外国等に対する我が国の民事裁判権に関する法律では、第 19 条において、外国中 央銀行等の有する財産に対する保全処分及び民事執行は、当該外国中央銀行等が明 示的に同意した場合やその有する財産を担保として提供した場合を除いて、行うことが できない旨を規定する。飛澤・同上、93-95 頁。

18 ロシアのクリミア編入の国際法上の評価につき、拙稿「ロシアのクリミア編入と国際法」 『論究ジュリスト 2014 年春号』(2014 年 5 月) 130-135 頁。

19 この点につき、拙稿「経済制裁と第三国」(前掲注 1) 参照。第三国による資産凍結 措置は可能であるが、資産没収措置は不当利得を生じてしまうため可能ではないと解せ られる。

20 シベリア・パイプライン禁輸事件をはじめとする輸出管理法の域外適用をめぐる国際 法上の問題については、以前、検討したことがある。拙稿「輸出管理法令の域外適用 と国際法」村瀬信也・奥脇直也編集代表『国家管轄権―国際法と国内法―（山本草 二先生古希記念)』(勁草書房、1998 年) 393 - 419 頁。

21 S/RES/687 (1991) (3 April 1991)

22 この点につき、拙著『ロースクール国際法読本』(前掲・注1) 88-89 頁。

23 Kasia Kilmasinska and Ian Katz, "Useless Rial is U.S.Goal in New Iran Sanctions, Treasury Says , Bloomsberg (7 June 2013), available at https://www.bloomberg.com/news/articles/2013-06-06/useless-rial-is-u-s-goal-in-new-iran-sanctions-treasury-says (2017 年 11 月 4 日アクセス) 実際にも、2013 年には公式レートで 1 米ドル＝18,517.2 イラン・リアルであったのが、2014 年には 1 米ドル＝25,780.2 イラン・リアルとなった。https://en.wikipedia.org/wiki/Iranian_rial (2017 年 11 月 4 日アクセス)

24 François Gianviti, Current Legal Aspects of Monetary Sovereignty, *Current Developments in Monetary and Financial Law*, vol.4 (2005), p. 4.

25 Avi Jorisch, "How Iran Skirts Sanctions : Could a U.N. Agency be Helping Iran to lander Money ? "The Wall Street Journal (4 November 2009) available at http://www.avijorisch. com/9366/how-iran-skirts-sanctions (2017 年 11 月 4 日アクセス)

26 S/2017/150 (27 February 2017).

27 「国際決済　北朝鮮を締め出し」『日本経済新聞』(2017 年 3 月 18 日朝刊)。

28 S/RES/2094 (2013) (7 March 2013).

29 S/RES/1718 (2006) (14 October 2006).

30 S/RES/1874 (2009) (12 June 2009).

31 S/RES/2087 (2013) (22 January 2013).

[追記] Ⅲに関連して、ベネズエラ政府は 2018 年 2 月に仮想通貨ペトロを発行したが、米国はベネズエラの民主化状況を問題視して同国に課していた経済制裁措置を拡大して、同年 3 月 19 日の大統領令 13827 号により米国民による又は米国内でのペトロの取引を禁止するとした。新しいタイプの金融制裁措置として注目される。

第3章　国連金融制裁における安保理補助機関の機能
——国際組織法の視点から

佐藤量介

I　はじめに
　　1　問題の所在
　　2　問題の明確化
II　安保理補助機関の法的位置づけ
III　金融制裁レジームの発展状況
　　1　制裁の「狙い撃ち」化と補助機関
　　2　金融制裁レジームにおける補助機関の発展状況
IV　国際組織法枠組みにおける若干の考察
V　おわりに

I　はじめに

1　問題の所在

　各国が独自に行う経済制裁と国連の経済制裁との間には、いくつかの法的な違いが見出せる。国際責任法上の位置づけの違い[1]もそのひとつだが、関与主体という点では、前者が単一主体での実施が可能であるのに対し、後者は複数の主体、すなわち国連と加盟国の協働での実施を必須条件とする。より正確には、後者では、意思決定とその実施は分離されており、意思決定は国連が、制裁の実施は加盟国が担う。つまり、ここでの相違は、制裁の決定から実施において、国際次元での何らかの組織的介在を必須とするか否かということであろう。その組織的介在において近年特に注目されるのが、制裁委員会などの補助機関（subsidiary organs）の機能と役割である。

　経済制裁の発展は冷戦終焉後に顕著であるが、その発展状況にはいくつか

の特徴が看て取れる。そのひとつが、制裁対象を人的または物的に狭めることで制裁の実効性を高める試みである。イラクのクウェート侵攻に絡み発動された経済制裁が、指導者層ではなく無辜の市民にこそ被害をもたらしたことの反省から、「スマート・サンクション（smart sanctions）」という概念が登場した。これは経済制裁の達成目標からすれば負の効果と考えられる影響を制限することを目的に、制裁対象から医薬品や食料品などを除外するものである（物的制限）。また、対テロ制裁の手法として知られるところとなった「狙い撃ち制裁（targeted sanctions）」では、制裁の正の効果を高めるため、制裁の対象を指導者層や犯罪集団に絞り、資産凍結や渡航禁止措置などの制裁を実施している（人的制限）[2]。そして、この狙い撃ち制裁・スマート・サンクションの実効性向上において重要となるのが、制裁対象に関する十分かつ正確な情報収集と、着実な制裁実施のためのリストアップ作業である。この「リスト化」[3]については、特に制裁の実施・履行に絡み、人権侵害等の様々な問題を生じさせていることから、多くの研究者の関心を集めることとなった。

　そして、この狙い撃ち制裁・スマート・サンクションと称される国連制裁レジームの発展のもうひとつの特徴に、補助機関の機能と役割の拡大・変化があげられる。経済制裁に係る安保理の補助機関としては、1990 年代前半までは制裁委員会しか設置されてこなかったが、現在では、専門家パネルや監視チーム、オンブズパーソンなどが国連制裁レジームに加えられている。また、1990 年代前半までの制裁委員会であれば、制裁に必要な情報の収集・分析・公開などにその役割は限られていたが、現在では、制裁対象リストの管理から、報告書審査、現地調査団の派遣、制裁実施指針の策定など、多様な権限を与えられるようになっている。

　こうして冷戦後の経済制裁の発展状況を概観すると、そこには、補助機関の制度的・機能的発展も同時並行的に生じていることがうかがえる。よって、国連の経済制裁の発展と現状を把握し、その法的な含意を評価するには、補助機関に焦点を当てた分析もまた有益といえる。

2 問題の明確化

　補助機関およびその活動を法的に分析するにあたっては、まずは行政法的な枠組みを意識することが有益と考える。たとえば、日本の国内行政法は、その目的および性質から、大きく3つの体系に区分される。それは、行政機関の設置・廃止・構成・権限等に関する行政組織法と、行政主体が行政の目的を実現するために行う一切の作用に関する行政作用法と、そして行政活動に起因する国民の権利侵害や不利益を救済する行政救済法である[4]。勿論、国際法秩序の構造と国内法秩序の構造は同一ではなく、安易な国内法類推は有益とはいえない。ただ、横田の研究でも指摘されているところだが、この「組織法」・「作用法」という分析の枠組みは、国際組織の構造と活動の法的な分析に有用と考えてよい[5]。

　まず、「組織法」―「国際機構の設立、地位、存続、改組、権限、解散等に関する法、および、その内部機関の設置、改廃、名称、構成、権限、手続等に関する法、ならびに、国際機構およびその内部機関を構成する一切の人的、物的要素に関する法の総称」―の枠組みからすれば、補助機関設置の法的根拠と設置権限の範囲、補助機関の権限範囲等に関する論点があり得る。本稿の射程に即せば、安保理による制裁委員会等の補助機関設置の法的根拠および設置権限の問題や、制裁委員会等への権限委任、その委任された権限の範囲・行使基準、安保理による監督統制の問題などが論点として想定される。

　つぎに、「作用法」―「国際機構がその目的実現のために行う一切の活動を規律する法、および、その活動を通じて他の主体に規律を及ぼす法の総称」―の枠組みからすれば、補助機関もその任務遂行の一翼を担う憲章第7章措置に関する論点があり得る。本章の射程に即せば、経済制裁の決定と実施に関する第7章権限の範囲、その制限事由、そして制裁の実効性といった全般的論点があり、その中で制裁委員会等の補助機関が果たす役割・機能が個別論点として想定される。ただ、ここで留意すべきは、国連の経済制裁に絡む問題は、集団安全保障体制の構築と実施に絡む問題であり、国連と加盟国との法的な関係性にも絡む問題をはらんでいる点である。制裁側の国連と制裁対象の国家の関係は「作用法」上のそれだが、制裁の協働実施主体としての

国連と加盟国との関係は、「組織法」上の関係でもある[6]。「作用法」と「組織法」を横断する憲章体制の問題といってもよい。国連の集団安全保障体制は軍事的制裁と非軍事的制裁からなるが、非軍事的制裁は、安保理によって策定された制裁内容の実施を各国に委ねている。つまり、「決定の集権性」と「実施の分権性」をその制度的特徴とする。ここでは、制裁の分権的な実施の実効性をいかに確保するかが問われる。本稿の射程に即せば、加盟国に対する制裁実施の義務づけ（憲章第25条、第48条）や、加盟国行動の統制（裁量の制限）に関して、制裁委員会等の補助機関の機能・役割がどのように影響を与えているかという論点が想定される。

他方、横田の研究では触れられていない「救済法」の枠組みからすれば、制裁に伴い生じた負の影響を国際組織がいかに救済するかという点についての、補助機関の関与と機能が論点となり得る。そして、ここまで想定した論点は、総じて「国際組織法」―国際組織の構造と活動に関わる規範群であって、その実質的な部分が設立文書の中に含まれているもの[7]―の論点でもある。よって、本章では、国連の経済制裁（特に金融制裁）における補助機関の機能・役割を、行政法的な視点を考慮しつつ、国際組織法の枠組みにおいて考察していく。

なお、本章は国連金融制裁の発動面（制裁の発動・修正・終了等に関する決定と、これに関連する権限行使）を射程とするため、主として発動に関連する補助機関の機能・役割の検討を行う。制裁実施の過程で生じる人権侵害をいかに抑制・救済するかという問題は、主として履行・適用面に係る問題でもあるため、その検討は本書の他稿に譲りたい。また、安保理決議1373[8]により設置されたテロ対策委員会（Counter-Terrorism Committee, CTC）については、他の制裁委員会同様、安保理の補助機関であり、金融制裁にも関係するが、リスト化任務は付されていない。本章の射程からすれば、他の制裁レジームとの関連性が薄いことから、紙幅の都合もあり、簡単に触れるにとどめる。「集権」「分権」については、国家の主権および権力の配分・所在に関する概念として用いる。

また、本章では、同一の制裁対象に対して異なる任務内容を持つ補助機関

が設置された場合、それぞれに該当する安保理決議番号を付すことで区別を明確にしている。

II 安保理補助機関の法的位置づけ

　安保理の経済制裁レジームを構成する諸機関のうち、安保理と事務局を除く機関は憲章上の補助機関にあたる。まずは「組織法」の観点から、補助機関の法的な位置づけを確認する。

　一般に、補助機関は、国際組織の「設立文書に基づき創設されるか、または設立条約によって明示または黙示に付与された権限に基づき」創設される。当該権限は、国際組織の主要機関が、その責任の遂行に必要な場合、または組織の明示の目的を完遂するのに適切な場合に行使される[9]。国連の場合、憲章第7条2項、第22条および29条にその明示的権限が規定されており、安保理は、第29条に基づき、「その任務の遂行に必要と認める補助機関」を設置できる[10]。

　補助機関の任務および権限については、設立文書によって規定されるか、または当該機関を設置する主要機関がこれを定める。その上、これら制約に加え、法原則に基づく制約も課せられる。たとえば、「何人も、自身が持っていないものを与えることはできない。(*Nemo dare potest quod non habet.*)」との法原則からも明らかなように、補助機関の任務は、設立文書において定義された国際組織の任務を超えることはできない。また、補助機関の任務は、主要機関または関連機関の権限範囲に依存する。これらは、「権限委任」[11]の法理に絡む制約である。一般に、主要機関はその任務および権限を補助機関に委任している。ただし、その委任が可能なのは、設立文書に反映されている諸目的および利益衡量の観点から許容可能である場合と、新たな義務の創設ではない場合である。つまり、主要機関は、いかなる場合でも、自らが与えられた以上のものを委任できず、また、委任された権限を手放す形で他の機関に委任をすることもできない[12]。

　この点、安保理が冷戦後に設置した2つの特別刑事裁判所については、そ

もそも司法機関ではない安保理が、なぜ当該裁判所を設置できるのかが法的な議論を呼んだ。この点、タジッチ事件上訴審において旧ユーゴ国際刑事裁判所は、安保理が、「平和および安全の維持という、自らの重要な機能の行使のための一手段」として、国際刑事裁判所という形態の司法機関の設置に訴えたと述べている[13]。したがって、設立文書の趣旨・目的に照らした柔軟な解釈（目的論的解釈）の枠組みに立てば、憲章上の安保理の権限が非常に広範である以上、「その任務の遂行に必要と認める補助機関」の設置の射程もまた、自ずと広範なものとなる。その意味で、「自らが与えられた以上のものを委任できず」の原則は、安保理の文脈においては、事実上それほどの制約効果を持つとはいえない。

　ただ、権限委任―受任関係の帰結として、補助機関がその任務の遂行にあたり、主要機関（委任者）の監督統制下におかれることに変わりはない[14]。補助機関の活動の継続または停止の判断も含め、主要機関が補助機関を適切に監督統制するために、補助機関に対して定期的な活動報告を義務づけるのもそのためである[15]。補助機関は主要機関の任務遂行を支援することが期待される。しかし、その支援が、たとえ国際組織の活動にとって実際に重要かつ必須なものであったとしても、あくまで主要機関に対して従属的なものにとどまることになる。したがって、その補助的・従属的な位置づけの帰結として、補助機関の決定および結論は、主要機関を拘束しない。例外は、補償裁定事件で確認されたように、国連行政裁判所などの司法的な機関を設置する場合だけである[16]。

　次に、「作用法」の観点から補助機関の法的な位置づけを確認する。まず、横田の分類では、「作用法」のうち、国際組織が自己の決定に基づき一方的に他の主体に規律を及ぼす法の総体は「規制的作用法」と位置づけられており、国連の第42条軍事的制裁および第41条非軍事的制裁がこれにあたる[17]。国連の経済制裁では、制裁発動と制裁内容・方法の決定は安保理が行い、その実施は加盟国に委ねられる。補助機関はこの決定面と実施面の双方に関与しているが、その関わり方・程度は自ずと違いを見せる。制裁の決定には、制裁発動の前提的な決定である第39条認定から、経済制裁実施の決定

および制裁内容の決定（第41条）が含まれ、また、これらの修正・廃止も当然に含む。補助機関は、通例、制裁を決定する安保理決議においてその設置も規定されるため、その設置に先立つ第39条認定や経済制裁実施の決定には関わることはない。しかし、安保理による制裁内容の修正・変更に関しては、その判断に関わる活動を担っている。そのひとつが、制裁対象のリスト管理（作成、維持、除外）である。加盟国は、このリストに記載された対象に対して制裁措置を実施することになるため、リスト管理は制裁の実施面にも関わる活動である。

　制裁の実施面での補助機関の関与については、加盟国による制裁措置の実施状況の監視や、その効果の調査、違反の調査および認定などが挙げられる。勿論、補助機関による調査・確認の結果、安保理がその制裁内容の修正・変更等を行う可能性があるという点からすれば、ここでの活動は制裁の決定面にも繋がるものでもある。この制裁の実施面での補助機関の関与であるが、近年の経済制裁の実態を見るに、目覚ましい進歩があることに気づかされる。それは、制裁委員会に加え、専門家機関、監視機関、オンブズパーソンなども安保理によって設置されるようになってきたからである。先に、決定の集権性と実施の分権性と述べたが、仮に補助機関に与えられた裁量が大きいものであり、制裁の実施段階における加盟国の判断権を縛るような形になれば、決定面のみならず実施面においても集権性が進展していることにもなり得る。

　そして、「救済法」の観点からは、実体的な救済制度（補償制度）と手続的な救済制度（取消・無効制度）が想定される。勿論、国内行政法のアナロジーからすれば、国際組織による救済の対象はまずは加盟国となる。国際法次元においてもさらに踏み込んで考えるとすれば、その救済対象に被害者個人を含むことも可能であろう。この点、対象をどちらにしたとしても、実体的救済の役割を果たす補助機関は現状存在していない。安保理決議687[18]で設置された国連補償委員会は、国連の経済制裁措置ではなく、イラクによるクウェート侵攻に伴う被害・損害の賠償スキームに係る機関である。他方、手続的救済に関しては、関連し得る補助機関がある。経済制裁に関して第三国が経済的損害を被った場合、当該国は憲章第50条に基づき安保

理への協議要請権を有しているが[19]、第三国からの支援要請があった場合、制裁委員会がその要請内容を検討し、安保理に勧告を行うことがある。また、国連の狙い撃ち制裁による人権侵害について、被害者個人からの申し立て受理と非リスト化に関する権限を有するオンブズパーソンがこれにあたる可能性がある。

Ⅲ　金融制裁レジームの発展状況

1　制裁の「狙い撃ち」化と補助機関

　国際組織による最初の経済制裁は、国際連盟期のイタリア制裁であろう。そして、その一環としてとられた貸付禁止等の措置が、最初の金融制裁でもある。金融制裁とは、その制裁対象が、外部世界と金融的関係を維持する能力を阻害する措置をいう[20]。当時の制裁レジームでは、総会が調整委員会と18か国小委員会を設置し、小委員会が検討結果を調整委員会に送付、調整委員会が参加国への勧告を行い、その後、総会が当該勧告を採択し、制裁発動の運びとなるものであった。つまり、その経済制裁レジームには、補助的な機関が当初から組み込まれていたことになる。

　国連期に入ると、安保理決議232[21]と安保理決議253[22]により、南ローデシアへの経済制裁が実施され、ここでも投資禁止や送金禁止などの金融制裁が実施された。以後、安保理は30もの経済制裁レジームを設置してきている。2017年11月現在、14の経済制裁レジーム（ソマリア・エリトリア、ISIL・アルカイダ、イラク（安保理決議1518[23]）、コンゴ民主共和国（DRC）、スーダン（安保理決議1591[24]）、ハリーリ元首相暗殺（事実上休止）、北朝鮮、リビア（安保理決議1970[25]）、タリバーン（安保理決議1988[26]によりアルカイダ制裁とは分離）、ギニアビサウ、中央アフリカ、イエメン、南スーダン、マリ）が設置されているが、ギニアビサウ制裁を除く13のレジームで金融制裁が実施されている。また、14のレジームのすべてで制裁委員会が設置され、さらに、合せて11の専門家機関・監視機関が制裁委員会の業務を支えている[27]。国連の経済制裁レジームにおいて、金融制裁の活用[28]と、補助機関の存在がいか

に重要かがうかがえる[29]。

　金融制裁の発展状況についていえば、安保理は、当初から個人の金融資産に対する制裁を実施してきたわけではない。たとえば、安保理決議661[30]によるイラク制裁では政府資産が対象とされ、サダム・フセインとその家族の個人資産は除外された[31]。ただ安保理は、その後、制裁対象たる個人・団体の指定に関するメカニズムを、ゆっくりと発展させてきている[32]。まず、勧告的な決議ではあるが、安保理は、1994年の安保理決議917[33]によるハイチ制裁において、はじめて制裁対象者リストを公表し、加盟国に当該個人の資産凍結を強く推奨した。拘束力ある決議としては、1998年の安保理決議1173[34]によるアンゴラ全面独立民族同盟（National Union for the Total Independence of Angola, UNITA）への制裁において、「組織としてのUNITA、UNITAの幹部またはその身内の成人」の基金および金融資源の凍結を含む第7章措置が決定された。そして、安保理決議1267[35]によって課されたタリバーン政権に対する義務的な金融制裁をさらに強化するため、安保理決議1333[36]においてタリバーン指導者らの資産凍結を課した。後者の2事例について注目すべきは、制裁委員会以外の補助機関も追加で設置された点である。専門家パネル設置の最初の例は、このUNITA制裁であり、専門家委員会が初めて設置されたのは、このタリバーン・アルカイダ制裁である[37]。したがって、金融制裁の「狙い撃ち」化は、制裁レジームにおける補助機関の発展と共に進展してきたともいえる。

　そもそも、制裁レジームにおける補助機関の役割は限定的であった。先述の南ローデシア制裁で設置された制裁委員会について、たとえば中谷は、「集められた情報を受領・分析・公開するだけであり、検証・査察する権能が欠如」していた点、「実地活動的（operational）機能が欠如していたため、情報は加盟国等からの付託（しかも自発的付託）に依拠せざるを得ず、また、制裁違反ではないかという疑わしいケースがあっても、各政府の調査結果を最終的なものとして受け入れなければならない」という点を指摘する[38]。吉村は、「制裁決議の履行措置として国家により情報が提出されても、一般的にそれらの情報に対する制裁委員会の検討（examine）が不十分」である点

や、「委員会が独立した専門家によって構成されているのではなく、安保理の構成国の国家代表で構成」されている点、そして、「制裁決議に違反していると考えられる事態に関して、制裁委員会の対応が必ずしも積極的ではなく、また違反を是正する方式が確立していない」点などを指摘している[39]。

制裁委員会のこうした限定的な役割に加え、国連事務局もまた、「(狙い撃ち金融) 制裁を計画し、実施し、そして監視するために必要な行政能力と資源を欠いて」[40]おり、国連の制裁レジームにおいて限定的な役割しか果たせてこなかった。総じて、「国連は、対象となる個人および企業のリストを発展させ維持するのに十分な能力を欠いており、また資産凍結と取引禁止において加盟国の協力を確保できない」[41]状態にあったわけである。こうした状況に対し、安保理は、制裁の狙い撃ち化が進展し始める 2000 年頃から、補助機関の発展を通じて、制裁レジームの制度的キャパシティの向上を試みてきたといえる。

2　金融制裁レジームにおける補助機関の発展状況

既に述べたように、国連の金融制裁レジームでは、当初から設置されてきた制裁委員会に加え、冷戦後はさまざまな補助機関が設置されてきている。これは、伝統的には制裁委員会によって実施されてきた制裁監視任務が、政府代表ではない専門家によって構成される機関に委任されるようになったことを意味する[42]。以下、経済制裁について詳細な検討を行ったファラル (Jeremy Farrall) の研究内容に基づき、冷戦後に設置された各補助機関の発展状況を簡単に確認する[43]。

(1)　制裁委員会

制裁委員会とは、制裁レジームを管理することを目的として設置された安保理の補助機関である。安保理による監督統制を受ける立場にあり、安保理への報告義務を負う。安保理の理事国によって構成される制裁委員会は、冷戦期、監視機能に限定された役割しか果たしてこなかった。しかし、近年では、制裁の管理において実質的な役割を安保理により委任されるようになっ

ており、その任務には監視、報告、制裁対象リストの管理（リスト化、非リスト化、適用除外）が含まれる[44]。制裁委員会が安保理決議によって設置されるアド・ホックな機関であることから、その任務内容は委員会ごとに大きく異なる。また、事後の安保理決議により任務の追加・修正が図られることもある。したがって、制裁委員会の機能と任務について一律に評価することは難しいが、近年の制裁委員会の機能的発展は、監視の実効性向上の面とリスト管理の面に表れているといえる。

　まず、監視の実効性向上という面では、制裁監視に係るルール策定権限（旧ユーゴ制裁）から、制裁実施指針の策定・公表・更新権限（ほとんどの制裁）、制裁違反報告書の調査権限（UNITA 制裁）、各国報告書・専門家パネル報告書の審査権限（北朝鮮制裁）、制裁違反情報に対する調査・行動権限（イエメン、南スーダン、マリ制裁）、そして、委員長による現地査察権限・現地ミッションの派遣権限（イエメン、DRC、スーダン、北朝鮮、リビア（安保理決議 1970）、タリバン（安保理決議 1988）、中央アフリカ、南スーダン、ソマリア・エリトリア、ISIL・アルカイダ制裁）までも有するようになっている。制裁監視に絡み収集した情報について、その検討・検証機能が付与されてこなかった従前の機能から大きく改善がなされたといえよう。他の補助機関の報告書を受領・精査するという監督役も担う（UNITA、ソマリア・エリトリア制裁）ほか、制裁対象国の近隣諸国との協力模索（ソマリア・エリトリア制裁）や、諸国への注意喚起（リビア（安保理決議 748[45] および安保理決議 1970）制裁）、地域機関との連携強化（UNITA、シエラレオネ制裁）、加盟国による対象金融資産の追跡・凍結の支援なども行っている（リベリア制裁）。場合によっては、制裁強化のための提案を安保理に勧告することもある（リベリア制裁）。また、先述のように、「救済法」としては限定的な機能だが、制裁委員会が第三国から出された支援要請の内容を検討し、安保理に勧告を行うこともある（イラク（安保理決議 661）、リビア（安保理決議 748）、旧ユーゴ、ハイチ制裁）。

　つぎに、リスト管理の面では、ほとんどの制裁委員会が、リストの策定・維持（リスト化・非リスト化）を行い、人道的理由等に配慮した適用除外の検討を行う権限を有する。また、制裁対象となる金融資源の指定を行う場合

もある（ISIL・アルカイダ制裁）。このリスト管理権限の安保理からの委任については、対象者の人権侵害を生じさせる点で耳目を集めたほか、制裁委員会がリスト管理に関する二次的な規則制定機能を果たしている点でも注目された[46]。

(2) 専門家機関

　安保理は、制裁の実施を調査するための専門家機関を設置するようになっている。この専門家機関は、グループ、委員会、チーム、そしてパネルといった形態をとるが、一般的には、数週間から数か月という短期間のマンデートで活動するものを指す。安保理が事務総長に対して設置・任命を要請する場合が多いが、専門家機関も安保理の補助機関として、安保理への報告義務を負う。

　専門家機関の主たる任務は、制裁違反に関する情報収集であるが、より実効的な情報収集のために現地調査を行う権限を与えられることもあれば（シエラレオネ制裁）、違反調査、違法活動との関連性調査、フォローアップのための評価ミッションを実施する場合もある（リベリア制裁）。さらに踏み込んで、違反事実の特定・認定（UNITA制裁）や、安保理、制裁委員会および各国に対し、制裁履行の改善のための勧告を行うものもある（北朝鮮、リビア（安保理決議 1970）制裁）。パネル報告書の勧告に基づき、安保理が状況改善に向け行動をとる場合もある（シエラレオネ制裁）。リスト管理に関しては、制裁委員会に対して金融制裁の対象となった個人・団体の特定に資する情報の提供（中央アフリカ、イエメン、南スーダン、マリ制裁）や、武器の違法取引に関する資金源についての報告を行う場合（リベリア制裁）がある。情報収集に関しては、PKOとの連携も見られる。たとえばDRC制裁では、国連コンゴ民主共和国ミッション（United Nations Mission in the Democratic Republic of Congo, MONUC）が収集した情報の解析やMONUCとの情報交換が行われ、また。コートジボワール制裁では、国連コートジボワール活動（United Nations Operation in Côte d'Ivoire, UNOCI）およびフランス軍が収集した情報の解析、武器禁輸違反の活動ネットワークと武器購入のための資金源についての情報解

析、UNOCI・フランス軍との情報交換がなされている。リベリア制裁でも、国連シエラレオネ・ミッション（United Nations Mission in Sierra Leone, UNAMSIL）と国連コートジボワール・ミッション（United Nations Mission in Côte d'Ivoire, MINUCI）に対し、委員会とパネルへの情報提供が要請されている。

（3）　監視機関

　制裁の実施を監視する機関として、安保理は、専門家機関のほかに監視メカニズムや監視チームなどの監視機関も設置している。この監視機関も短期間のマンデートを付されて設立されるが、実行上は専門家機関よりも長期間活動する傾向にある。安保理への報告は、制裁委員会を通じて行われる。任務としては、専門家機関の後続機関として、制裁違反に関する追加情報の収集にとどまるものもあれば（UNITA 制裁）、委員会へ注意喚起情報の考慮（ソマリア・エリトリア制裁）など、監視任務以上の実効的な役割を担う場合もある。タリバン・アルカイダ（現 ISIL・アルカイダ）制裁では、監視メカニズム（監視グループと制裁執行支援チームから構成）と、その後継の監視チームが設置されている。前者は、専門家委員会の勧告に基づき安保理が事務総長に設置を要請し、設置されたもので、制裁実施国への支援のほか、制裁違反に関する情報を収集、査定、検証し、当該情報について報告および勧告を行う。後者は、安保理により設置されたもので、制裁実施についての報告書提出、各国による報告書の分析、同委員会による安保理報告の支援、同委員会と CTC 間の合同任務の促進、オンブズパーソン支援などを行う。これらの任務に加え、安保理は、リスト化、非リスト化、適用除外についての包括的報告書の提出や、資産凍結の実践的実施について学習し、凍結強化のための勧告を発展させるための、金融機関を含む民間部門との協議といった追加任務も監視チームに付与している。

（4）　オンブズパーソン

　安保理決議 1904[47] により設置され、安保理決議 2368[48] によって権限強化されたオンブズパーソンは、その任務範囲・権限は ISIL・アルカイダ制裁

レジームに限定されるものの、非リスト化についての権限を付与された補助機関である。具体的には、受領した非リスト化請願に関する情報収集、請願者・関係国・関係機関との対話、制裁委員会への包括報告書の提出、非リスト化審議における制裁委員会への回答等である。包括報告書にはオンブズパーソンによる非リスト化勧告が含まれており、委員会はこの勧告を覆すことができるが、実際にそうした事例はない[49]。

これに対しフォーカル・ポイントは、安保理決議1730[50]により事務総長に設置要請がなされたもので、ISIL・アルカイダ制裁を除く制裁レジームにおいて、非リスト化請願を受け付ける国連事務局内の一部門である。その意味で、補助機関とはみなされない[51]。

IV 国際組織法枠組みにおける若干の考察

それでは、こうした補助機関の発展状況をどのように評価すべきだろうか。以下、先に示した国際組織法の枠組みにおいて若干の考察を試みる。

まず、「組織法」の問題でいえば、今まで見た補助機関の発展状況が、権限委任に係る主要機関と補助機関の法的な関係を変えるものだったのか、換言すれば、受任側の権限が優越するような、違法な権限委任の実態があったのかが問題となる。NGOであるSecurity Council Report（SCR）の報告書によれば、補助機関の発展状況は「拘束力ある決定を行う正式な権限は有していないが、監視、報告、除外の管理およびリストの管理を含む実質的な職務を委任されている」と評価されている[52]。確かに、制裁委員会やパネルの勧告に応じて安保理が行動をとることもあり、また、非リスト化に係るオンブズパーソンの勧告も今まで制裁委員会・安保理によって覆されたことはない。しかし、法的な観点からすれば、制裁委員会等が有する権限は限定的なものにとどまるという理解[53]が妥当であろう。たとえば、リスト管理に関していえば、実態としては制裁委員会が実質的な任務を担っているが、安保理決議1672[54]のように安保理が直接リスト化を行う場合もある。また、制裁委員会によるリスト化に関しては、安保理が決議を通じて指定基準（designation criteria）またはリスト化基準（listing criteria）を明示し、それに依拠するように求められている[55]。したがって、法的には、安保理が制裁委員会の任務活動に対して最終決定権を有していることに変わりはなく、権限委任関係が変容したとは思われない。

つぎに「作用法」的な問題については、先述のように制裁の決定面の問題と実施面の問題に分けられる。前者については、制裁レジームを構成する補助機関は、リスト管理をはじめとして、実質的には安保理によって発動された制裁措置の修正過程に影響を与え得る。冷戦期に比べれば、制裁の実効性に対する寄与がみられるといってよい。後者については、制裁実施の監視体制の拡充という点で発展が見られる。たとえば、冷戦期には実施されてこなかった現地調査を含め、情報収集能力は向上している。政府代表によって構成され、政治化問題などが指摘されていた制裁委員会に加え、政府から独立した個人で構成される専門家機関が情報収集と違反認定にもあたるという点で、実効性の向上が期待される。他方で、国連でも加盟国でもない専門家に、制裁監視に係る多くの任務を担わせている現状については、国連制裁レジームのガバナンスとアカウンタビリティの観点から問題があるとの指摘もある[56]。いずれにせよ、補助機関の発展状況が制裁の実効性に与える影響については、慎重な評価が求められよう。

そして、「作用法」と「組織法」を横断する憲章体制の枠組みからすれば、国連と加盟国との法的な関係に絡む問題があり得る。それは、決定の集権性と実施の分権性への影響の有無とも言い換えられるが、その評価にあたっては、加盟国に対する制裁実施の義務づけの問題と共に、制裁レジームにおいて加盟国側に残される裁量の幅の問題にも着目する必要がある。たとえ安保理決議による制裁実施の義務づけに法的拘束力があったとしても、加盟国側に判断・実施に関する裁量が多く残されていれば、制裁の実効性は経験的に期待できないからである。よって、ここでは後者の問題について検討したい。

制裁実施支援とその監視に関する補助機関の発展状況についていえば、制裁委員会や専門家機関等による現地調査や違反認定、報告書審査など、国連は、ある種「行政的」「集権的」とも評される組織構造を発展させてきてお

り[57]、その点で加盟国の裁量は減少している。リスト管理についても、「安保理は、制裁措置の対象を名目上特定するか、特定のための集権的手続を創設した」[58]との評価もなされている。リスト化が実施された当初は、各国からあがってきた対象者はそのままリストに掲載され、安保理がこれを承認するという形態をとっていたため、安保理による決定の集権性が損なわれるとして、当該実態を問題視する声もあった[59]。しかし、現在では、安保理決議ごとに明確化される指定基準（リスト化基準）の存在と、各国による候補者申請プロセス（申請の様式指定、提案理由・補強証拠の提出等）や、委員会による指定プロセス（手順の明示、関係政府・事務局・インターポール・専門家機関等との協働、指定理由の公表等）などを含む制裁委員会指針の公表により、加盟国が選出した候補者がそのまま制裁委員会によってリスト化されるわけではなくなっている。つまり、「安保理は、リスト化制度において、各国に制裁履行のための特定の方法を課してはいないものの、各国は制裁の事項的・人的範囲を決定できないため、各国の評価の余地を大きく減少させている」[60]のである。

　国連の経済制裁では、一般に、加盟国は制裁実施に係る裁量を有している。それは、安保理決議が大枠で制裁対象・方法を義務づけるものの、その実施に係る具体的な対象・方法について、不確定部分が存在しているために生じる裁量である。その不確定部分が広範であれば、加盟国の有している裁量もまた広範となり、当該部分が狭くなれば、その裁量は減少するか、羈束行為に接近する。国連の金融制裁レジームの発展状況において生じたのは、まさに後者であろう。そして、加盟国の裁量が実質的に減少または羈束行為化したのも、補助機関の制度的・機能的発展に依るところが大きいといえる。

　ただし、こうした「行政化」なり「直轄化」との印象をもたらす発展状況が、たとえば、国連と加盟国との法的関係や、国連の主要機関と補助機関との権限委任関係、さらには国連制裁レジームにおける加盟国の法的な位置づけまでも変化したことを意味するとは限らない。加盟国は、法的な意味で安保理と補助機関の「下部機関」になったわけでもない。裁量の余地がない状態で制裁措置を実施している加盟国の国際違法行為は、国際責任法の枠組み

からすれば国連に帰属し得るが[61]、その事と、加盟国が制裁レジームを通じて国連の下部機関と法的にみなされる事とは同じではない。加盟国が憲章第43条特別協定のような条約を国連側と締結し、制裁実施を法的に請け負ったわけでもなく、明示的に安保理権限を委任されたわけでもない。安保理決議が加盟国の国内法秩序において直接効果を有しているともみなされておらず、別途国内立法措置が必要とされる制裁実施構造に変わりはない[62]。

　したがって、経済制裁レジームを規律する憲章枠組みが法的に変容したというよりは、むしろ憲章枠組みに基づく制裁レジームの行政制度的・行政機能的発展により、実質的に加盟国側の裁量が減少または羈束行為化した、ということであろう。それは法的な意味での「実施の分権性」を変更するものではないが、制裁の実効性の向上という点では現実政治的なインパクトは少なくないといえよう。

V　おわりに

　国連の経済制裁は、憲章上、その履行が加盟国に法的に義務づけられていたとしても、その実効性は各国の実施状況によって左右される。加盟国による非協力や不十分な実施が行われれば、また、政治指導者などの重要人物が制裁の網からすり抜けてしまえば、制裁の効果は低下する。そのため、制裁の抜け穴を塞ぎ、制裁の実効性を高めるための提案が国連自身やNGO等により行われてきた。制裁の実効化には、加盟国に対する制裁実施の法的な義務づけが、国連内部の制度構築によって実効的に担保される必要がある。金融制裁レジームの「狙い撃ち」化においては、まさに後者の拡充が顕著であったといえる。また、この方向性は、経済制裁がもたらす負の影響回避の模索とも連動していた。すなわち、非リスト化に関する補助機関の任務の拡充やオンブズパーソンの設置など、経済制裁に伴う非人道的な影響回避を目的とした国連内部の制度構築もみられたのである。

　これらの制度構築においては、安保理およびその補助機関群の下、現地調査や違反認定、報告書審査など実施されているほか、制裁リストの管理の公

正さ・適切さの確保のため、多くの指針・基準が策定されている。また、安保理は、非公式作業部会を通じ、専門家パネルがその監視任務の実施に際し準拠することが推奨される活動指針・基準[63]も公表している。こうしたある種「行政機能」の拡大ともみなされる発展は、まずは対テロ制裁レジームである ISIL・アルカイダ制裁や CTC においてみられたが[64]、今や、狙い撃ち金融制裁レジーム全体として、その機能・役割が行政的な方向へと発展しているとも評されよう[65]。ただ、「行政機能」化の一方で、「救済法」的機能が依然として未発達である点を踏まえるならば、その「行政機能」化も適正な発展とはいえない。国際組織法の視点からすれば、「組織法」の枠組みに基づく制度的拡充（補助機関の設置・発展）により、「作用法」の枠組みの補強と発展（制裁レジームの行政制度的・行政機能的発展による実効性強化）を図り、かつ、「救済法」の枠組みでの取組み（第三国からの支援要請への対応・非リスト化プロセスの改善）が萌芽的に見られた、ということであろう。

いずれにせよ、こうした発展状況が意味するところを適切に評価するには、制裁の発動面のみならず、履行・適用面も含めた総合的な検証を待たなければならない。

注

1　中谷和弘「経済制裁の国際法上の機能とその合法性（一）～（六・完）」『国家学会雑誌』第 100 巻 5・6 号（1987 年）1-47 頁、同 7・8 号（同年）62-134 頁、同 11・12 号（同年）1-65 頁、第 101 巻 1・2 号（1988 年）125-183 頁、同 3・4 号（同年）61-110 頁、同 5・6 号（同年）73-108 頁。

2　Alain Pellet and Alina Miron, "Sanctions" in *Max Planck Encyclopedia of Public International law*（http://opil.ouplaw.com/home/EPIL）, accessed at 30 October 2017, para. 28.

3　リスト化については、丸山政己「国連安全保障理事会と自由権規約委員会の関係—狙い撃ち制裁に関わる Sayadi 事件を素材として—（1）」『山形大学法政論叢』第 48 号（2010 年）94-85 頁を参照されたい。

4　田中二郎『要説行政法　新版』（弘文堂、1972 年）51、149、337 頁。

5　横田洋三『国際機構の法構造』（国際書院、2001 年）57-70 頁。

6　同上、63-64 頁。

7　より詳細な研究として、佐藤哲夫『国連安全保障理事会と憲章第 7 章—集団安全保障制度の創造的展開とその課題』（有斐閣、2015 年）7-29 頁。

第 3 章 国連金融制裁における安保理補助機関の機能 67

8 S/RES/1373, 28 September 2001.

9 Chittharanjan Amerashinghe, *Principles of the Institutional Law of International Organizations*, 2nd revised edition (Cambridge University Press, 2003), pp. 138-140.

10 安保理決議の文言上は、設置の根拠規定として、第 29 条ではなく安保理仮手続規則の規則 28 が明示されることもある。

11 安保理と権限委任についての体系的な研究としては、Danesh Sarooshi, *The United Nations and the Development of Collective Security: The Delegation by the UN Security Council of its Chapter VII Powers*（Oxford University Press, 1999）がある。

12 Henry Schermers and Niels Blokker, *International Institutional Law: Unity and Diversity*, 4th revised edition（Martinus Nijhoff, 2003）, pp. 167-168; Amerasinghe, supra note 9, pp. 140-141.

13 Prosecutor v. Tadić, Case IT-94-1-AR72, Appeal Chamber, 2 October 1995, para. 38.

14 Schermers and Blokker, *supra* note 12, p. 174.

15 Beate Rudolf, "United Nations Committee and Subsidiary Bodies, System of" in *Max Planck Encyclopedia of Public International law*（http://opil.ouplaw.com/home/EPIL）, accessed at 30 October 2017, para. 9.

16 Amerasinghe, *supra* note 9, pp. 140-142. なお、本稿では、オンブズパーソンの機能がここでいう例外としての司法的機能とみなし得るかどうかについては、検討の射程上踏み込まない。

17 横田『前掲書』(注 5) 66 頁。

18 S/RES/687, 8 April 1991.

19 August Reinisch and Gregor Novak, "Article 50" in Bruno Simma *et al.*（eds）, *The Charter of the United Nations: A Commentary*, 3rd edition（Oxford University Press, 2012）, pp. 1389-1396.

20 Jeremy Farrall, *United Nations Sanctions and the Rule of Law*（Cambridge University Press, 2007）, p. 120.

21 S/RES/232, 16 December 1966.

22 S/RES/253, 29 May 1968.

23 S/RES/1518, 24 November 2003.

24 S/RES/1591, 29 March 2005.

25 S/RES/1970, 26 February 2011.

26 S/RES/1988, 17 June 2011.

27 UN Security Council Subsidiary Organs HP（https://www.un.org/sc/suborg/en）, accessed at 30 October 2017.

28 David Cortright, George Lopez, and Elizabeth Rogers, "Targeted Financial Sanctions: Smart Sanctions That Do Work" in David Cortright and George Lopez（eds）, *Smart Sanction: Targeting Economic Statecraft*（Rowan & Littlefield Publishers, Inc., 2002）, p. 23.

29 もちろん、補助機関設置は必須ではない。たとえば、スーダン制裁（安保理決議1054）には制裁委員会の設置規定がなく、安保理は、事務総長に制裁実施の監視を

68

依頼している。See Farrall, *supra* note 20, pp. 353-357.

30 S/RES/661, 6 August 1990.

31 David Cortright and George Lopez, "Introduction: Assessing Smart Sanctions: Lessons from the 1990s" in David Cortright and George Lopez (eds), *Smart Sanction: Targeting Economic Statecraft* (Rowan & Littlefield Publishers, Inc., 2002), pp. 10-11.

32 Cortright, Lopez and Rogers, *supra* note 28, pp. 35-36.

33 S/RES/917, 6 May 1994.

34 S/RES/1173, 12 June 1998.

35 S/RES/1267, 15 October 1999.

36 S/RES/1333, 19 December 2000.

37 Jeremy Farrall, "Should the United Nations Security Council leave it to the exparts? The governance and accountability of UN sanctions monitoring" in Jeremy Farrall and Kim Rubenstein (eds), *Sanctions, Accountability and Governance in a Globalised World* (Cambridge University Press, 2009), p. 200.

38 中谷「前掲論文」(六・完)(注 1) 449 頁。

39 吉村祥子「国連の非軍事的制裁における『制裁委員会』の機能と役割」『修道法学』第 22 巻、1・2 号 (2000 年) 183-190 頁。

40 Natalie Reid, Sue Eckert, Jarat Chopra, and Thomas Biersteker, "Targeted Financial Sanctions: Harmonizing National Legislation and Regulatory Practices" in David Cortright and George Lopez (eds), *Smart Sanction: Targeting Economic Statecraft* (Rowan & Littlefield Publishers, Inc., 2002), pp. 66-67. (括弧内：筆者)

41 Cortright, Lopez and Rogers, *supra* note 28, pp. 36-37.

42 Farrall, *supra* note 37, p. 191.

43 Farrall, *supra* note 20, pp. 147-157 (制裁委員会), pp. 147-157 (専門家機関), pp. 174-180 (監視機関).

44 Security Council Report, "UN Sanctions" No. 3 (25 November 2013), pp. 6-7., available at http://www.securitycouncilreport.org/sanctions/

45 S/RES/748, 31 March 1992.

46 See e.g. Pellet and Miron, *supra* note 2, para. 40.

47 S/RES/1904, 17 December 2009.

48 S/RES/2368, 20 July 2017.

49 Office of the Ombudsperson HP (https://www.un.org/sc/suborg/en/ombudsperson), accessed at 30 October 2017.

50 S/RES/1730, 19 December 2006.

51 当該区分の基準については、Sarooshi, *supra* note 11, pp. 89-91.

52 SCR, *supra* note 44, p. 7.

53 Andreas Paulus, "Article 29" in Bruno Simma *et al.* (eds), *The Charter of the United Nations: A Commentary*, 3rd edition (Oxford University Press, 2012), p. 999.

54 S/RES/1672, 25 April 2006.

第 3 章　国連金融制裁における安保理補助機関の機能　69

55　SCR, *supra* note 44, pp. 8-10.

56　Farrall, *supra* note 38, pp. 191-214.

57　Nico Krisch, "Article 41" in Bruno Simma *et al.*（eds）, The Charter of the *United Nations: A Commentary*, 3rd edition（Oxford University Press, 2012）, pp. 1326-1327.

58　Pellet and Miron, *supra* note 2, para. 28.

59　Alexander Orakhelashivili, *Collective Security*（Oxford University Press, 2011）, p. 212.

60　Pellet and Miron, *supra* note 2, para. 46.

61　この点、拙稿「国連安全保障理事会による「許可」をめぐる理論状況（2・完）―権限委任アプローチと違法性阻却アプローチの批判的検討―」『一橋法学』15 巻 1 号（2016 年）355-356 頁を参照されたい。

62　Krisch, *supra* note 57, p. 1325.

63　S/2006/997, 22 December 2006.

64　古谷修一「国際テロリズムに対する国連安保理の対応―立法的・行政的機能の拡大」村瀬信也編著『国連安保理の機能変化』（東信堂、2009 年）41-55 頁。

65　Pellet and Miron, *supra* note 2, para. 42.

第4章　国連による「スマート・サンクション」と金融制裁
──効果の追求と副次的影響の回避を模索して

本多美樹

I　はじめに
II　国連安保理による経済制裁
　　1　目的と特徴
　　2　今日の国連経済制裁
　　3　制裁に導入された倫理的視点
　　4　スマート・サンクションの政策議論
III　スマート・サンクションとしての金融制裁
　　1　金融上の措置とその問題点
　　2　実効性を左右する要因
　　3　スマート・サンクションの新展開：制裁対象者の「リスト化」
　　4　一般市民への影響回避のためのメカニズム
IV　おわりに

I　はじめに

　国連安保理による経済制裁は、国際社会の秩序の回復・維持を目的とする集団安全保障を維持する目的で発動されることから、国家が国益のために独自に発動する経済制裁とは性格を異にする。

　本章では、冷戦後に顕在化した国連安保理による経済制裁による一般市民への影響とその影響を回避して本来制裁を受けるべき為政者へのダメージを極大化する手法、「スマート・サンクション（smart sanctions）」[1]について整理した後、その中でも有効な手段のひとつとされている金融上の措置とその問題点及び課題について考察する。

　スマート・サンクションの政策手法は未だ発展途上の段階にあるが、具体

第4章　国連による「スマート・サンクション」と金融制裁　71

的な措置として、一般市民に影響の少ない金融上の制裁、武器の禁輸、渡航の制限および禁止などが戦略的に組み合わされている。1994年の対ハイチ制裁を最後に包括的な経済制裁は発動されておらず、今日国連安保理が決定する経済制裁は実質的にすべて「スマート・サンクション」の形態をとっている。

II　国連安保理による経済制裁

1　目的と特徴

　国際社会における経済制裁には、国際社会の法規範に基づいて、さまざまな行為主体によって発動されるものがあり、発動する行為主体によって以下のように分類できる。①国家（あるいは国家群）が制裁対象となる当該行為の認定や経済制裁の実施を自らの判断で行い、自国の外交目的を達成するために経済力を行使するケース、②地域的な機構が地域内でルールを逸脱する行動をとったものに対して発動するケース、③国連安保理の決定に基づいて発動するケースである。そして、近年、制裁の対象は国家だけでなく、テロリストとその家族、特定の団体や企業などの非国家主体も含む。本論では③のケースを扱う。

　国連経済制裁は、主に安保理が中心となり、国連憲章に基づいて、当該行為を国際社会の「平和に対する脅威、平和の破壊、侵略行為」であると認定（国連憲章第7章第39条）し、当該国（者）に「勧告を行い」（国連憲章第40条）、それでも事態が改善しない場合に科す強制措置である。国連が持ちうる強制措置には、武力行使を伴う「軍事的措置」（国連憲章第7章42条）と、武力の使用を伴わずに、主に経済的力の行使を含む「非軍事的措置」（国連憲章第7章第41条）のふたつがある。安保理が採択した決議を国連加盟国は「受諾し且つ履行することに同意」することによって、国連の集団安全保障体制は維持されている。

　但し、安保理が決議の中で加盟国に履行を呼びかける際の文書に使用される動詞には、例えば、decide、call upon、recommend、encourage、request、

require、urge, strongly urge のように強弱があり、決議をどの程度履行する
かは加盟国の裁量に委ねられている。よって、加盟国のなかには、決議の履
行を怠ったり、抜け駆け的に当該国（者）と貿易関係を続けたり、制裁の履
行状況に関する報告書を提出しない国家もある。そのような国家に対して中
央集権的な機能を持たない国連が講じることができる決定的な処方箋は今の
ところ存在しない。加盟国は、決議の文言のニュアンスを解釈し、それぞれ
の国内法に照らし、被制裁国（者）と自国の関係や国際社会の中の自国の立
場などを鑑みたうえで、自らの国益に照らし合わせて決議の履行を決める。

　安保理決議による「非軍事的措置」とは兵力の使用を伴わないあらゆる
措置のことを指し、狭義には、主な非軍事的措置である経済制裁（包括的な
禁輸措置、財政・金融上の措置、貿易・通商上の措置、渡航の制限および禁止措置、武器
禁輸措置）を意味するが、広義には、経済制裁に加えて、鉄道、航海、航空、
郵便、通信、無線通信その他の運輸通信の手段の全部または一部の中断、さ
らに、外交上の制限（外交及び領事関係の制限や断絶、国外退去処分、自国大使・公
使の召還など）、不承認主義[2]、非難・抗議[3]（非難声明や決議、「名指し非難」など）、
内部的制裁（組織の権利・特権の停止、投票権などの組織から付与されている便益の剥
奪など）といった多様な措置も含まれる[4]。そして、実際に安保理決議によ
る「非軍事的措置」が発動される際には、財政・金融上の措置、貿易・通商
上の措置、渡航の制限および禁止措置、武器禁輸措置が単独で科されること
はほぼなく[5]、様々な非軍事的措置が組み合わせて対象者に科される。外交
交渉、裁判所への付託、武力の脅し、秘密裏の措置（covert measures）などと
も併せて科される場合も多く[6]、国連平和維持活動（PKO）や、地域機構に
よる法の執行などとの連携もあれば、単独国家及び地域機構による制裁との
組み合わせもある。

2　今日の国連経済制裁

　国連が持ちうる強制措置のうち、軍事的措置は国連創設以来一度も発動さ
れていない[7]のに対して、非軍事的措置とりわけ経済制裁は、内戦や民族紛
争、難民問題や人権侵害、拡大するテロ活動など、国境をまたぐ脅威への対

応措置としてしばしば発動されてきた[8]。特に 1990 年代は「Sanction Decade（制裁の 10 年）」[9] と呼ばれるほど、安保理による非軍事的措置が多く発動された。国連創設から 1990 年までの発動件数がわずか 2 件[10] だったことを考えると、1990 年代には 13 件が発動され、その後、今日までに 23 件の国と地域及び特定勢力に対して科され、2017 年末現在、13 件が発動中である[11]。

国連安保理が決定する経済制裁の発動件数の増加に伴って、制裁の負の側面が問題視されるようになった。経済制裁とは対象国を経済的窮地に追い込むことによって政策を変更させたり、違法行為をやめさせたりする目的を持つため、一般市民への苦痛は避けがたい。しかし、国連が 1990 年代にイラクや旧ユーゴ、ハイチに科したような長期間にわたってほとんどの通商を禁止した[12] 包括的制裁が一般市民に甚大な被害を与えたことから、制裁の科し方を見直す政策議論が始まった。これが、制裁の措置や制裁を科す対象を制限して一般市民への影響を少なくしようとする「スマート・サンクション」を模索する議論[13] である。

スマート・サンクションに含まれる措置と科し方は発展途上の段階にあるが、主な措置として、武器禁輸、金融制裁、渡航の制限および禁止などがあり、一般市民に影響が少なく、制裁の第一義的な責任を有する為政者やその家族などにダメージが大きい措置として発動される。現在の国連安保理が決定する経済制裁はすべて実質的に「スマート・サンクション」である。

3　制裁に導入された倫理的視点

包括的制裁がもたらした副次的影響が明らかになったことによって、国連経済制裁の人道上の諸問題についての議論が活発になった。国際人権法や人道の観点からこれまでの安保理の活動の合法性、合憲性が広範に議論されるとともに、その法的規制やコントロールの必要性がようやく認識されるようになった。

経済制裁がもたらす人道上の問題が本格的に議論されてこなかった主な理由として、直接的かつ大規模な犠牲を招く武力行使についての議論が優先的であったこと、経済制裁は武力より平和的で使い勝手のよい措置として見な

されていたこと、被制裁国内の政権の形態や政治的経済的状況と複雑に絡み合い、制裁が実際どの程度当該国に影響を与えたのか測り難いこと、などが挙げられる。多くの被制裁国は経済的政治的に不安定であることから、制裁によって一般市民にどれほどの被害があったかを実証することは難しいが、イラク制裁下では5歳未満の乳幼児死亡者は少なくとも10万人に上り、そのうち4分の3は経済制裁に直接起因すると報告された[14]。対ハイチ制裁、対旧ユーゴ制裁においても無辜の人民への甚大な影響も明らかになった。

制裁の見直しが進められた背景として、ひとり一人の安全を保障するという「人間の安全保障」の規範が国際社会で広く共有されたことも指摘しておきたい。従来の国家の安全保障を念頭に置いた集団安全保障に加えて、紛争国国内の一般市民の安全保障を確保するという考え方は経済制裁への人道的な視点の導入と深く関連している。制裁の量的分析研究で知られるビアステッカー（Thomas Biersteker）は、制裁を科す際に考慮すべき事項として、チェックリストを提案している[15]。リストには、制裁の当初の目的、制裁対象、制裁措置、制裁措置適用の制限（地理的制限、期間、例外措置など）、他の機関による制裁との兼ね合い、国連による他の措置との相互作用、履行状況の監視、不履行の状況、予期できなかった結果、制裁の見直しや新たに科す制裁の点検、制裁の効果・目的・対象リストなどの定期的な調査と見直し、制裁の延長・解除に向けての状況の把握などが含まれている。

4　スマート・サンクションの政策議論

スマート・サンクションの研究は1990年初頭から研究者主導で進められた[16]。安保理で政策議論が始まったのは1990年代も終わりに近づいた頃であった。国連自身が包括的な制裁措置の見直しを呼び掛けたものとして、「より人道的でより効果的な経済制裁を目指して：国連システムの可能を高めるために」[17]（1998年）などがある。その後非公式ではあるが、2000年にワーキンググループが設立され、実務的な観点から制裁の政策提言を盛り込んだ報告書が作成された。報告書には、制裁委員会[18]の役割や、国連業務の遂行能力や制裁の監視機能などを強化することによって制裁の効果を高め

るとともに、人道上の深刻な事態を回避するためには国連加盟国間でより高いモラルの共有が望ましいこと、また、被制裁国周辺に位置する主要貿易国への影響を最小限にとどめることや、被制裁国への社会的経済的負担を長引かせないことなどが確認された。

　また、研究者と国連の実務関係者が共に参加して制裁をめぐる政策議論の場も度々もたれた。「インターラーケン・プロセスⅠ、Ⅱ（Interlaken Process I, II）」(1998年、1999年)では、各国政府代表者、研究者、金融業界、国連機関、特に人道問題に関わる機関の代表者が主に金融制裁措置について議論した。金融上の措置には、資産の凍結や金融取引の禁止などの資本の取引に制約を加えるものが含まれるが、対象となる個人とその家族、特定の団体などに絞って措置を科すことができることで一般市民への影響が少ないことから、スマート・サンクションにふさわしい措置として注目された。その後に開かれた「ボン–ベルリン・プロセス（Bonn-Berlin Process）」(2000年)では、武器の禁輸および渡航に関する措置も一般市民に直接的な悪影響を与えないことから、スマート・サンクションの理念に沿った措置として議論された[19]。さらに、「ストックホルム・プロセス（Stockholm Process）」(2001年〜2002年)では、これまでの一連の会議で持たれた議論を総括するとともに、制裁の履行と監視の実効性を高める方策が、制裁の発動、履行の際の意思決定に関わるあらゆるレベルの機関、具体的には、安保理、制裁委員会、加盟国、地域機構、国際機構、研究機関、私企業、NGOの代表者によって議論された。成果文書「ストックホルム・リポート（Stockholm Report）」[20]では制裁措置別に具体的な提言と行動指針が示された。制裁に関わる制裁委員会や専門委員会には制裁の履行状況を把握すること、任務の透明性を高めることなどが要請された。加えて、履行を高めるための方策として、各国による国内法環境の整備の必要性、法環境の整備への協力、加盟国と国連機関との連携、地域機構と国際機構との協力関係の構築、研究機関やNGOからの情報提供と協力の重要性が強調された。

Ⅲ　スマート・サンクションとしての金融制裁

1　金融上の措置とその問題点

　制裁対象に合わせて強制措置の組み合わせと強弱を変え、特に無辜の一般市民に対する副次的な影響を回避する制裁の科し方は、「国際的なルールを侵すものに対して武力と非難の中間的な役割を果たしうる」とされ[21]、特に「財政・金融上の措置、渡航上の措置、武器の禁輸といった部分的制裁は、対象政権やエリート層に対して影響を与えることができ、一般市民への犠牲は最小限で済むとの理由から有効である」という認識は今日共有されている。

　主な金融上の制裁措置は、資産の凍結や金融取引の禁止など資本取引に制約を加える方法である。制裁の対象者はおおむね富裕層に属し、国外に金融資産を隠匿する例が多いことなどもあり、被制裁国の為政者や政権官僚とその家族など制裁対象へのダメージにとどめることができると想定され、金融上の制裁は一般市民への影響が少なく、一定の効果も期待しうる[22]。よって、スマート・サンクションにふさわしい措置として注目されてきた。

　金融制裁では資本取引に制約を加える方法として、具体的には、①制裁国内における制裁対象者の借入れ、②非制裁国外における制裁対象者の借入れに対する制裁国金融機関の関与、③制裁国金融機関による制裁対象者へのあらゆる形の信用供与、④制裁国内における制裁対象者の株式などの発行、⑤制裁国外における制裁対象者の株式などの発行に対する制裁国金融機関の関与、⑥制裁国内にある制裁対象者資産の被制裁国への移送、⑦制裁国金融機関による被制裁国からの被制裁国通貨建て貿易決済代金の受取などを含む[23]。但し、金融上の制裁措置もそれ単独ではなく、その他の非軍事的措置、例えば、渡航制限および禁止措置や武器禁輸措置などと併せて科すことが効果的とされている。

　しかしながら、制裁の対象者が匿名や偽名で預金や送金を行うケースは多くあり、資金を凍結するにしても、真の口座保有者が有責者だと判断することは、口座所在地国の協力なしには困難であるばかりか、口座の機密性保持は金融取引の前提であることから、金融機関や口座所在地の協力が得られな

第 4 章　国連による「スマート・サンクション」と金融制裁　77

い可能性も高い。だからといって、用途が明らかでない送金や資産凍結を金融機関が幅広く行った場合には、制裁の対象ではない一般市民の経済活動に支障をきたすことにもなりかねない。そのため、金融制裁を効果的に科すためには、制裁の担い手（政府や金融機関）による十分な調査と地域機構や国際機構との情報共有が必要とされる。

　また、物品の輸出入と異なり、金融資産は国際的な移動や隠ぺいが容易であること、また、制裁対象者が履行に消極的あるいは不十分な国家に移動してしまう可能性があること、制裁対象者と関係のある企業や団体は制裁の対象となるが、それらが名称を変えたり、別会社を設立したりするなどして活動を続ける可能性が高いこと、その場合には追跡が困難になることなども問題である。さらに、オフショア金融センターやタックス・ヘイブンと呼ばれる顧客の口座情報の開示に非協力的な国家や地域が存在すること[24]、取引が活発な仮想通貨などへの対応[25]も十分でないことから、金融制裁の抜け道は多い。

　近年、安保理決議や各国が独自に実施する金融制裁措置は、OECD による多国間枠組み、金融活動作業部会（Financial Action Task Force, FATF）が推進する「マネー・ロンダリング対策及びテロ資金供与対策（Anti-Money Laundering and Countering the Financing of Terrorism, AML/CFT）」と連携を行っている[26]。FATFの勧告自体は法的な拘束力を有しないが、履行状況に不備のある国家名を公表するなどの遵守メカニズムは整備されており、一定の実効性を確保している[27]。例えば、FATF は声明[28]において、北朝鮮を、「継続的かつ重大な資金洗浄・テロ資金供与リスクから国際金融システムを保護するため、FATFがその加盟国及びその他の国・地域に対し、対応措置の適用を要請する対象とされた国・地域」に指定した。

2　実効性を左右する要因

　国連安保理による経済制裁が決定された場合は加盟国の多くが決議を履行することが期待されるため、すぐに効果が得られると思われがちであるが、貿易統計など数値で測れるほどの効果が出るには時間を要する。しかし、長

期の制裁では当該国の一般市民への影響が増し、スマート・サンクションは本来の目的を見失うことになる。金融上の措置も、為政者の違法行為の停止、政策転換、政権交代といった直接的な効果を求めて対象者を追い詰めるというよりも、間接的な効果、例えば、制裁の対象者の活動を抑制したり、第三者が類似行為をしないよう自制を促したりといったデモンストレーション効果が期待されている。

　制裁の効果を短期で得ることは難しいが、効果を左右する要因として以下のことが考えられている[29]。まず、被制裁国の発動国への貿易の依存度が高ければ高いほど効果あるとされる。しかし、被制裁国に貿易代替市場やブラックマーケットがあれば、制裁のダメージは小さい。被制裁国の経済規模も効果と関連があり、対象国の国民所得が小さければ小さいほど効果は望めるとされる。また、被制裁国の政治体制も効果を左右する。例えば、社会主義国は不況やインフレの圧力をあまり受けることなく経済活動が可能なため効果が低いとされる。さらに、外貨準備の多寡も効果を左右する。例えば、他国の通貨や通貨に代わりうる金などの決済手段を大量に保有する国への制裁は効果が出にくい。通貨に変わりうる資源はやがて枯渇していくが、被制裁国は資源があるうちに代替取引国を探したり、代替輸出品を開発したりするため、時間的猶予を与えてしまうことになる。逆に、経済制裁を科している期間に自然災害が発生したり、内戦が勃発したり、ゲリラ活動が活発化した場合には外貨や金を消費しなければならなくなり、制裁の効果が上がる場合もある。

　被制裁国と周辺国との外交関係もまた効果を左右する。安保理が加盟国に決議の履行をいくら呼びかけても、現行の対北朝鮮制裁に見られるように、制裁の履行に消極的であったり、秘密裏に北朝鮮を支援したりする国家や企業、特定の団体の存在は効果を損なう要因である。

　さらに、安保理内でのコンセンサス（合意）の有無も効果を左右する大きな要因である。特に安保理理事国が一枚岩であれば「本気の」制裁として推し進めることができ、効果は期待できるが、安保理内、特に常任理事国間に被制裁国と特別な政治的経済的関係がある場合には履行はもとより決議自体

も弱いものとなる。理事国の国益が特に絡まない場合には、例えば、特定の
アフリカ諸国への制裁のように、制裁決議が出やすいこともあれば、第三国
が同様の行為を行わないように見せしめとして推し進めたい制裁もある。逆
に、特定の理事国にとって推し進めたくない制裁、決議そのものも成立させ
たくない制裁もある。

　また、制裁決議後の加盟国の履行の監視状況も効果を左右する。制裁委員
会による定期的な履行状況の監視や見直しは抜け駆けの防止にもなる。さら
に、制裁の適用期間も効果を左右する。同じ措置をだらだらと科すよりも短
期に設定し、変化する状況を見ながら措置の組み合わせや強度を変える方が
効果的とされる。

3　スマート・サンクションの新展開：制裁対象者の「リスト化」

　国連安保理による経済制裁の実効性を確保するために、安保理の補助機関
である制裁委員会や制裁パネルはさまざまな政策を講じて、一般市民への副
次的な影響の回避という側面に配慮を払っている。金融上の措置を科す場合
も同様である。

　しかしながら、金融上の制裁措置の難しさとして、既に指摘したように、
制裁対象者が匿名や偽名で預金や送金を行うケースがあり、真の口座保有者
を特定するのが大変困難である点が挙げられる。だからといって、疑惑のあ
る送金や資産凍結を幅広く行った場合には一般市民の経済活動に大きな支障
をきたすことになる。

　そこで、制裁委員会は、一般市民への影響を回避するために、制裁対象と
なる人物やその家族、企業、団体などをリストに掲載（「リスト化（listing）」）
し、そのリストに沿って資金の凍結などを含む金融制裁と渡航制限・禁止を
科す方法をとる。「リスト化」の手法は、「狙い撃ち制裁」と呼ばれる。英語
では、targeted sanctions であり、「スマート・サンクション」と重なるが、筆
者の解釈では、「狙い撃ち制裁」はスマート・サンクションの一つの側面で
あり、強制措置は、金融上の措置、渡航上の措置、武器禁輸の措置に絞られ、
それらを組み合わせて、特定人物とその家族、特定の企業や団体などに狙い

を定めて科すことを意味する。国連加盟国はリスト化された個人及び団体あらゆる種類の武器および関連物資、技術的な助言、支援、訓練を直接的または間接的に供与することを防止するよう制裁委員会によって求められる。

この手法は、まず、対アンゴラ（UNITA）制裁[30]の際に、政権指導者層に対して実施された[31]。その後、アルカイダおよびタリバーン構成員またはそれらに関与している個人と団体に対して、対北朝鮮制裁では大量破壊兵器やミサイル、その他の武器関連の計画や貿易、投資の際の取引に関与した個人や団体、企業が制裁リストの対象になっている。リスト化されれば、対象者の名前や所属団体名などは公表され、違反行為が国際社会で広く知らしめられることになる。第三者による類似の行為を未然に防ぐ「ネーム・アンド・シェイム（name and shame）」の効果も見込んだ措置である。

制裁対象者への包囲網を狭めるために始まったリスト化であるが、近年、制裁対象ではないのに、誤ってリストに掲載される事案が見られるようになってきた。国連安保理の制裁対象としてリスト化された被疑者の人権が問題となった例として、カディ事件[32]、サヤディ事件[33]などが知られる。

カディ事件とは、サウジアラビアの国籍を持つカディ（Yassin Abdullah Kadi、国連のリスト上では Yasin Al-Qadi）とスウェーデンを所在地とするバラカート・インターナショナル（Barakaat International Foundation）の名前が、2001 年に安保理決議に基づいて作成された 1267 委員会[34]リストに登録されたことから、その取り消しを求めて欧州司法裁判所に提訴した事件である。カディの主張は、「テロ行為に関与していないにもかかわらず、国連の制裁委員会のリストに掲載され、続いて EC 規則 467/2001 の付属書に掲載されたことによって、基本的権利である財産権、公正な弔問を受ける権利、実効的な司法審査を受ける権利を侵害された」という内容であった[35]。その後、慣習法国際法や国連憲章の検討が欧州共同体裁判所で何度も審議され、最終的には、「資産凍結という予防的性質から、欧州委員会はカディとアル・カイーダ・ネットワークとの関係を理由として、制裁対象者リストに掲載することが正統化されると考える」として処理された[36]。

一方、サヤディ事件は、レバノン生まれのベルギー国民でアメリカの

NGO のヨーロッパ支部の幹部であるサヤディ（Nabi Sayadi）と、ベルギー生まれのベルギー国民のヴィンク（Patricia Vinck）の夫妻が、2002 年にベルギー政府の通報によって、1267 委員会リストに掲載されたケースである。夫妻は、前月に制裁リストに掲載された団体の幹部であったことを理由に、ベルギー政府及び EC 裁判所の措置に基づいて資産凍結、国境を越える移動の禁止などの措置の対象となった。その後、夫妻は、ベルギーの国内裁判所から「ベルギー政府が原告らの制裁対象者リストからの削除を精査委員会に働きかけること」との判決が出たことから、ベルギー政府が制裁委員会に対してリストから外す「非リスト化（delisting）」を働きかけたものの、拒否された。結局、ベルギー政府と制裁委員会、自由権規約委員会とのやり取りの結果、2009 年に夫妻の名前はリストから削除され、制裁対象から外された[37]。

　このように、狙い撃ち制裁のリスト化と非リスト化の際の被疑者の人権を争点とする事例は今後も増える可能性が高い。金融制裁の対象となる個人とその家族、団体をどのように絞り込むのかは人権問題を大きく関連する。狙い撃ち制裁と被疑者の人権問題を争点とする事例は今後も増える可能性があり、安保理にとって新たな課題となっている。

4　一般市民への影響回避のためのメカニズム

　国連による狙い撃ち制裁の諸問題を分析した国際法学者による研究の中には、リスト化、非リスト化、人道的免除条項の適用を決定する際の政治性が国連制裁リストにおける誤掲載の根本的な原因であると指摘するものもある[38]。制裁委員会は安保理の理事国 15 カ国によって構成される機関であり、制裁リストは加盟国の諜報機関がもつ機密情報を根拠に作成されることから、作成プロセスは政治性を含むとの指摘である。また、制裁対象をリスト化する際に依拠する情報は機密である場合が多いため、そのような機密情報に基づく情報には、性質上、誤った情報が含まれやすいとの指摘もある[39]。

　そこで、2006 年以降、誤情報によってリストに掲載された個人とその家族、企業や団体が国連安保理の制裁対象として掲載された場合、また、彼らが掲載対象の企業や団体と関係を断った場合などには、非リスト化の作業が行わ

れることとなった。「非リスト化」手続は、当初、リスト化された個人や団体の国籍国または居住国を通じて非リスト化を要請するという外交保護的な仕組みだったが、個人・団体からリストからの削除要請を直接受け付ける窓口（フォーカルポイント、Focal point）が設置[40]され、それまで定期的な更新業務に留まっていた作業が改革された[41]。さらに、対アルカイダ制裁（現在は対 ISIL・アルカイダ制裁）については、オンブズパーソン（Ombudsperson, OP）といって、個人や団体からの非リスト化の要請について情報を収集し、請願者との対話などから審議する制度が導入された。オンブズパーソンは事務総長と制裁委員会の連携によって任命され[42]、いかなる政府からの指示や影響を受けてはならず、高度の公平性と誠実性を備えていることが求められる。但し、非リスト化の最終的な判断は制裁委員会が行う。

　また、制裁委員会は、リスト化、非リスト化に加えて、実際にリスト化された人物や団体への人道的配慮を担う場合もある。例えば、資産の凍結でリストに掲載された制裁対象者が食糧や医療品の購入のために財産が必要な場合に、一定の条件の下で人道的免除条項が適用される。一部の制裁においてだが、制裁委員会が分析支援及び制裁監視チームと共にこのような役割を担う場合がある。

　このように、リスト化、非リスト化、人道的免除条項に係る業務は慎重な対応が求められることから、専門的な組織が新設され、業務内容が明確化されてきた。2011 年には、リスト化、非リスト化、OP に関する詳細な業務内容が安保理で決定された[43]。リスト化を提案する国家はリスト化の根拠または正当な理由を明確に示すことが求められ、その根拠に基づいて、制裁委員会がリスト化の理由の概述書を作成し、ウェブサイト上で公開する[44]。

IV　おわりに

　スマート・サンクションの新しい手法である「狙い撃ち制裁」は、制裁対象となる個人および特定の団体に関する情報を安保理決議に添付したり、インターネット上で公表したりすることによって、関連各国の支援と連携が得

やすい状況を徐々に築いている。

　しかし、これまで議論してきたように、国連安保理によるスマート・サンクションに含まれる措置とその科し方には多くの課題が残されているばかりか、カディ事件やサヤディ事件に見られるような新たな人道的な問題も顕在化してきた。特に金融上の措置の際のリスト化、非リスト化、人道的免除条項の適用の任務においては、被疑者の人権への配慮という新しい問題に対して慎重な対応が求められている。

　従来は、人権を保障したり、侵害したりする当事者は主として国家であったが、今日では、国際機構が特定の分野において国家に類似するような機能を果たすようになってきており[45]、国連も安保理決議がどの程度国際人権法や国際人道法に拘束されるのかについて検討することが実務上も最も重要な課題となっている。

　制裁本来の性質と同様に、スマート・サンクションを実行するうえで根本的に難しい課題、すなわち、国際社会の秩序の回復と維持のための「制裁の効果」の追求と「人道的な配慮」をいかに両立させるのかという点は相変わらず国連経済制裁の最大のジレンマである。被制裁国に経済的に負担をかけることによって、政治的譲歩を引き出そうとする経済制裁は必然的に一般市民の痛みを伴う。経済制裁のみに過度に期待するのではなく、外交努力と組み合わせるなどして、人的被害が大きくなる前に短期間で効果を引き出すための政策議論は国連内で今後も続く。

[付記] 本稿は平成29年度科研費基盤研究（C）（一般）17K03599による研究成果の一部である。

注
1　「賢い制裁」と訳される場合もある。同様の目的と措置を意味する用語として、「対象を絞った制裁（targeted sanctions）」や「限定的な制裁（selective sanctions）」などがある。
2　侵略、植民地支配、民族自決への弾圧、アパルトヘイトなどの普遍的な義務に違反する行為の結果生じた状態を承認しないということ。その結果として、外交関係の断絶、援助の不供与、条約の不適用などがある。
3　道義的制裁ともいう。

4 中谷和弘「経済制裁の国際上の機能とその合法性：国際違法行為の法的結果に関する一考察」『国家学会雑誌』第 100 巻 5/6 号（一）（東京大学国家学会、1987 年）382-385 頁。本論もこの広義な定義に従う。

5 ビアステッカー（Thomas Biersteker）による経済制裁の量的データベース研究では、97％が外交イニシアティブや公式の交渉と連動して科されるほか、政策決定者が制裁か外交交渉や武力行使といった代替手段のうちどれか一つの使用を選択することは極めて稀である。Graduate Institute of International and Development Studies が作成した SanctionsAPP, at http://www.sanctionsapp.com/（as of 10 December 2017）。

6 Thomas Biersteker and Sue Eckert, *Targeted Sanctions: The Impacts and Effectiveness of United Nations Action* (Cambridge University Press, 2016).

7 これについては、研究者によって見解が異なる。朝鮮動乱（1950 年）の際の軍事行動を、国連憲章第 7 章第 42 条に基づくとする論者もいる。

8 非軍事的措置の発動件数が増加した要因として、武力行使を含まないため、国際法上許容範囲が広いこと、軍事的措置をとるためには加盟国との間に特別協定を締結するなどの踏むべき手続きが多くあること、非軍事的措置は直接的な破壊や殺戮などを伴わないこと、違法行為者に対してあらかじめ発動の可能性を明らかにすることによって更なる平和破壊行為を事前に抑止する効果が期待できること、などが挙げられる。詳しくは、本多美樹『国連による経済制裁と人道上の諸問題：「スマート・サンクション」の模索』（国際書院、2013 年）を参照されたい。

9 David Cortright, and George Lopez. *The Sanctions Decade: Assessing UN Strategies in the 1990s* (Lynne Rienner Publishers, 2000) による。

10 対南ローデシア制裁（S/Res/232、16 December 1966）と、対南アフリカ制裁（S/Res/418、4 November 1977）。

11 SanctionsAPP（注 5）。

12 人道的な配慮から、一部の医療および保健関連品や一部の食糧品を除く。

13 スマート・サンクションの生成過程と議論について、本多『前掲書』（注 8）を参照されたい。

14 1991 年 8 月―1998 年 3 月の影響。Richard Garfield, "Morbidity and Mortality among Iraqi Children from 1990 to 1998: Assessing the Impact of Economic Sanctions," *Occasional Paper Series* 16: OP: 3 (Institute for International Peace Studies, 1999).

15 SanctionsAPP（注 5）。

16 スマート・サンクションの名称を使用し出したのも、また、政策議論にいち早く取り組んだのも、「第 4 の自由フォーラム（Fourth Freedom Forum）」と「ジョアン・クロック研究所（Joan B. Kroc Institute for International Peace Studies）」である。具体的な政策論を主導したのは、上記研究所のコートライト（David Cortright）とロペズ（George A. Lopez）である。彼らによる国連経済制裁に関連する論文や著書は多数ある。例えば、*Smart Sanctions: Targeting Economic Statecraft* (Rowman & Littlefield Publishers, 2002). など。

17 Larry Minear, David Cortright, Julia Wagler, George A. Lopez & Thomas G. Weiss, "Toward More Humane and Effective Sanctions Management: Enhancing the Capacity of the United Nations System," *Occasional Paper #31*（Thomas J. Watson Jr. Institute for International Studies, Brown University, 1998）.

18 　制裁委員会は、安保理の理事国によって構成され、意思決定は原則コンセンサスである。つまり、すべての国に拒否権が認められている。制裁委員会の役割について詳しくは、Guidelines of the Committee for the Conduct of its Work, Section 3（9 December 2008）. を参照されたい。

19 　武器禁輸措置をめぐる問題点については、吉村祥子『国連による武器禁輸とその問題点：Smart sanctions を超えて』横田洋三、山村恒雄編『現代国際法と国連・人権・裁判：波多野里望先生古稀記念論文集』(国際書院、2003 年) 87-110 頁が詳しい。

20 　成果文書は安保理に提出された。Press Release, SC/7673, 25 Feb. 2003.

21 　Kofi Annan, Part 2 "Collective Security and the Challenge of Prevention," *A more secure world: Our shared responsibility, Report of the High-level Panel on Threats Challenges and Change*（A/59/565、2 December 2004）pp. 55-56.

22 　中谷和弘「安保理決議に基づく経済制裁：近年の特徴と法的課題」村瀬信也編『国連安保理の機能変化』（東信堂、2009 年）79-96 頁。

23 　宮川眞澄雄『経済制裁：日本はそれに耐えられるか』(中央公論社、1992 年) 43-84 頁。

24 　このような地域は、マネー・ロンダリングやテロ資金供与の温床とされている。本庄資『オフショア・タックス・ヘイブンをめぐる国際課税』(日本租税研究協会、2013 年)。

25 　2015 年の先進国首脳会議（G7）において、「仮想通貨及びその他の新たな支払い手段の適切な規制を含め、全ての金融の流れの透明性拡大を確保するためにさらなる行動をとる」との宣言が発出されている。「2015 　G7 エルマウ・サミット首脳宣言」外務省ウェブサイト「2015 　G7 エルマウ・サミット首脳宣言」http://www.mofa.go.jp/mofaj/ecm/ec/page4_001244.html（2017 年 12 月 23 日アクセス）。

26 　大森健吾「北朝鮮に対する金融制裁措置について」(国立国会図書館調査及び立法考査局財政金融課、第 933 号、2017 年 1 月 12 日) 4 頁。

27 　同上、4 頁。

28 　警視庁ホームページ、「高リスク及び非協力国・地域 FATF 声明」2016 年 10 月 21 日。https://www.npa.go.jp/sosikihanzai/jafic/todoke/list_ilan/2016nen10gatu/fatfhoudou_161101_2.pdf（2017 年 12 月 2 日アクセス）。

29 　Gary Hufbauer, Jeffrey J. Schott, and Kimberly Ann Elliot, *Economic Sanctions Reconsidered: History and Current Policy*, Institute for International Economics, 1990, pp. 97-102; James M. Lindsay, "Trade Sanctions as Policy Instruments: A Reexamination," *International Studies Quarterly* 30, 1986, pp. 153-173; Cortright and Lopez, *supra* note 16, pp. 18-19; 宮川『前掲書』(注 23) 84-88 頁。

30 　1993 年―2002 年。

31 　詳しくは、本多『前掲書』（注 8）261-268 頁を参照されたい。

32 　この事件後の判決は国際法や EU 法の研究者たちの注目を集め、多くの評釈が存在する。松隈潤「制裁における国際人権法・人道法の役割」『東京外国語大学論集』第 80 号（2010 年）89-103 頁、丸山政己「国連安全保障理事会と自由権規約委員会

の関係：狙い撃ち制裁に係る Sayadi 事件を素材として」『山形大学法政論叢』第 48 号（2010 年）61-98 頁を参照されたい。

33 松隈、同上。

34 安保理決議 1267（S/Res/1267、15 October 1999）に基づいて設置された制裁委員会で、当初はアルカイダ及びタリバーンに関連する人物や企業等をリストに掲載していた。

35 松隈「前掲論文」（注 32）93-93 頁。

36 Commission Resolution（EC）No 1190/2008 of 28 November 2008（OJ L322/25, 2 December 2008）.

37 SC/9711, 21 July 2009.

38 丸山「前掲論文」86-87 頁、松隈「前掲論文」99-100 頁（共に注 32）など。

39 同上。

40 S/Res/1730、19 December 2006.

41 S/Res/1822、30 June 2009.

42 S/Res/1940、17 December 2009.

43 S/Res/1989、17 June 2011.

44 Guidelines of the Committee for the Conduct of its Work as amended on 9 December 2008, Section 5 and 6. 例えば、2015 年 8 月 17 日のアルカイダ関連の制裁リストには、300 以上もの個人と団体名が掲載されている（The list established and maintained by the 1267/1989 Committee, 17 August 2015.）。

45 松隈「前掲論文」（注 32）98 頁。

第5章 国連安保理制裁の変容と履行確保に関する最近の課題
──金融制裁をはじめとする諸措置の実施に当たっての実務上の課題を中心に

石垣友明[1]

Ⅰ　はじめに──安保理制裁の概観と問題の所在
Ⅱ　安保理制裁の正当性への根強い批判
　　1　冷戦時からの安保理の政治的性格に対する途上国の不満・批判
　　2　狙い撃ち制裁導入後のNAM諸国による安保理制裁への批判
　　3　安保理制裁の正当性を向上するための努力
Ⅲ　制裁の拡大・精緻化に伴う実施の困難性
　　1　人の移動・物資の移転を巡る規制実施の課題
　　2　資金規制を巡る諸課題
　　3　決議実施に関する国連加盟国の人的・財政的・技術的制約
　　4　制約下での漸進的な改善のための方策
Ⅳ　個別制裁と安保理制裁との関係
　　1　各国が導入する個別制裁の意義
　　2　個別制裁が安保理制裁の実施を複雑化させる要因
　　3　安保理決議に基づく制裁措置を導入する意義
Ⅴ　おわりに──効果的な制裁実施への展望

Ⅰ　はじめに──安保理制裁の概観と問題の所在

　国連安保理による非軍事的措置（いわゆる安保理制裁）は、国連の前身である国際連盟当時の制裁措置[2]を原型として、国連憲章制定当時からその導入が想定されていた。安保理による制裁措置は、国連による軍事的措置に至らないまでに執られる広範な措置の一つとして観念されてきたが、その内容は、第2次世界大戦時に導入された全面的な禁輸に近いものから、象徴的な措置（人の移動の禁止、外交関係の不承認）等の多岐にわたってきた。国連憲章第41条において制裁措置として例示されている行為は、「経済関係及び鉄道、航

海、航空、郵便、電信、無線通信その他の運輸通信の手段の全部又は一部の中断並びに外交関係の断絶を含む」ものであり、当初から広範な措置を想定していたと言える。しかしながら、安保理常任理事国である米ソ両国が対立した冷戦当時、安保理において実質的な制裁措置は南ローデシア、南アフリカ等の一部の例外を除いては執られず、制裁措置の多くは、西側諸国が東側諸国等に対して執った個別・単独の措置であった。

　このような状況は冷戦の終結と並行して変化し、1998 年に発生したリビアによるパンアメリカン航空機爆破のロッカビー事件に対する制裁等の安保理決議に基づく制裁も徐々に導入されるようになった[3]。1990 年に発生したイラクによるクウェート侵攻については、安保理の下での強力な制裁措置が導入され、その後の軍事行動にもつながった[4]。イラクに対する制裁は、包括的な物資等を対象とする事実上の禁輸措置であったことから、イラク国内における一般市民及び周辺国に大きな損害を与えたと批判された。そのため安保理は、制裁の対象範囲と措置を絞りつつも、制裁対象国の指導層に対して効果的な措置の導入に舵を切っていくこととなった。こうした経緯の中で発展したのが、いわゆる狙い撃ち制裁（targeted sanctions）である。

　湾岸戦争後の 1990 年代以降導入された安保理制裁のすべてが狙い撃ち制裁であり、制裁の回避・迂回手段が巧妙になることと相まって、その内容は今日に至るまで徐々に拡充・強化されてきている[5]。ただし、安保理制裁については、無辜の市民への被害といった制裁の悪影響や措置の効果の有無に関する批判に限らず、制裁措置の導入そのものや導入される措置の正当性に対する批判も存在していることに留意する必要がある。その背景には、安保理の構成及び意思決定方式に関し、冷戦当時から途上国が表明している根強い不満が存在する。こうした安保理に対する不満や批判は、国連加盟国の 3 分の 2 を占める途上国がメンバーである非同盟諸国運動（Non-Aligned Movement, NAM）の動向に具体的に見ることができる[6]。

　また、制裁の実効性を高めるために安保理決議の内容が拡大・精緻化する過程において、制裁措置の履行を担う各国（とくに輸出入管理・税関等の実施当局）が決議の実施に際し困難に直面することが少なくない。こうした事態

は、国際経済がグローバル化することに伴って具体化、深刻化しており、とくに取引の形態が多様化するとともに制裁回避の手段も巧妙化する資金取引（送金及び決済）において顕著である。さらに、制裁の実施を巡る国連加盟国の課題は、安保理制裁を補完する形で導入される個別の加盟国による個別制裁（unilateral sanctions）によって、複雑化する傾向にある。個別制裁については、安保理決議の採択前に新たな措置が考案・導入される傾向にあり、より実効的な手段を編み出すという先駆的な意義を有する一方で、安保理制裁が有する普遍性や正当性を欠くだけでなく、他の国連加盟国が実施に際して負う義務を複雑化させる側面がある。

　以上のような問題意識に基づき、本章では、安保理制裁に関する課題の中でも、(1)安保理制裁の正当性に対する途上国の批判、(2)安保理制裁の措置の拡大・精緻化に伴う実施上の課題、(3)先進国等による個別制裁の先行実施に伴う安保理制裁実施の課題の3点を取り上げる。それぞれの課題の中で金融制裁を位置づけた上で、今後安保理制裁が拡充・強化、発展する過程で、安保理制裁の実施を義務づけられる国連加盟国にどのような対応が必要かについて問題を提起する。

II　安保理制裁の正当性への根強い批判

　安保理制裁については、国連憲章第24条に基づき、安保理が他の国連加盟国との関係で安保理が国際の平和と安全の維持に関する主要な責任を負い、加盟国に代わって行動することに加盟国全体として同意している。また第25条に基づき加盟国が安保理の決定を受諾し、履行することを約束していることから、その決定が他の国連加盟国を拘束することになる。しかしながら、全ての国連加盟国が安保理決議に基づく制裁措置を自国にとって重要な課題と認識し、率先して実施していると考えるのは早計である。例えば、安保理制裁の中でも比較的国際的な関心が高いと考えられる対イラン制裁に関し、安保理決議上報告が義務づけられている各国の実施状況の報告についても、その提出状況は芳しくなかったのが実情である[7]。こうした現状を見れ

ば、国連加盟国が全て積極的に安保理決議の義務を履行していると断言することは容易ではない。

このような決議の実施を巡る課題は、国連加盟国が人的、財政的、技術的制約が理由で困難に直面していることだけが理由ではない。途上国の多くが冷戦当時から抱えている安保理制裁の意思決定プロセスや政治的な性格への不満が、今日における安保理制裁に対する批判的な見方につながっていると考えられる。

1 冷戦時からの安保理の政治的性格に対する途上国の不満・批判

安保理決議に基づく制裁措置は、安保理の国連憲章に基づき与えられている特権的な地位故にその導入当初から批判の対象であったと言っても過言ではない。すなわち、安保理メンバーが他の加盟国に対し、一定の行動を義務付ける余地が生じていることから、その片務性に対する不満が内在的に存在していた。常任理事国に代表を有しなかった多くの途上国が、安保理の決定が一方的であり、大多数の非安保理メンバーの意思が反映されていないことに批判的な見方を持つのは不思議ではなく、このような見方は冷戦下の東西対立の中での第三極として存在意義を発揮した非同盟諸国運動（NAM）各国によって表明されてきている[8]。

こうした途上国による安保理制裁への批判が具体化した初期の事例が、南ローデシアの一方的独立宣言に端を発するローデシア紛争と[9]南アフリカのアパルトヘイトに対する制裁であった[10]。これらの事例において、安保理がアフリカ諸国を中心とするNAM諸国の要求にもかかわらず、南ローデシア及び南アフリカに対する包括的な制裁を導入していないことをNAM諸国は非難している[11]。このように冷戦当時NAM諸国の間では、安保理は西側諸国（冷戦当時であれば植民地主義、帝国主義の推進者といった見方も妥当する）の意向が強く反映される政治的な組織であるとの見方が強かったと言える。

このような安保理制裁への否定的な見方は、NAM諸国が3年毎に開催する首脳会議の際に採択される首脳宣言にも示されてきた。冷戦期の1980年代のNAM首脳宣言において、NAM諸国が安保理制裁の厳格な履行や強化

を主張するのは、上述のように南アフリカのアパルトヘイトに対する場合に限られ、それ以外の制裁については否定的な見方を示してきた。冷戦後の新たな国際秩序を模索する時期であった 1992 年の NAM 首脳宣言においても、NAM 諸国は、国連総会と安保理の適切な関係の確立を重視し、安保理が一部の国の政治的な意思を強要する機関であることに対する懸念を表明した [12]。同じ 1992 年の宣言では、安保理が特定の問題について選択的に対応しているとの批判がされており、これはアパルトヘイト問題に安保理が十分な対応を取っていないとの NAM 諸国の批判を想起させる指摘である [13]。

　これに対し、イラクによるクウェート侵攻に対する安保理による制裁については、1992 年の第 10 回首脳会議での宣言では、NAM 諸国に対する侵略行為であるにもかかわらず、イラク（同じく NAM メンバー）への非難は一切示されず、当事者間の敵対行為の終了を歓迎するとともに、当事者間の傷が癒え、各国が安保理決議の完全な実施への支持を確認し、関係国に残余の問題が解決することを求めるといった、慎重な表現となっている [14]。そして制裁実施後 5 年が経過した 1995 年の第 11 回首脳会議での宣言では、むしろ安保理による制裁のイラク国民及び周辺諸国に対する経済的な打撃についての懸念が強く表明されている [15]。このように NAM 諸国を中心とする途上国の安保理制裁に対する見方は、NAM 諸国の利害関係によって多少は左右される場合はあったものの、全般的には慎重かつ否定的であったと言える。

2　狙い撃ち制裁導入後の NAM 諸国による安保理制裁への批判

　その後の NAM 諸国による安保理制裁に対する評価は、包括制裁から狙い撃ち制裁に移行し、一般市民や制裁対象国の経済全般に対する影響を減少しようと変化する安保理の動きとは必ずしも連動せず、引き続き否定的・消極的なものであった。こうした批判的な見方は 2000 年代に入り、狙い撃ち制裁の実施に関し、とくにアルカイダ・タリバーン制裁の対象となった個人に関する適正手続（due process of law）が確保されていないとの欧州司法裁判所、欧州人権裁判所等における判断が重なることにより、さらに強まることと

なった。NAM 諸国もその首脳宣言においてこうした適正手続の問題を取り上げ、安保理制裁は対象を限定し、かつ適用時期も絞って、最後の手段として用いられるべき旨繰り返し指摘した[16]。

NAM 諸国による安保理制裁への批判的な評価は、制裁の対象となる活動の範囲にも及んでいる。狙い撃ち制裁に関して、大量破壊兵器の拡散防止を目的として導入されることの多い、ミサイル発射の制限や核兵器の製造開発に関連する資機材の輸出入禁止、人の移動の制限も含む技術交流の禁止等については、宇宙の平和的な利用あるいは原子力の平和利用の制限にも及ぶものであるとの批判的な見方を示す途上国は少なくない[17]。さらに、安保理決議に基づかない、一部の国によるいわゆる個別制裁に関しては、NAM 諸国の批判は一層厳しいものとなった。後述するように、安保理決議による授権がされていない、一部の国連加盟国による個別的な制裁措置については、強国による弱者への意思の強要であるという、NAM 諸国による非難がそのまま当てはまると見なされたのである。

安保理制裁は、包括制裁から狙い撃ち制裁に移行する過程において、制裁の対象を限定することを通じ、一般市民や周辺国に対する影響を限定することには一定程度成功したと言える。しかし、一部の国しか意思決定に関与できないという安保理決議の本質的な問題点や狙い撃ち制裁の拡大に伴い新たに派生する手続保障、そして他の規範との緊張関係故に、必ずしも途上国の無条件な支持を得られた訳ではなかった。このように、安保理が国連憲章上の手続に従い法的拘束力のある制裁措置を決定しても、NAM 諸国のような国連で多数を占める途上国がその正当性に疑問を有したままの場合、厳格な決議の履行が保証されたとは言えない現実が存在するのである。

3 安保理制裁の正当性を向上するための努力

こうした国連安保理決議に基づく制裁の正当性を巡る批判に対しては、安保理における意思決定手続を明確にしていくことや、制裁対象となる個人・団体の指定のプロセスの透明性を可能な限り向上するといった実務的な対応が可能である[18]。安保理が有する政治的な性格をにわかに変化させること

は容易ではなく、また安保理が担う国際の平和と安全の確保及び平和の脅威と破壊の認定に関する機能を考えれば、その政治的な性格は今後も維持されると考えるのが妥当である。同時に、国際社会が直面する諸課題が複雑化し、安保理で取り上げられる議題も多様化する傾向にある中で、安保理がより積極的に行動することへの期待が高まっている現実もある。安保理における意思決定の過程と策定する決議の内容につき、審議過程の透明性を高めることを通じ、非安保理メンバーを含む国連加盟国の当事者意識を向上させ、実施に関与させることが、一見迂遠であるようではあるものの、現状においては決議の正当性を高める上で最も実効的な方法と言える。

III　制裁の拡大・精緻化に伴う実施の困難性

　狙い撃ち制裁は 1990 年代の導入以降適用の分野や対象を拡充し、発展してきた。その典型的な例が金融制裁である。経済・金融のグローバル化に伴い、様々な物資やサービス、資本の取引が緊密・複雑になるに伴い、制裁の実効性を高めるための金融関連の措置もより精緻なものとなってきた。こうした制裁措置は、制裁対象者（政府、個人、団体）による制裁の迂回手段が巧妙になることによって、一層詳細になり、複雑化した。国連加盟国は安保理決議に基づき広範な措置を導入し、実施することが義務付けられるが、制裁措置の内容が複雑化することにより、国内におけるその実効的な実施と維持は、安保理決議の履行に注力する意思と十分な能力を有する国々を除き、容易ではなくなっている。

　安保理においては、人の移動や物資の移転に関する規制に関し、狙い撃ち制裁を導入することで、制裁目的に資する対象に限定し、より実効性のある制裁にするための努力が続けられている。一方で、制裁の実効性を確保し、技術の移転を防止する観点から、移転に関与する個々人を対象とするのではなく研究者等の一般的な類型を対象とする制裁措置は拡大する傾向にある。そのため、安保理が発動する制裁を適用する基準や方法等を巡り、各国の当局が適切に判断を下し、実施に移す上で様々な課題に直面しているのが現状

である。

1　人の移動・物資の移転を巡る規制実施の課題

　狙い撃ち制裁の措置の対象範囲と内容は、制裁の抜け穴を塞ぎ、制裁対象となる国家、個人、団体等に対して禁止されたモノ、サービス及びカネ（資金）が移転しないようにするために、一貫して拡大してきた。国連安保理が決定する具体的な措置は、制裁対象国の特定個人[19]の出入国の禁止や移動の制限、当該者の資産凍結、送金の禁止といった措置に始まり、制裁対象品目の輸出入の禁止、関連する支払い等の資金決済の禁止等の広範な措置に及ぶ。資金の決済を巡っては、制裁の迂回手段を防止するために様々な措置が新たに導入され、複雑化しているが、伝統的な制裁措置とも言える人の移動の制限に関しても、制裁措置の完全な実施は容易ではない。

　その端的な例は、大量破壊兵器の開発に関連する技術の移転を防止するための科学者の入国の制限である。例えば、北朝鮮及びイランの核開発に関する一連の安保理決議においては、国連加盟国による北朝鮮及びイランの核兵器、ミサイル開発等に関与する科学者に対する技術等の提供を禁じている。そのため、原子力あるいは電子工学等の一定の分野の研究に従事する制裁対象国の研究者による研究内容へのアクセスが制限され、あるいは関連する専門的な知見を有する国連加盟国の研究者と制裁対象国の研究者との間の交流が制限されることもあり得る。ただし、物理学等を専攻する研究者等のいずれが、制裁対象国における核、ミサイル開発計画に関与するのか否かを判断することは容易ではない[20]。輸出管理の分野においては、機微技術や研究内容にアクセスし得る研究者の大学等での高等研究機関への参加を巡る種々の規制が各国において設けられているものの、その運用には様々な課題が生じている[21]。

　制裁対象の物資の輸出入管理について言えば、必ずしも武器等の用途が明確で限定されているものではなく、軍事用・民生用の用途の双方に使える汎用品（dual use item/material）に関する制裁措置の履行は容易ではない。とりわけ工作機械、電子機器、炭素繊維といった製造用機器や原材料は、様々な用

途に使用されることから、輸出入に際して当局が制裁対象となる活動に使用されるかを特定することには相当程度の技術的知見が必要となる[22]。

2 資金規制を巡る諸課題

　安保理決議に基づく制裁措置が発展するとともに、制裁を回避する手段も巧妙になってきている。そして、制裁回避の手段による抜け穴を封じるために新たな制裁措置が考案・導入され、その循環は、よく指摘されるように一種「いたちごっこ」の様相を呈している。金融分野の制裁に関しては、その傾向がとくに顕著である。資産凍結、送金の禁止等の措置については、様々な形でその規制を逃れる術が考案されてきた。資産凍結を回避する典型的な手段は、名義の異なる口座を開設することや、送金に際してフロントカンパニー（資金取引のみを目的として存在する事業の実態のない会社）を設け、制裁違反を構成する資金の移転を確保することなどである。

　制裁に基づく送金の禁止を回避するためには、口座間の送金を捕捉されないように、大量の現金（bulk cash）による資金の移動を行ったり、物資によるバーター取引を行うといった原始的な手段が取られたりすることもある[23]。また、外貨を調達するため、あるいは金融関連取引を管轄する政府当局の規制を逃れるため、ビットコイン等の仮想通貨[24]や、正規の金融機関を介さない、いわゆる地下銀行等による決済を行う例もあると言われる[25]。このように国境を超えた取引の規制に対しては、金融当局の目を逃れるための様々な方法が編み出されてきており、国連加盟国は次々と編み出される「制裁破り」の新たな手口に対応しなければならない。

3 決議実施に関する国連加盟国の人的・財政的・技術的制約

　安保理決議に基づき精緻化・複雑化する制裁措置への対応は、国連加盟各国、とくに税関や国境管理、資金監視等の業務に人的・財政的な観点から実施体制が十分整っているとは限らない途上国にとって容易ではない。

　例えば港湾における貨物検査の割合は、貿易実務上、全体の2、3%に過ぎないと言われており、実際の検査数の少なさをデータ等の分析による管理

手法（risk management）によって補っている。資金の送金に関しても、一日に発生する大量の取引・決済の中から、懸念を惹起するような送金先や取引関連情報の要素を抽出することにより、制裁違反となる取引等を阻止している。このような管理手法や抽出手法に関する知見を有していない各国の当局は、実効的な取り締まりを行う上で多大な困難に直面する。制裁に違反する取引の摘発の多くが、インテリジェンス情報に基づいて行われているのは、こうした制裁違反の疑義を生じる事案を把握することが容易でないことの傍証とも言える。

　また、様々な制約から制裁の実施に課題を抱える途上国は、制裁回避の実行地として利用されるリスクも高くなる。モノ、サービス、ヒト、カネの流れがグローバル化する現在の国際社会において、制裁の回避に限らず、組織犯罪による資金洗浄等の不法な取引は、国境管理等の脆弱な国や地域を狙うようになる[26]。取引の経路を複雑化させることで制裁の対象国や個人・団体の存在（具体的には貨物の仕向先や資金の移転先、人や技術の移転先等）を隠蔽し、取引の違法性を顕在化させないのは、制裁の迂回手段の典型である。このような取引の際には規制が厳しくない場所を積替港、中継地点等として使うことが少なくない。規制の厳しくない国等が取引の場所に選ばれるのは、当該国がそのような違法な取引の中継地点として使われる認識が少ない、あるいは規制するための実効的手段に乏しいことが背景にある。

　実際、安保理決議に基づく制裁に関し、途上国の実施能力の欠如がその実効性の大きな支障となっているとの指摘は少なくない。そのような課題に対処するために、例えば、安保理決議 1540 に基づく非国家主体に対する大量破壊兵器の拡散防止のための枠組みにおいて、能力構築（capacity building）の支援を必要とする途上国と、知見や資金を提供できる国々との間で支援の実施の仲介を行う機能が存在する[27]。また、安保理決議 1373 に基づくテロ対策のための能力向上についても、支援のための枠組みが存在する[28]。しかしながら、このような支援は、いずれも個別かつ短期的な支援であり、精緻化・複雑化する制裁の実施に十分対応できているとは限らない。上述のように巧妙化する制裁回避の手法への対応は容易ではない。また、そもそもの問

第 5 章　国連安保理制裁の変容と履行確保に関する最近の課題　97

題として実施能力を具備していない途上国の実施当局が、制裁対処の必要性を十分認識していないことが少なくないという現実もある[29]。このような制約要因がある中で、安保理決議に基づく制裁措置を国際社会全体が実効的に実施するためには、様々な実務的な課題が大きい。

4　制約下での漸進的な改善のための方策

　こうした現状において、安保理決議を通じて導入される措置に関しては、国際的なモノ、サービス、ヒト及びカネの流れがグローバル化している中で、国境管理や資金取引規制の脆弱な地点が制裁違反の行為に利用されてしまうことへの全ての国連加盟国の当事者意識を高めることが不可欠の前提である。その際には、安保理制裁に対応するための規制を拡充強化することが、自国がテロや不法取引、大量破壊兵器の拡散（あるいは攻撃）の対象とならないようにするという狭義の平和と安全の確保に限らず、地域における紛争の拡大を防止し、政情の不安定化を未然に防ぐことに寄与するといった視点が重要となる。同時に、大量破壊兵器や開発ミサイルの取引を含む違法な活動が各国の社会経済発展を阻害するといった、自国への攻撃とは関係のない、広義の平和と安全につながる視点を提示する必要もある。すなわち、拡充強化される制裁措置への対応をこのような広義の国際的な平和と安全の確保の問題として捉え、人権侵害や内戦、大量破壊兵器の拡散やテロを防止することのいずれもが、安保理決議に基づく人の移動や資金取引の規制、税関等の国境措置の強化を通じて達成可能であるとの考え方を示すことである。その上で、様々な支援措置を可能な限り包括的に行うことが、各国が置かれた人的・財政的制約の中で重要である。

IV　個別制裁と安保理制裁との関係

　国連安保理決議に基づく制裁は、各国が独自に導入する個別制裁によって補完・強化される関係にある。制裁の実施に積極的な国々が精緻かつ詳細にわたる措置を導入することにより、総体として安保理制裁の実効性が強化さ

れる一方で、一部の国々による個別制裁の導入が安保理による制裁の導入の
プロセスを複雑にしているとの指摘も存在する。

1　各国が導入する個別制裁の意義

　内戦等の紛争や人権侵害、大量破壊兵器の拡散等について、これらを国際
の平和と安全への脅威と認定し、国際社会が一丸となって国連安保理の下で
対処するのが安保理制裁である。ただし、安保理が本質的には政治的な機関
であることから、安保理メンバー、とくに常任理事国の間で意見の一致が見
られない場合には、安保理決議が採択されないことになる。このような事態
は冷戦当時には頻発し、その後も最近のシリア内戦の例を挙げるまでもなく、
様々な国際問題において生じている。安保理における議論が膠着状態となる
場合、あるいはそれ以前の段階から、特定国における紛争や人権侵害、大量
破壊兵器の拡散等の問題を深刻視する国が、独自にまたは他国・地域と連携
して制裁措置を導入することは少なくない。

　金融分野に関する具体的な例としては、北朝鮮の核・ミサイル開発等に対
して米国、EU及び日本が導入した措置が挙げられる。これらの国・地域に
よる措置は、安保理決議よりも多くの個人・団体を制裁対象として指定して
おり、また、措置の内容も、安保理決議において規定されている内容よりも
幅広い[30]。これは各国・地域がより実効的な措置を導入する上で不可欠と考
えている制裁の対象と措置の内容が、より広範なものであるからである。

　このような各国による独自の制裁措置は、安保理による制裁措置を実質的
に拡充・強化する上で有用である。当初安保理決議を通じて導入できなかっ
た措置について、その後当該措置が有効であると認識された場合、あるいは
爾後の国際情勢の変化等に伴い、安保理メンバーが合意した上で導入するこ
とは少なくない。北朝鮮に対する制裁については、例えば、当初米国、EU、
日本等による制裁の指定対象となった個人・団体が、その後安保理の指定の
対象となったことや、北朝鮮による核実験等を受け、安保理決議に基づく新
たな措置として各国が独自に実施している制裁措置が導入されることもある。
このように安保理決議に基づき導入される措置のいわば先鞭をつける形で、

各国による個別制裁が機能している。

2 個別制裁が安保理制裁の実施を複雑化させる要因

その一方で、一部の国々の独自の決定による個別制裁については、その導入が政治的な動機に基づいている、あるいは他国に特定の行為を強要する一方的な措置であり、正当性に欠けるという批判は根強く存在する。こうした批判は 1990 年代後半以降の NAM 諸国による首脳宣言においても繰り返し指摘されている。実務面では、安保理制裁と個別制裁の対象が同一だった場合、制裁対象となった特定の国における内戦や紛争、人権侵害や大量破壊兵器の拡散防止のためにとるべき輸出入管理、資金取引規制、人の移動等の制限に関する措置が、安保理決議に基づく義務のものと、他国（個別制裁を導入している国々）との協力として行うものとの間で異なるという事態も発生する。さらに、モノやサービスの輸出や中継貿易等において、制裁措置に関する義務や協力の要請が複層的に存在することは、事業者だけでなく、制裁措置の実施に際し、ノウハウや人的・財政的資源に制約がある国々にとっても、実務上の困難を惹起し得るとの批判がある。

各国が独自に導入する制裁措置に対し、第三国に当たる他国が協力することは必ずしも法的な義務ではない。しかし、金融制裁等の分野では、個別制裁を導入している国で事業を行っている企業等は、法令遵守の一環として当該国が導入した個別制裁に措置に即した行動をとる必要がある。制裁の実施に際してはこのように個別の国毎に各企業等の執る措置が異なり得ることから、個別制裁と安保理制裁の並存によって義務が複層化する状況が生じないようにする必要がある。

個別制裁が安保理制裁に先立って導入されるタイミングに注目すれば、各国が個別制裁により資産凍結や送金停止等の金融関連の措置を導入した場合、安保理決議によって同様の措置が導入される前に、制裁対象者によって制裁回避手段が講じられてしまうリスクを生むとの指摘もある。すなわち、制裁を逃れようとする主体が、先行して導入される個別制裁に対応した制裁回避手段を考案することにより、後発の安保理決議により全世界規模で導入され

る制裁措置の実効性が失われる可能性がある。様々な品目を対象とする制裁措置についても同様に、一部の国による個別制裁の導入を経て、他の大多数の国が安保理決議を通じて同様の措置を導入する前に、他の代替的な物資の輸出入等の手段を考案し、制裁対象国や個人・団体が適応してしまう点は、すでに多くにより指摘されている[31]。

3 安保理決議に基づく制裁措置を導入する意義

こうした個別制裁に対処する制裁回避手段の巧妙化故に、安保理決議による措置が有名無実化していると考えるのは早計である。確かに、一部には安保理決議により、制裁対象者が指定される前に各国の個別制裁が導入されることから、資産凍結や送金停止の際に必要となる「奇襲の要素」が損なわれてしまうため、安保理制裁の実質的な効果には乏しいとの見方がある[32]。しかしながら、各国の個別制裁により、特定の個人や団体が制裁対象として特定され、それを回避するために新たな口座や資金取引の手段が考案されたとしても、安保理決議に基づき国連加盟国全体が当該個人・団体等に対して必要な措置を講じる義務を負うことは過小評価すべきではない。制裁回避のため、当該個人・団体が変名・別名を利用し、フロントカンパニーを設立したとしても、国際社会全体が安保理決議を通じて当該個人・団体による制裁違反を構成する行動を容認しないとの姿勢を鮮明にすることは、その後の制裁違反行為の捜査・摘発に向けた協力を促進する上で大きな意義を有する。

安保理による制裁措置と各国が個別に導入する制裁措置の関係については、安保理の意思決定の方式等に批判があったとしても、国連による制裁措置の方が政治的な中立性を有していることは確実である。しかし、安保理が意思決定に時間を要したり、導入できる措置が十分ではない可能性も少なくないところ、個別制裁が補完的に安保理制裁の実施に役立てられることが、制裁の実効性強化の観点からは望ましい。したがって、個別制裁による措置の導入と安保理決議による措置の追随から派生する実務上の問題については、制裁対象となる個人・団体の特定や具体的な措置の内容の特定に関し、可能な限り安保理メンバーと非安保理メンバーとの間での調整（具体的には情報交換

や知見の共有等）を実務的な形で進めることにより、改善・対処すべきと考えられる[33]。

　また、政治化する可能性が高い安保理決議の実施を巡る国際的な議論においても、国境管理、資金取引規制等の実務的な要素については、制裁委員会及び専門家パネルにおける検討内容が、国連加盟国の実務当局による対応に反映されるようにすることが重要である[34]。各国による個別制裁については、その先駆性に関する意義を認めるとともに、右に対する批判や他国による個別制裁の実施に際して実務的な課題についても認識することが、上述したとおり、安保理制裁への正当性を確保する上でも不可欠である。

V　おわりに──効果的な制裁実施への展望

　本章では、国連安保理決議に基づく制裁措置に関し、その変化の傾向と実施に当たっての実務的な観点からの課題を概観した。1990年代以降に導入された狙い撃ち制裁については、制裁対象国における無辜の市民や周辺国への経済的な打撃を限定するために、可能な限り対象を特定する努力がとられたものの、制裁措置の実効性を高める観点から、その対象範囲と措置の内容は一貫して拡大してきている。制裁逃れを防止するために、着実に拡充強化される安保理決議に基づく制裁措置は、途上国のみならず、先進国にとっても完全な履行が容易ではない。さらに、常任理事国間の政治的な対立等を理由に安保理決議が採択できない時期に導入されることの多い一部の国々による個別制裁は、その実施に際し他国に実務上の負担を強いるおそれもある。本章においては、こうした諸課題に関し、実務的な観点から一定の改善の方向性を示唆した。

　このような安保理決議実施に当たっての諸課題はあるものの、国際の平和と安全の確保に一義的な責任を有している安保理が、非軍事的な措置である安保理決議に基づく制裁を今後も必要に応じて導入し、措置の内容を発展させていくことは確実である。安保理がメンバー間の政治的な対立を理由に機能不全に陥っているとの批判は少なくないが、現行の国連憲章の下では、国

連加盟国が取り得る軍事的措置ではない行動で最も効果的なものが、安保理決議に基づく非軍事的措置であることに異論は少ない。各国が個別に導入する制裁措置も併用され得るが、その正当性に対する疑義や政治性に対する批判が強いことは本章において示したとおりである。

安保理が十分効果的な措置を講じ得ない場合に、各国の個別制裁を補完的に安保理制裁の実施の強化に役立てることが、制裁の実効性を確保するとの実務的な観点からは望ましい。また安保理制裁には、個別制裁にはない措置の普遍性や義務性といった意義が存在する意義が存在する。ただし、このような相互補完関係の意義を見出すとしても、II. において触れた通り、安保理決議の外見的な法的拘束力が国連加盟国による義務の履行を無条件に保証するものではないことを十分踏まえる必要がある。そして、決議の採択を巡る議論や意思決定の過程により多くの国連加盟国の意見を反映するような努力を続けることに加え、決議の実施に当たっての課題を共有し、右に対して必要な支援を行うといった地道な取り組みが不可欠である。

国連による安保理制裁は、安保理の政治性故に生じる NAM 諸国からの批判や迅速な対応の困難性といった現実的な制約を抱えつつ、様々な方法でその機能を拡充・強化させてきている。精緻化・複雑化する安保理制裁の的確な実施には、途上国のみならず先進国も様々な課題を抱えているが、制裁の実効性を高める上で先駆的な役割を果たす個別制裁との相互関係も把握した上で、その発展の経緯を評価することが重要である。

注

1　筆者は 2010 年から 2013 年まで、ニューヨークの国際連合日本政府代表部に勤務し、安保理における北朝鮮及びイラン制裁並びに軍縮不拡散問題を担当した。本稿は、当時及びその後の 2013 年から 2016 年の間の内閣法制局勤務当時の条約・法令審査の知見を踏まえたものであるが、その内容はあくまでも個人の見解であり、日本政府を代表するものではない。

2　国際連盟規約第 15 条においては、金融・通商・交通の断絶等が導入され得るべき措置として規定されている。国際連盟当時の制裁の概要については、本多美樹「国連による経済制裁と人道上の諸問題—「スマート・サンクション」の模索」（国際書院、2013 年）37-39 頁。

3　1988 年のリビアによるパンアメリカン航空 103 便の爆破にリビアの情報機関メンバー

2 名が関与したとされ、容疑者の引き渡しを拒否したリビアに対して安保理が 1992 年 1
月及び 3 月にそれぞれ決議 731 及び 748 を採択した。

4　イラクによるクウェート侵攻を受け採択された安保理決議 660 において、イラクによる
侵攻を非難し、無条件の撤退を要求した。その後イラクが決議 660 を履行していないと
して、安保理決議 661 が採択され、同決議において国連加盟国に対してイラク及びク
ウェート発の物資の輸入の禁止やイラク及びクウェートへの資金の流入の禁止を要求し
た。その後さらに採択された決議 678 において、国連加盟国がイラクのクウェートから
の撤退を実現するために必要なあらゆる措置（軍事行動を含むことが含意される）を執
ることが容認された。

5　1966 年以降、国連安保理は 26 の制裁レジームを設立しており、南ローデシア、南
アフリカを除けば、全て 1990 年代以降に導入されている。その内訳は次の通りである：
旧ユーゴスラビア、ハイチ、イラク、アンゴラ、シエラレオネ、ソマリア、エリトリア、リ
ベリア、コンゴ民主共和国、コートジボワール、スーダン（2 種類）、レバノン、北朝
鮮、イラン、リビア（2 種類）、ギニアビサウ、中央アフリカ、イエメン、南スーダン、マ
リ、ISIL、アルカイダ、タリバーン（2 種類）。出典：国連安保理ホームページ（https://
www.un.org/sc/suborg/en/sanctions/information　2018 年 1 月 28 日アクセス。）

6　非同盟諸国運動（NAM）は 2016 年現在、120 の加盟国と 10 のオブザーバーから
構成される。その内訳は、アフリカ 53 カ国、アジア 39 カ国、中南米 26 カ国、欧州
2 カ国。そのほかにオブザーバー 17 カ国、10 国際機関が会合に参加している。NAM
の概要については種々の資料が存在するが、途上国自身の視点から説明したものとして、
インド外務省が公表している非同盟諸国運動の歴史と発展に関する記述参照（2012 年
8 月公表。http://mea.gov.in/in-focus-article.htm?20349/History+and+Evolution+of+NonAli
gned+Movement　2018 年 1 月 28 日アクセス。)

7　2015 年現在で国連加盟国 193 カ国中、イラン制裁委員会対する国別報告書の提出
状況は、106 カ国とほぼ半数に留まっており、未提出国の全てが途上国である。詳細に
ついては、石垣友明「途上国と国連安保理制裁決議の正当性と実効性―カディ事件を
素材として―」『国際法研究』4 号（2016 年）89-92 頁。

8　一連の非同盟諸国運動（NAM）の首脳宣言において、安保理の代表制の問題や
一部の国による政治的意図の強要であるといった批判は繰り返し行われている。詳細
は、石垣「前掲論文」（注 7）92-93 頁。今後引用する NAM の首脳宣言及び関連文
書については、特に別段の注記がない限り、基本的に米国のミドルベリー国際関係大学
院（MIIS）の非同盟諸国運動関連文書データベースから入手（出典：http://cns.miis.
edu/nam/index.php/site/documents?forum_id=5&forum_name=NAM+Summits&doctype_
id=7&doctype_name=Official+Documents　2018 年 1 月 28 日アクセス。)。

9　1965 年 11 月の南ローデシアによる一方的独立宣言を契機とするローデシア紛争の初
期においては、白人優位政策を標榜するスミス政権の一方的な独立宣言を非難する安
保理決議 216 が採択された。ただし、一部のアフリカ諸国は、宗主国である英国の対
応が不十分であるとして、更なる決議の採択を要求し、これに英国等が反対した経緯が
ある。最終的にはアフリカ諸国の主張の一部を容れる形で 1966 年 12 月に決議 232 が

採択された。決議採択までの事実関係については、「わが外交の近況第 11 号（1967 年）」参照（http://www.mofa.go.jp/mofaj/gaiko/bluebook/1967/s42-2-2.htm　2018 年 1 月 28 日アクセス）。南ローデシアに対する安保理制裁の詳細については、吉村祥子『国連非軍事的制裁の法的問題』（国際書院、2003 年）113-121 頁。

10　南アフリカ制裁の事実関係については、吉村『前掲書』（注 9）121-128 頁。1983 年 NAM 首脳宣言政治文書パラグラフ 53 では、次の通り安保理が包括的な制裁を執っていないとの懸念を示し、各国からの南アフリカへの支援を停止することを求めている。The Conference expressed deep regret that the Security Council has time and again been prevented from imposing comprehensive and mandatory sanctions under Chapter VII of the Charter. It urged all Governments and international organizations to sever contacts with the racist regime of South Africa. The Heeds of State or Government called for a cessation of all assistance to South Africa by the International Monetary Fund and other United Nations specialized agencies, as the granting of such assistance and credits has been used by the Pretoria regime to meet its increasing expenditure for military and repressive purposes directed against the majority population.

　　また、先行する 1973 年の首脳宣言においては、南アフリカのアパルトヘイト政権を支援しているとして、米国、英国、仏、独を批判している。Further condemns the continued economic, financial and military assistance given to South Africa by certain NATO powers, in particular the United States of America, France, the Federal Republic of Germany and the United Kingdom, thereby enabling the government in Pretoria to maintain and reinforce its policy of repression and apartheid;

11　1979 年 NAM 首脳宣言政治部分パラグラフ 42 から 50。同宣言においては、次のように各国がアパルトヘイトを実施している南アフリカに対して石油の禁輸を行うべきと表明している。The Conference called upon all non-aligned oil-exporting countries to prohibit the sale of their oil to South Africa and to Institute and/or intensify efforts to monitor the final destination of their oil. The Conference further requested the oil-exporting countries of the Non-Aligned Movement to penalize the oil companies guilty of supplying 011 to the racist apartheid regimes.

12　1992 年 NAM 首脳宣言第 2 章パラグラフ 32 参照。

13　1992 年 NAM 首脳宣言第 2 章パラグラフ 33 参照。

14　1992 年 NAM 首脳宣言第 3 章パラグラフ 29、30 参照。

15　1995 年 NAM 首脳宣言パラグラフ 59、172 参照。

16　石垣「前掲論文」（注 7）92-99 頁参照。

17　石垣「前掲論文」（注 7）94 頁参照。

18　詳細については、石垣「前掲論文」（注 7）107-112 頁。

19　主に大量破壊兵器の開発・製造や内戦等の紛争の指揮・指導、人権侵害といった政策の主導的な立場や支援を行う立場にある者を対象とする。

20　このような研究機関における機微情報のアクセスを巡る議論は、日本国内でも具体的な問題となっている。例えば、イラン国籍の原子力関係の研究者の大学での研究が認

められなかった件につき訴訟となった事例がある。東京高裁平成 23 年 (ワ) 第 20511 号。当該事案においては、第一審の東京地裁では入学を認めなかった大学側の対応が違憲であると判断された。2011 年 12 月 20 日付日本経済新聞 (http://www.nikkei. com/article/DGKDZO37423540Q1A221C1CR8000/、2018 年 1 月 28 日アクセス)。なお、この事案では、その後大学側との和解が成立し、当該研究者は大学での研究が認められた。

21 最近の各国における動向についてまとめたものの例として、「欧米主要国の安全保障輸出管理との比較から見る我が国の大学における研究活動の制約と解決の方向性について」CISTEC Journal (2013 年 11 月) No. 148

22 こうした判断の要否は、汎用品ではない銃器であっても、人権侵害に使用されるか、治安維持のために必要なものであるかを巡る際にも当てはまる。

23 北朝鮮に関する安保理決議 2094 パラグラフ 11 及び 14 参照。UNSCR/Res/2094 (2013)

24 Yuji Nakamura and Sam Kim, "North Korea Is Dodging Sanctions With a Secret Bitcon Stash" *Bloomberg Businessweek* (September 12, 2017.) Dune Lawrence, "North Korea's Bitcoin Play" *Bloomberg Businessweek* (December 15, 2017.) Aatif Sulleyman, "Bitcoin price surge may be helping North Korea raise money amid heavy global sanctions" Independent (December 12, 2017.) Ryan Browne, "North Korea appears to be trying to get around sanctions by using hackers to steal bitcoin" *CNBC.COM* (September 12, 2017.)

25 ジェトロ中国北アジア課「2016 年度　最近の北朝鮮経済に関する調査」独立行政法人 日本貿易振興機構 (2017 年 3 月) 81 頁

26 イラン制裁委員会において問題となった、ナイジェリアでの大量の武器が船舶 (MV Everest 号) から発見された事案は、同国の危機意識を高める上で大きな影響を有したとされる。石垣「前掲論文」(注 7) 106-107 頁。

27 市川とみ子「大量破壊兵器の不拡散と国連安保理の役割」村瀬信也『国連安保理の機能変化』(東信堂、2009 年) 63-64 頁。

28 古谷修一「国際テロリズムに対する国連安保理の対応—立法的・行政的機能の拡大」村瀬『前掲書』(注 27) 47-51 頁。

29 その背景には様々な要因が挙げられるが、自国が違法な取引の中継地・仕向地として認識されていないというものから、安保理決議に基づく義務の詳細を実務当局が把握していないというものまである。

30 北朝鮮に対する制裁については、米国は北朝鮮向けの貿易を基本的に許可制としており、また日本は原則として輸出入を禁止している。安保理決議 1718 において北朝鮮への奢侈品の輸出を制限したものも、北朝鮮において奢侈品が核ミサイル開発を進める体制の維持強化に利用されているとの考えに基づくものである。この安保理による奢侈品の輸出制限は、日本による個別制裁措置である全面的な貿易停止とは別個の措置ではあるものの、ほぼ同時期に導入されたものである。

31 John Park, Jim Walsh, "Stopping North Korea, Inc.: Sanctions Effectiveness and Unintended Consequences," *MIT Security Studies Program*, (August 2016) at http://web.

mit.edu/SSP/people/walsh/Stopping%20North%20Korea%20Inc_Park%20%20Walsh_ FINAL.pdf（as of March 20, 2017）. Park 及び Walsh の関心分野を一層理解できる論考 としては、Jim Walsh, John Park, "To Stop the Missiles, Stop North Korea, Inc.," *New York Times*（March 10, 2016）を参照。

32 Kiho Cha, Tilo Stolz Wammes, "United Nations Security Council Sanctions and the Rule of Law: Ensuring Fairness in the Listing and De-listing Process of Individuals and Entities Subject to Sanctions", *Weatherhead Journal of Diplomacy and International Relations*, Vol. 13, 2012, pp. 133-152. 参照。

33 新たな制裁措置を含む安保理決議の採択は、大規模な戦闘や人的被害、核実験 等の制裁違反行為が発生しないとその契機が高まらない側面があることは否定できない。 そのため制裁対象リストが追加されない時期に個別制裁が導入されるという傾向がある。 こうした安保理における議論の政治化は否定できない現実であるが、安保理の下部機 関である制裁委員会及び専門家パネルが作成する専門家パネル報告書を通じて、違反 事例の蓄積・分析を行い、制裁対象リストの追加及び措置の導入についての実務的な 検討を行うことは重要である。

34 専門家パネルの各国訪問や日本が毎年開催しているアジア輸出管理セミナーにおけ る制裁委員会専門家パネルの招請等なども一つの例として挙げられる。最近の例では、 2017 年 2 月 21 日から 23 日にかけて開催された会合に北朝鮮制裁委員会の専門家パ ネルメンバーが参加した。（http://www.mofa.go.jp/mofaj/dns/n_s_ne/page3_002004.html 2018 年 1 月 28 日アクセス。）

第6章　日本における国連金融制裁の履行

福島俊一[1]

I　はじめに
II　日本における国連金融制裁の実施状況
　　1　概観
　　2　外為法の沿革
　　3　外為法による行為・取引規制の類型
　　4　外為法の規制発動要件とその変遷
　　5　許可義務の実効性確保
　　6　外為法が国連金融制裁の主たる担保法となった経緯
III　外為法に基づく措置の課題
　　1　射程をめぐる課題
　　2　確認義務をめぐる課題
IV　包括的な制裁法に関する考察
V　おわりに

I　はじめに

　日本において、安保理決議に基づく経済制裁の措置は、その内容を最も適切かつ実効性ある形で実現できる国内法（国内担保法）を当てはめることによって実施されている。

　安保理決議が対象とする経済制裁は、その規制を課す対象によって、ヒト・モノ・カネに大別することができるが、措置の内容と日本における対応状況を要約すると次のとおりとなる。

　ヒトに関する制裁は、制裁対象国の国籍を有する者の入国や通過、自国民の当該国への渡航を規制するもので、日本では主に、法務省や外務省等が、

出入国管理及び難民認定法（入管法）[2]等に基づき実施している。

モノ（貨物・技術）に関する制裁は、制裁対象国との間の貨物の輸出入及び当該国への特定の技術の移転を制限するものである。貨物に関しては、規制対象を特定品目に限定するものもあれば、貿易を全面的に禁止するものもある。いずれも日本では、経済産業省等が外国為替及び外国貿易法（外為法）[3]に基づき実施している。また、モノの規制を補完する措置として、領海を通過する船舶等に対する検査があり、日本では海上保安庁や財務省（税関）が、いわゆる北朝鮮貨物検査法[4]や関税法[5]等に基づき実施している。

ヒトとモノの双方の移転を物理的に規制する制裁としては制裁対象国の航空機や船舶の着陸や入港の規制があり、日本では、国土交通省等が、航空法[6]や特定船舶の入港の禁止に関する特別措置法（特定船舶入港禁止法）[7]等に基づき実施している。

そして、カネ（資金）に関する制裁は、制裁対象者が自国領域内に保有する金融資産等の処分や移転を制限し（資産凍結）、また制裁対象者への資金移転等を規制するもので、日本では、主に財務省が中心となって外為法等に基づき実施している。

本章では、これらのうち、カネの流れを規制することによって行われる安保理決議に基づく措置（国連金融制裁）の日本における実施状況を概観した上で、その課題について、分析と考察を試みる。

II　日本における国連金融制裁の実施状況

1　概観

国連金融制裁は、1968 年 5 月に採択された安保理決議 253 において、南ローデシア（現在のジンバブエ）で不法に独立を宣言した政権（illegal regime）に対する資金移転を禁じたものが嚆矢とされる[8]。

近年の決議を見ると、法的拘束力を有する decide という文言で始まる条項で規定された措置だけを見ても、その対象は資産凍結や制裁対象者への資金移転だけでなく、特定国の核・ミサイル開発等に寄与する目的で行う資金

第 6 章　日本における国連金融制裁の履行　109

表 6-1　国連安保理決議に基づく主な金融制裁措置

制裁措置（注 1）	主な安保理決議	実施根拠法
資産凍結	1267、1373、1718、2231 等	外為法
特定の活動等に寄与する資金移転の禁止	1874、2231	外為法
金融サービス提供の禁止	1874	外為法
銀行のコルレス関係の開始・維持の禁止	2270	外為法
特定国との間の貴金属の移転の禁止	2270	外為法
特定国向けの大量の現金移転への警戒	2321	外為法
制裁対象国における銀行の支店開設等の禁止	2270	銀行法（注 2）
制裁対象国の銀行の支店開設等の禁止	2270	〃

（注 1）決議における義務的な措置（decide で始まる条項）のみ。現在発動している金融制裁の全体像及び詳細は財務省ホームページを参照 http://www.mof.go.jp/international_policy/gaitame_kawase/gaitame/economic_sanctions/list.html（アクセス日：2018 年 1 月 4 日）。
（注 2）銀行法及びその下位法令に制裁対象国等は明記されていないが、仮に申請があれば内閣総理大臣の認可・免許の運用で対応。

移転（資金使途規制）、特定の銀行とのコルレス関係、制裁対象国の銀行の支店設置など多岐にわたる。安保理決議に基づく主な金融制裁措置は**表 6-1** に示すとおりで、これらの措置のほとんどは外為法により実施されている。

2　外為法の沿革

　外為法は、クロスボーダー（本邦と外国の間又は居住者と非居住者[9]の間）で行われるカネ及びモノの移転を規律することを主たる内容とする対外取引の基本法である。

　日本の対外取引の規制は、1931 年（昭和 6 年）に制定された資本逃避防止法[10]を淵源とするが、現在の外国為替に関する制度の骨格は第 2 次世界大戦後の 1949 年（昭和 24 年）に制定された「外国為替及び外国貿易管理法」（旧外為法）によって形作られた。

　旧外為法の下、対外取引は政府による一元的な管理の下に置かれたが、その後、日本経済の復興・発展に伴って順次緩和され、1980 年（昭和 55 年）及び 1998 年（平成 10 年）の 2 度にわたる大改正を経て今日に至っている。現行外為法は、対外取引の原則自由（第 1 条）を基調とする一方、所定の要件に該当する場合に限り、主務大臣の許可制等により規制できる（有事規制）

しくみとなっている。

　外為法は制定当時、「輸出入の管理なくして為替の安定は期し難い」と考えられたことから[11]、ひとつの法律でカネとモノの移転の両方を規律している。政府が外貨の保有を管理し、外貨予算の範囲で輸入を行っていた当時、貿易管理と為替管理は一体と考えられたわけであるが、外貨予算制度は、1964年（昭和39年）に日本がIMF8条国[12]へ移行するのに伴って廃止され、貿易管理もまた漸次自由化されて、その後、為替と貿易の規制は別々の変遷を辿ることとなった。

　貿易管理は、日本における特定の財の需給や生産能力等との関係で調整が行われるほか、武器又は武器転用可能な貨物については、第2次世界大戦後に構築された国際的な安全保障輸出管理レジームを基調としている。当該レジームは対象となる貨物や技術によって分かれている。具体的には、ハイテク物資は対共産圏輸出統制委員会（Coordinating Committee for Multilateral Export Controls, COCOM）、大量破壊兵器関連物資は原子力供給国グループ（Nuclear Suppliers Group, NSG）、化学・生物兵器及びその関連設備はオーストラリア・グループ（Australia Group, AG）、そして、ミサイル技術はミサイル技術管理レジーム（Missile Technology Control Regime, MTCR）である。これらのうち、冷戦構造を前提に導入されたCOCOMに基づく規制は、1996年に設立されたワッセナー・アレンジメント（Wassenaar Arrangement, WA）に基づくキャッチオール規制を基本とするものに置き換わっている。

　翻ってカネの規制に関しては、輸出管理に相当する国際的に統一されたレジームは存在しない。輸出管理は、その貨物や技術の特性や属性によって、用途や使途の範囲がある程度絞られることから、即物的に実施することが可能であるが、カネについては、文字通り、色がついていないことから、その取引に関与する者の属性、資金の使途、送金先の国・地域や送金相手、取引形態の経済合理性等の「周辺情報」から、その移転に対する規制の要否を判断しなければならない。カネとモノに係る規制の変遷の違いを敢えて理由づけるならば、こうした両者の本質的な違いにあると言える。しかし、カネの移転は、上記のような属性に基づく絞り込みを行ってもなお、取引・行為当

事者の意思を確認しなければわからないものもあり、ここに金融制裁の難しさと奥深さがある。

このようなモノとカネの規制をめぐる変遷やその本質的な違いから、両者を外為法というひとつの法律ではなく、別々の法律に分離して規制すべきではないか、という考え方もあるだろう。確かに、外為法制定時に想定された、外貨管理のために中央政府がモノとカネの出入りを一元的に規律するという前提はもはや存在しない。それでも、〈本邦と外国〉という、国境を基準に取引・行為を規律するアプローチには、引き続き一定の合理性があると考えられ、この限りにおいて、現行外為法の適用や運用に当たって、ひとつの法律であることに起因する特段の障害は生じていない。他方、カネや軍事転用可能な特定技術の移転（外為法第25条1項の規制対象）に係る規制で外為法が用いている〈居住者と非居住者〉という概念・区分に関しては、ヒトの移動を含め、ボーダーレス化やシームレス化が加速する中にあって、より効果的な捕捉及び規制のための方法を検討する必要性が高まっている。

3　外為法による行為・取引規制の類型

日本において、国連金融制裁は、主に外為法の支払及び資本取引に関する規定を適用することにより実施されている。

支払（第16条）とは、現金等の支払手段の移転又はそれと同等の経済効果をもたらす行為である。銀行を通じた送金が代表例であるが、銀行を介さずに当事者間で行う支払手段の授受や債権・債務の相殺も外為法上は支払と観念される[13]。資本取引（第20条）は、支払のもととなる債権・債務の発生・変更・消滅を生ぜしめる法律行為で、預金契約、金銭貸借契約、保証契約、金融デリバティブ取引などを内容とする。

資産凍結は、今日、国連金融制裁の代表的かつ中心的な措置であるが、外為法では、支払の許可制によって制裁対象者に対する支払及び制裁対象者が行う支払を禁止するとともに、資本取引の許可制（第21、24条）によって、制裁対象者と本邦にある銀行の間の預金取引等（すなわち、預金口座の開設、既存口座からの引出しや他の口座への振替）を禁止することで手当てしている。

また、支払に対する規制の潜脱を防止するため、現金や貴金属の国境を越えた持出し・持込みについては、別途、財務大臣の許可制で規制できるしくみを有する（第19条）。安保理決議2270に基づく北朝鮮を目的地又は通過地とする貴金属の移転禁止措置は、この規定に基づき手当てしている。

外為法は、支払・資本取引のほかに、居住者による外国法人の株式等の取得（対外直接投資・第23条）、外国投資家による本邦法人の株式等の取得（対内直接投資・第26、27条）、そして居住者が非居住者との間で行う役務取引（労務又は便益の提供・第25条5、6項）の規制に係る条項を有する。しかし、上述の支払及び資本取引の許可制によってカネの流れ（キャッシュフロー）の規制が可能であることから、対内・対外直接投資や役務取引の条項が安保理決議を実施するために適用されることはほとんどない[14]。

以上見てきた外為法の規制とその発動要件を整理すると**表6-2**のとおりである。

4　外為法の規制発動要件とその変遷

外為法上、支払と資本取引の許可制の発動要件は3つある。

第一の要件は、主務大臣[15]が「条約その他の国際約束を誠実に履行するために必要があると認めるとき」というものである（外為法第16条1項など、以下「第1要件」）。この要件は法的拘束力を有する安保理決議の条項（decideという文言で始まる条項）にのみ適用される。一方、法的拘束力がないとされるcall-upon等の文言で始まる安保理決議の条項を実施する場合には、外為法第16条1項などの規定にある、主務大臣が「国際平和のための国際的な努力に寄与するため特に必要があると認めるとき」という要件（いわゆる国際協調に関する要件、以下「第2要件」）が用いられる。

この第2要件が導入された背景には日本の苦い経験がある。1990年8月2日のイラクによるクウェート侵攻の際、日本を除くG7各国は、クウェート国内にある資産又はイラクに窃取されたクウェートの資産を保全するため、いち早く両国に対する資産凍結措置を講じた。しかし、当時の外為法には上記の第1要件しかなかったため、同年8月6日に資産凍結措置を含む安保

第 6 章　日本における国連金融制裁の履行　113

表 6-2　外為法が対象とする行為・取引と規制の体系 (注 1、2)

行為・取引類型	原則（平時）	有事規制	有事規制の発動要件	
支払（16）	報告（55）	許可（16）	①条約その他の国際約束の誠実な履行 ②国際平和のための国際的な努力への寄与 ③日本の平和・安全の維持（閣議決定が要件） （注）このほか経済有事に係る要件がある。	
資本取引（20、21、24）	報告（55 の 3）	許可（21、24）		
役務取引（25 ⑤，⑥）	―	許可（25 ⑥）		
対外直接投資（23）	届出（23）／報告（55 の 3）	変更／中止命令（23）	いずれかの事態が生ずるおそれがある場合	①日本経済の円滑な運営への支障 ②国際の平和・安全の毀損 ③公の秩序維持の妨げ
対内直接投資（26、27）	届出（27）／報告（55 の 5）	変更／中止命令（27）		①国の安全の毀損 ②公の秩序維持の妨げ ③公衆の安全の保護への支障 ④日本経済の円滑な運営への支障
支払手段・証券・貴金属の輸出入（19）	届出（19 ③）	許可（19 ①②）	外為法及び外為法に基づく命令の確実な実施の確保に必要があると認めるとき	

(注 1)（　）内の数字は外為法の該当条項を示す（○の数字は項番号）。
(注 2) 国連経済制裁に関係するもののみ。

理決議 661[16] が採択されるまでの間、法令に基づく資産凍結措置を講ずることができず、暫定的に、銀行や証券会社に対する行政指導により対処するほかなかった[17]。第 2 要件は、この反省から、1998 年の改正で追加されたものである。

　実務において、この第 2 要件の「国際的な努力」は、当初、日本以外の G7 メンバー（米英独仏伊加）が同様の措置を講ずることを前提に運用していたが、近年の北朝鮮やロシアに対する制裁においては、米国など主要国との二国間の協調による措置にも用いている。

　第 3 の要件は、「主務大臣が我が国の平和及び安全の維持に特に必要があると認めるとき」である（法第 10 条 1 項）。これは、2004 年の議員立法による外為法の一部改正により追加されたもので、これにより、国際的な枠組み

（第 1、第 2 要件）がなくとも、日本独自の判断（閣議決定）で所要の制裁措置を発動できることとなった。現在、この条項に基づき、北朝鮮との輸出入の全面禁止措置を実施している[18]。

5　許可義務の実効性確保

いかなる規制も、その実効性が確保されなければ画餅にすぎない。外為法の支払・資本取引に係る許可制の実効性は、違反者に対する刑事罰の規定（外為法第 9 章）に加え、銀行等[19]に対し、顧客の委託を受けて行う送金や預金口座の開設等が主務大臣の許可を要するものでないか、また該当する場合には許可条件を具備しているか否かを確認する義務（確認義務）を課すことによって担保されている（第 17 条）。

この確認義務は、対外取引が、「究極的には、外国との間の送金や通貨の売買に帰する」[20]という前提の下で、こうした取引を仲介する銀行等を「ゲートキーパー」と位置付け、法執行の役割を委ねているものである。銀行等における確認義務の履行状況は、財務省が、外為法に基づく立入検査（オンサイト）及び報告徴求等を通じた監督（オフサイト）を通じてモニタリングしている。財務大臣は、確認義務の履行が不十分な銀行等に是正措置を命ずることができ（第 17 条の 2）、この命令に違反した銀行等は刑事罰の対象となる（第 70 条 1 項 5 号）[21]。

6　外為法が国連金融制裁の主たる担保法となった経緯

上述の沿革で見たとおり、外為法は、本来、為替管理の実施や主に経済事由による対外取引の規律を目的に制定されたもので、上述のイラク制裁などの例はあっても、国連金融制裁の主たる国内担保法となることが当初から必ずしも想定されていたわけではない[22]。

しかし、1999 年 10 月にタリバーン及びアルカイダ関係者への資産凍結を内容とする安保理決議 1267 が採択され、さらに 2001 年 9 月には、米国同時多発テロ等を契機にテロリストの資産凍結措置を内容とする安保理決議 1373 が採択されたことを受けて、テロリスト等に対する資産凍結措置が頻

繁に行われることととなり[23]、この結果、外為法が資産凍結措置の主たる根拠法となって今日に至っている。

2001年当時、財務省を含む関係省庁で、テロリストに対する国際的な取組みの強化に対応するため、より包括的な立法の必要性が協議されたことがあった。しかし、安保理決議や米国を中心とするG7協調によるテロリストの資産凍結に緊急に対応する必要があったことに加え、安保理で指定されたタリバーン及びアルカイダ関係者がいずれも外国人で、およそ日本国内に存在すると考えられなかったことなどの事情から、当面、外為法で対処することとなり、結局、包括的な法制度の見直しには発展しなかった。

III　外為法に基づく措置の課題

安保理で新たな決議が採択される都度、外務省を中心とする関係省庁は、現行の法令や現行法の枠内でとり得る行政上の措置を総動員することで決議への対応を行っているが、この作業は常に、安保理決議の履行確保と国内法制上の課題という2つのジレンマとの葛藤である。

安保理決議の履行確保は、国際社会の一翼を担う日本にとって当然の責務であるが、安保理決議の個々の規定をどこまで手当てすればその要請を充足したことになるのかという課題がある。他方の国内法制上の課題は、日本国憲法との関係、現行法制との整合性、実効性の有無やその確保の方法、金融機関やその利用者への負荷、既契約に基づく既存の取引への影響、そして権利や自由を制限されて不利益を被る制裁対象者等からの訴訟リスクなどにどう対処するかというものである[24]。

外為法を適用するに際しても、上記の諸課題に加え、外為法が本来予定している規制の趣旨との関係に留意しつつ、具体的な条項の当てはめが行われるわけであるが、外為法はクロスボーダーの資金の動きを対象とするため、自ずと、それに伴う限界がある。

ここでは、外為法の射程と確認義務をめぐる課題について取り上げる。

1 射程をめぐる課題

外為法の対象は、基本的に居住者と非居住者の間で行われるものが中心で、このほかに、本邦から外国に向けた支払や外貨建てで行われる居住者間の資本取引を対象とする。これに対し安保理決議は、指定する対象者が、その加盟国において居住者であるか非居住者であるかという居住性に係るステータスを一切問題としていない。

また、外為法の支払と資本取引の規定はカネの移転（支払手段の移転や債権債務の発生・変更・消滅）を対象とするが、安保理決議の措置は、「資金及び他の財源」（決議 1267 第 4 項 (b)）、「資金その他の金融資産又は経済資源」（決議 1373 第 1 項 (c)、決議 1718 第 8 項 (d) など）を対象とし、外為法の対象よりもはるかに広範である。

2008 年に金融活動作業部会（Financial Action Task Force, FATF）が行った日本の FATF 勧告の履行状況に関する審査（対日審査）において、安保理決議 1267 及び 1373 の履行における外為法の射程の狭さが不備事項として指摘されたことから、当該決議に基づくテロリストの資産凍結措置については、2014 年に、いわゆる国際テロリスト財産凍結法[25]を新規立法することで対応した。これにより、安保理決議 1267 及び 1373 等に基づき国家公安委員会が指定する「公告国際テロリスト」(法第 9 条) に関しては、その居住性に関係なく資産凍結をすることができ、また、対象資産も金銭のみならず、有価証券、貴金属、土地、建物、自動車、船舶及び航空機等へと拡大された（同法第 9 条及び同法施行令第 4 条）。

しかし、テロリストの資産凍結以外の国連金融制裁（例えば、北朝鮮の核・ミサイル開発等に関与する者の資産凍結）は、この法律の射程外であるため、引き続き外為法により対応している。

この点に関しては、現時点で、安保理で指定された者が日本国内に存在せず、また、他の措置（例えば日本が外為法に基づき独自に実施している北朝鮮に対する支払の原則禁止措置等）と相俟って、総体的に安保理決議が求める措置の実効性が確保されていると整理することも可能と思われるが、議論の余地はあるだろう。

第6章　日本における国連金融制裁の履行　117

FATF とは

▶ 1989 年の G7 アルシュ・サミット（フランス）の経済宣言を受け、マネー・ローンダリング及びテロ資金対策に取り組む目的で設立された組織で、現在、35 の国と 2 つの地域体（European Commission 及び Gulf Cooperation Council）により構成されている。

▶ FATF のマネー・ローンダリング及びテロ資金対策（2012 年からは大量破壊兵器（Weapons of Mass Destruction, WMD）の拡散防止に関する金融措置が追加）は「40 の勧告」に規定され、世界 190 以上の国・地域がその遵守をコミットしている。

▶「40 の勧告」は、マネー・ローンダリング及びテロ資金に関するリスク認識、予防的措置、法施行等を内容とし、その中には、安保理決議に基づくテロリスト及び WMD の拡散に関与する者の資産凍結措置が含まれている。

▶「40 の勧告」の実効性は、加盟国同士で行われる「相互審査」及びその結果のフォローアップで担保され、勧告の遵守状況が芳しくない国や非協力国には、国名公表のほか、最終的には投票権剥奪や除名というペナルティが科される。

2　確認義務をめぐる課題

　上述のとおり、外為法の確認義務は銀行等を名宛人とするが、必ずしも、すべてのクロスボーダーの資金移動が銀行等を介して行われるわけではない。例えば、債権・債務の相殺は銀行を介さずに当事者間の意思の合致で行われる。

　また、法解釈上、外為法は支払を実質で捉えることとしており、例えば本邦所在の A が第三国に所在する C を介して北朝鮮在住の B に送金を行った場合であっても、それによって AB 間に債権・債務の消滅という法律効果や支払手段の移転と同等の経済効果が認められれば、A から B への支払が行われたと評価される。B への支払が許可義務の対象で、A が財務大臣等の許可を得ていなければ、A は外為法違反の罪責[26] を問われることとなる。しかし、これはあくまでも事後的な対応であり、制裁対象者への資金移転を予防する安保理決議の趣旨を満たすことにはならない。

　仮想通貨を用いた決済やクラウドファンディングによる不特定多数の者からの資金調達など、昨今のフィンテック（IT 技術を活用した金融サービス）の急速な普及や展開により、今後ますます銀行等を経由しない資金移転が拡大していくと考えられるため、外為法を含む法制面のキャッチアップが急務である。

IV 包括的な制裁法に関する考察

　安保理決議が規定する制裁措置に外為法を含めた関連する既存の法令を当てはめている現行の対応を巡っては、「パッチワーク的」[27]で、「国連憲章第七章に基づき決定された非軍事制裁のすべての措置を完全に履行できるかどうかは疑問である」[28]との批判があり、「国連によって決定された非軍事制裁を履行するための包括的な法律」[29]や、「安保理による経済制裁の決定を実施する権限を広範に行政府に付与する法律」[30]が必要という指摘がある。

　たしかに、北朝鮮に対して新たな安保理決議が次々と採択される最近の状況を見るに、その都度、法改正や特別措置法の立法で対応することは現実問題として不可能であるばかりでなく、そのような対処方法では、日本の法体系を歪めることにもなりかねない。また、仮想通貨等のフィンテックによる決済手段を規制する安保理決議が採択されることも、決して遠い未来のことではないと予見され、包括的な制裁法があれば理想的である。

　では、果たして、どのような規制や執行体制をもってすれば安保理決議の要請に包括的に対処することができるであろうか。

　筆者は、規制の実効性確保と、規制する行為・取引を実質で捉えることの2点が特に重要と考える。

　第1点目の実効性確保は、法令の執行体制（law enforcement）に関する問題である。現行の日本の取組みの実効性確保は、結局のところ、個々の措置の実施根拠法を所管する省庁に委ねられており、その実施を統括する明確な司令塔が存在しない。安保理決議の要請どおり形式的に法の網にかけるだけでなく、その執行や履行確保を担う者が明確になって初めて規制の実効性が確保される。規制当局とその実施部隊を明確にし、両者の連携が確保されなければならない。

　第2点目の、行為・取引を実質で捉えるという点は第1点目の法執行の問題とも関係する。国連金融制裁への国内対応を考える際、常に既存の金融関係法令による対応の可能性が模索される。我が国において、金融取引を規制する法令は多数あるが、いずれも特定の事業者又は取引に着目した縦割り

の体系になっている。すなわち、銀行法や保険業法などの業法と、金融商品取引法や資金決済法などの取引形態に着目した取引規制法である。こうした、業法や取引規制法は、監督官庁が事業者や特定の取引を行政的に規律し、各々の分野における事業者の健全性確保、取引参加者の権利保護、市場の公平性確保等を目的とするもので、そこに「国際の平和や安全」という保護法益はそもそも想定されていない。

このため、安保理決議の要請（例えば、制裁対象国に登録された船舶への保険付与の禁止[31]）にこうした業法や取引規制法を当てはめようとしても、特定の事業者（例えば制裁対象者が実質的に支配する団体）の参入規制（免許・登録の拒否など）か、公序良俗などを理由とする取引約款に基づく取引の拒絶といった個別事業者の任意の対応のいずれかに委ねるほかなく、いずれも安保理決議の要請との乖離や即効性に欠ける等の問題がある。今日、外為法が安保理決議等に基づく金融制裁措置の主たる担保法になっている状況には、こうした我が国の法体系にも原因の一端があると考えられる[32]。

2017年11月に金融庁が示した「平成29事務年度 金融行政方針」では、金融システムに関する業態別の法体系から機能別・横断的な法体系への見直しに関する検討に着手することが記されている[33]。これは、近年の金融システムを取り巻く環境の大きな変化の中で、現行の業種別の法体系が対応できておらず、業態をまたいだビジネスの障害になり、さらには規制が緩い業態への移動や業態間の隙間を悪用する形で規制の潜脱が起きているという問題意識に基づくものである。

決済方法の高度化が日進月歩である現状に鑑みると、カネを現金や有価証券といった既存の概念に置き換えるアプローチそのものが限界に達していると思われる。むしろ、「経済的な価値」という、漠然としてはいるが包括的な概念で捉え、また、こうした支払・決済手段の移転も、「経済価値を移転させる行為」という形で高所から捉え直し、その移転にかかわる当事者及び仲介者を特定し、有事規制の際に、誰にゲートキーパーの役割を担わせることが最も効果的かという視点で考える必要があるのではなかろうか。

こうして考えると、この金融法制の見直しには、金融や経済の専門家だけ

でなく、金融制裁や外為法に詳しい有識者をも交え、大所高所の見地から議論されることを期待したい。

Ⅴ　おわりに

経済制裁は、制裁対象者である個人、団体又は国家主体に対して経済的な不利益や負荷を課すことによって、制裁に至った原因行為等の停止及びその排除を実現する取組みである。

しかし、制裁（sanctions）には、制裁対象者を懲罰するという「攻め」の要素だけでなく、同時に、そうした制裁対象者によって自国の経済や金融システムが悪用されることを防ぐという「守り」の要素も含まれている[34]。これはすなわち、経済安全保障にほかならない。

安全保障の議論では武力行使や防衛装備のあり方が争点になるが、守るべきものは国民の生命だけでなく、国民が保有する有形・無形の財産、国土（例えば土地の所有権）、インフラやライフライン、安定した経済・金融システム、個人や企業の情報など広範かつ多岐にわたって存在する。換言すれば、国民の生命は、こうした国土や社会の基盤が確保されてはじめて保護されるものと考えられる。

日本において、こうした多様な法益を保護するための法制度や防御のしくみは極めて脆弱であり、抜本的かつ統率の取れた形での法制度や執行体制の整備が急務となっていることは論を俟たない[35]。

迂遠に見えるかもしれないが、国連金融制裁への対応も、安保理決議の個別の条項への対応や現行の法制度や執行体制の隙間を埋めるという対症療法ではなく、日本の経済安全保障をいかに確保するかという大きな構図の中で考えることが、包括的な制裁法の整備につながると考える。拙稿が、こうした議論のきっかけとなることを願ってやまない。

注
1　本章は、筆者が財務省国際局等で通算 10 数年にわたって携わった外為法による経済制裁及び FATF に関する実務の経験を踏まえて執筆したものである。なお、文中、意

見に及ぶものは全て筆者個人の見解である。

2　昭和 26 年政令第 319 号。

3　昭和 24 年法律第 228 号。

4　国際連合安全保障理事会決議第千八百七十四号等を踏まえ我が国が実施する貨物検査等に関する特別措置法（平成 22 年法律第 43 号）。

5　関税法（昭和 29 年法律第 61 号）。

6　昭和 27 年法律第 231 号。

7　平成 16 年法律第 125 号。

8　Jeremy M. Farrall, *United Nations Sanetions and the Rule of Law*（Cambridge University Press, 2007), p.120.

9　外為法は、本邦内に住所又は居所を有する自然人及び本邦内に事務所を有する法人を居住者と定義し（第 6 条 5 号）、それ以外を非居住者と定義する（同条 6 号）。

10　昭和 6 年法律第 17 号。

11　福井博夫『詳解・外国為替管理法』（金融財政事情研究会、1981 年）11 頁。

12　IMF 8 条国とは、IMF（国際通貨基金）の加盟国としての一般的な義務（経常的な支払に関する制限撤廃、複数為替相場の禁止、自国通貨と外国通貨の交換の確保）の履行を受諾している国を指す。8 条国に認定されると、国際収支上の理由で経常取引に対する管理を行うことができない。

13　「支払手段の移動により債権・債務の内容たる給付行為を実現して、当該債権・債務を消滅させる『弁済』及びその受領がこれに当たることはもとよりであるが、弁済と同様の法的効果を有する相殺もこれに含まれる」と解されている（伊藤榮樹ほか『注釈特別刑法第 5 巻 1』（立花書房、1986 年）438 頁）。

14　役務取引に関しては、安保理決議 1874（2009 年 6 月採択）が北朝鮮の大量破壊兵器開発に寄与する金融サービスの提供を禁止していることから、外為法によりこれを許可制の対象としているが、実質的には支払及び資本取引の許可制で担保されている。

15　外為法の主務大臣は、カネに係る規制は財務大臣、モノ（貨物・技術）の輸出入等に係る規制は経済産業大臣である。外国為替及び外国貿易法における主務大臣を定める政令（昭和 25 年総理府・大蔵省・通商産業省令第 1 号）第 1 条を参照。

16　資産凍結措置は同決議第 4 項に規定。

17　この行政指導では、大蔵省（当時）が銀行等に対し、取引当事者の本人確認とイラク及びクウェートに係る資産の移転に係るものでないことの確認を要請した。

18　輸入禁止は平成 18 年 10 月 13 日の閣議決定、輸出禁止は平成 21 年 6 月 16 日の閣議決定に基づく時限措置として実施され、以後、数回にわたって延長されて今日に至っている。

19　外国為替令（昭和 55 年政令第 260 号）第 6 条の 2 に規定する金融機関。

20　福井『前掲書』（注 11）131 頁。

21　法定刑は、3 年以下の懲役もしくは 100 万円以下の罰金又は併科。また、違反行為の目的物の価格の三倍が 100 万円を超える場合、罰金は当該価格の三倍以下となる（いわゆる「三倍罰」）。罰金刑は行為者（自然人）のほか法人にも適用される（第 72 条）。

銀行等の確認義務の懈怠によって安保理決議に違反する資金移転が起きた場合、当該金融機関のレピュテーションの毀損にとどまらず、日本国の信認にも影響し得るというリスクの大きさに鑑みると、筆者は外為法の刑事罰だけでなく、より迅速かつ柔軟な適用が可能な行政制裁のツールが必要と考える。

22　宮崎良雄・福島俊一「経済制裁措置と外為法（2）」『国際金融』（外国貿易研究会、1993 年 8 月）67 頁。

23　この趨勢は、金融のグローバル化に伴い、銀行取引を中心とする資産凍結が制裁として有効であることが認識されるようになったことを意味すると考えられる。

24　このほか、安保理に国際立法を行う権能があるのかという課題もあるが、本稿の射程及び筆者の知見をはるかに超えるものであるため、深入りしない。

25　「国際連合安全保障理事会決議第千二百六十七号等を踏まえわが国が実施する国際テロリストの財産の凍結等に関する特別措置法」（平成 26 年法律第 124 号）。

26　第 70 条 1 項 3 号。罰則の内容は（注 21）を参照。

27　浅田正彦「北朝鮮の核開発と国連の経済制裁」『論究ジュリスト』（有斐閣、2016 年）105 頁。

28　吉村祥子『国連非軍事的制裁の法的問題』（国際書院、2003 年）267 頁。

29　吉村、同上、267 頁。

30　浅田「前掲論文」（注 27）106 頁。

31　安保理決議 2321（2016 年）第 22 項。

32　これとの関連で、マネー・ローンダリング及びテロ資金対策に関する国際的な動向に対し、立法事実等を重視する日本の立法実務が追いついていないという示唆に富む指摘がある（櫻井敬子「国際動向と国内法制の不整合について」宇賀克也・交告尚史編『現代行政法の構造と展開（小早川光郎先生古稀記念）』（有斐閣、2017 年）179 頁）。

33　金融庁「平成 29 事務年度 金融行政方針」30 頁。http://www.fsa.go.jp/news/29/20171110.html（アクセス日：2018 年 1 月 4 日）。この課題は 2017 年 11 月 16 日に麻生金融担当大臣から金融審議会に諮問され、同月 29 日以降、金融審議会の金融制度スタディ・グループ（座長：岩原紳作・早稲田大学大学院法務研究科教授）で検討が行われている。

34　米国のオバマ前大統領は、2015 年 4 月、米国に対して外国からサイバー攻撃を行った者への資産凍結等の措置を内容とする大統領令（Executive Order）13694 号を発出した。その中で、制裁対象者を、サイバー攻撃によって「米国の安全保障（national security）、外交政策（foreign policy）、経済の健全性（economic health）又は金融の安定（financial stability）に脅威を与えた者」と定義している（第 1 条）。https://www.treasury.gov/resource-center/sanctions/Programs/Documents/cyber_eo.pdf（アクセス日：2018 年 1 月 5 日）。国家安全保障と並列で経済や金融の安寧を保護法益として規定していることは、経済安全保障を考える上で大いに参考になる。

35　例えば、外国人による水源地等の土地取得や外国政府が関与する資本による本邦企業の買収などについて、適切に実態把握ができるしくみと公正かつ厳正な審査プロセスの整備が急務である。

第7章　金融制裁の国家による履行と法的問題
──米国の制裁関連法令を中心に、国際取引法の観点から

久保田　隆

I　はじめに
　1　金融制裁とは
　2　本章の内容
II　米国による金融制裁の考え方
　1　金融の生態系(the Financial Ecosystem)に対する配慮
　2　米国流価値観の戦略的説得と官民挙げたLFS構築
III　金融制裁に関する米国法の規制内容
　1　日本法との比較
　2　米国法の体系
IV　対イラン制裁の事例研究
V　国家による履行の法的課題
　1　制裁対象者の人権保障
　2　域外適用
　3　金融制裁の実効性確保を巡る諸課題

I　はじめに

　本章では、金融制裁の国家による履行と法的問題について、米国の制裁関連法令を中心に、国際取引法の観点から検討したい。

1　金融制裁とは

　金融制裁とは、国際法規の違反国に対して課せられる金融的手段による制裁を指し、経済制裁の一分野である。政治的には5常任理事国の結束がないと機能しにくく、多くの場合に欧米 vs 中露の対立図式となって、効果的

な金融制裁に繋がる国連安保理決議を行うことは困難である（仮に決議しても履行しない国も多い）。一方、米国が単独で行う金融制裁も多いが、日本も協調を求められることが多く、日本と関係の薄い国への制裁に関しては米国との厄介なお付き合いの側面もある。国連（安保理関係）以外にも、AML/CFT（Anti-Money Laundering and Combating the financing of Terrorism）対策における FATF 勧告（加盟国の相互審査、国名公表等の制裁）、G7 など有志国間の peer pressure（仲間内の圧力）が存在する（紙幅の関係で別稿[1]に譲る）。また、たとえ欧米内でも、制裁実施国間の利害対立が著しい場合には対抗立法が飛び交う事態にもなる。例えば、1996 年の EU 理事会規則 2271（EC2271/96）で EU は米国の対キューバ制裁の EU 域内への影響を緩和する対抗立法を発動した（紙幅の関係で別稿[2]に譲る）。

金融制裁の制裁手段には、資産の凍結、投融資の禁止、特定活動に寄与する資金移転禁止、銀行のコルレス関係や支店開設等の規制、SWIFT（Society for Worldwide Interbank Financial Telecommunication）等の通信の遮断、制裁違反を行った外国銀行の自国金融市場からの排除等が挙げられる。強力な経済制裁手段だが、実効性確保の課題は多い。なお、金融制裁の種類には、①安保理決議による場合（国連憲章第 25 条、第 41 条）、②安保理決議がない場合やこれを補完する目的で国際協調による有志連合（マルチ制裁スキーム）が行う場合、③1 国が単独で行う場合があり、本章で紹介する対イラン制裁は①、②、③が交互に現れた典型事例である。

2 本章の内容

　本章では、まず、Ⅱでサラーテ元大統領次席補佐による米国からみた金融制裁の実態について分析した書籍の内容を紹介し、次にⅢで金融制裁に関する国内法について、米国法を中心に日本法との対比を交えて解説する。その後、Ⅳでは対イラン制裁の事例紹介を行い、最後に、Ⅴで国家による履行の法的課題（域外適用）を整理し、金融制裁の実効性確保を巡る諸課題、例えば米ドル一極集中に伴う弊害や取引のブロックチェーン化のインパクトについて考えてみたい。

II　米国による金融制裁の考え方

　本節では、米国で定評ある金融制裁の分析書であるフアン・C・サラーテ *Treasury's War; The Unleashing of a New Era of Financial Warfare*[3] の内容を簡単に紹介したい。サラーテ氏は JW ブッシュ政権時代に財務省次官補（テロリスト金融・金融犯罪担当）や大統領次席補佐（テロリズム対策・国家安全保障担当）を務め、9.11 テロ以降の対アルカイダ・イラン・北朝鮮等の金融制裁を指揮した経験を持ち、その経験から金融制裁が今後も機能し得る敵に対する新たな戦争手段であると捉えて「隠れた戦争（The Hidden War）」と命名する（序章 Prologue: "The Hidden War" 参照）。例えば、北朝鮮と取引のあったマカオの Banco Delta Asia（BDA）に対しては、米国が米国金融機関との取引を禁止した結果、BDA は事実上米ドル決済が不可能になり、国際金融業務ができなくなった。一方、2001 年の 9.11 同時多発テロ直後の対アルカイダ金融制裁では、制裁対象の銀行取引情報（過去のテロ容疑者への制裁だけでなく、将来のテロの未然防止にも有用）を如何に米国政府が入手するかが最初の課題となり、国際送金インフラである SWIFT の協力を得た。さらに、金融取引の一次情報を扱う民間銀行についても、9.11 テロ以降、「疑わしい金融取引」を見過ごすことが民間銀行の評判低下リスクに繋がるとの認識変化が生じたため、協力を得ることができるようになった。その他、様々な豊富な実例を紹介しつつ、サラーテ氏は、米国の影響力を維持するには、①世界の基軸通貨としての米ドルの覇権的地位を保つこと、②中国に過度に投資依存する米国経済の構造的リスクに対処すること、③サイバー空間での優位性を確保することが重要であり、時代環境にあった国家安全保障戦略を構築し、民間企業と連携してその遂行能力を高めることが必要だと解している。こうした認識は、米国外交では現在に至るまでほぼ一貫して共有されているものとみられる。例えば、アジア通貨危機直後の日本の AMF 構想に対する米国の強硬な反対やその後の ABAC（APEC を補完する財界会合）の議論[4] をみても、米国は米ドル覇権に影響し得る動きに対し、官民挙げて敏感である。

　さらにサラーテ氏は、米国の金融面での実力・影響力の行使、すなわ

ち、「相手を金融面で（後述するLFSから）隔離すること（the use of financial
isolation）」が米国の国家安全保障における中心手段となったとする。その上
で、米国による金融面での実力行使が今後も機能するには幾つかの留意点が
あるとして、終章（Epilogue: Lessons from the Use of Financial Power）で纏めている。
サラーテ氏の個人的見解ではあるが、米国の元当局者の見解として参考にな
ろう。そこで以下、サラーテ氏が指摘する留意点を紹介する[5]。

1　金融の生態系（the Financial Ecosystem）に対する配慮

　まず、サラーテ氏によれば、国際金融の世界は規制や外交と相互に関係
しあう生態系（ecosystem）をなしており、米国金融や米ドルの経済覇権的地
位が存在する結果、米国の金融制裁の実効性が保てている。米国の「正当
な金融システム（Legitimate Financial System, 以下LFS）」の参加者は、規則に従っ
て「正当な（legitimate）」取引を行えば報酬を得られるが、従わなければ罰せ
られ隔離される。しかし、この生態系は強力ではあるものの壊れやすい側面
を持つ。すなわち、法的規則を離れて外交や政治上の説得手段などに幅広く
濫用されると、外国の大規模銀行などの「正当な」参加者が制裁リスク回避
（デリスキング）を目的にLFSから退場してしまい、代わりに正当でない参加
者が入ってくる可能性が高まる。

　実際、本書出版の翌年、2014年に生じたBNPパリバ銀行に対する巨額の
金融制裁では、LFSの担い手である米国の同盟国の外国銀行の間に、制裁リ
スク回避のため米ドルを忌避する議論が積極的になされた[6]。米国内では財
務省外国資産管理室（OFAC、後述）等の金融制裁当局が金融制裁を活発に域
外適用し、諸外国や米国内の金融監督当局（FRB等）の懸念を招いてきたが、
サラーテ氏のように、これを自制する意識が米国政府内にもあると考えれば
肯定的に評価できよう。また、本書では、米国がLFSに頼る制裁を強化す
ればするほど、中央アジアや北アフリカの両替商等による広範な地下金融
ネットワークであるハワラのような国際金融システムに拠らないネットワー
クの構築や、プリペイドカードや仮想通貨ビットコインに代表される米ドル
以外の取引を増やす等の反作用を招くことや、LFSを弱体化させる動きの中

心に中国とロシアがあること、イランや北朝鮮のように制裁でLFSから隔離された国同士が取引を行う動きもあること等が説明され、この問題の複雑さを浮き彫りにしている。

さて、「正当な」参加者をLFSにとどめつつ「正当でない」参加者を隔離するにはどうしたらよいか。サラーテ氏によれば、LFSからの隔離対象を捕捉可能な者だけに慎重に絞る必要があるほか、今後はLFSが大規模銀行等の「正当な」参加者の利益に配慮しつつ、金融新技術や途上国等の取引の透明性やアカウンタビリティを高めて「正当な」参加者として取り込んでいく（ただし、透明性の低いものは隔離）ことが求められるとしている。ブロックチェーン等の金融新技術の発展が既存の銀行の衰退化を招くとも予想される中、「正当な」参加者の範囲をどう画するかという点にはより踏み込んだ議論を期待したいが、サラーテ氏は抽象論に終始している。

2　米国流価値観の戦略的説得と官民挙げたLFS構築

一方、サラーテ氏は、国際政治経済において国家はもはや絶対的影響力を持つ参加者とはいえないため、国家安全保障の見地から、金融機関等の民間企業や新興勢力を国家が積極的に取り込むことで官民を挙げたLFSを維持・強化する必要があるとする。その際、鍵になる要素には2点あり、その第一は戦略的説得（public suasion）である。すなわち、法の支配、表現の自由、報道の自由、人権の尊重、少数派の保護、女性の活用、自由貿易、起業支援、政府のアカウンタビリティ確保、民間企業の透明性確保など、米国流の価値観を世界中に拡散し受け入れさせることで、外国の民間企業等が積極的に米国に従うように仕向けること（戦略的説得）が大切だとする。その第二は非国家の役割重視である。米国政府の戦略的説得により、米国的価値観を共有する非国家の勢力（米国および外国の民間企業など）と協力し、米国の国益に向かって官民挙げて世界への影響力を行使することが大切だと説き、民間金融機関こそがLFSの門番たり得ると主張する。

サラーテ氏の論調は、米国こそが正義であり、米国的価値観が外国の民間企業にも一様に歓迎されるものと考える点でやや独善的であるが、米国政府

の国家戦略も同じ傾向がある。もっとも、サラーテ氏は「正当性」と「評判」は表裏一体であるとも言っており、米国が評判の悪い独善的な影響力行使を行えば正当性も失うことも一応は認識しているようである。

なお、目を日本に転じれば、米国の単独制裁の影響力が相対的に低下する中、日本は米国の同盟国として国際協調の必要性から制裁参加を求められる機会が増加するであろう。米国のトランプ政権の政策は時に評判が悪く、米国の「正当性」を損なう可能性も高い。また、中国・ロシアは隣国でもあり、二国間協力促進とマルチ制裁スキーム参加という双方のベクトルの中で如何にバランスを採るかが日本の国益維持の課題となろう。

III　金融制裁に関する米国法の規制内容

次に、金融制裁に関する米国法の規制内容について、①我々に馴染みのある日本法と比較した場合の特徴、②米国法の体系の順に見ていこう。

1　日本法との比較

まず、確認であるが、日本の代表的な金融制裁関連法は外国為替及び外国貿易法（外為法）である（ほかに国際テロリスト財産凍結法もある）。外為法 16 条 1 項によれば、国際社会の努力に寄与する目的で制裁を科すことができる[7]。以下、金融制裁に関連する米国法と比較した場合の主な特徴をみていこう。

米国法と比較した特徴の 1 点目は法体系の相違である。まず、日本の外為法は、国際約束、国際の平和、我が国の平和・安全を規制要件とする（外為法 16 条 1 項参照）のに対し、米国の金融制裁の主たる根拠法である国際緊急経済権限法（International Economic Emergency Powers Act, IEEPA）は 1701 条で国家安全保障上の脅威があれば適用できる（any unusual and extraordinary threat …to the national security, foreign policy, or economy of the United States）ため、日本法は米国法に比べるときめ細かな対応が困難である。次に、日本の外為法は、居住者 vs 非居住者、本邦・外国、支払・資本取引・役務取引という建付けになっており、これが規制の潜脱を助長しやすい（例：外国人が 6 か月いると居住者）。さ

らに、サイバー攻撃や人権侵害への関与者の位置づけが不明である点や、金融資産以外の財産（船舶等）の資産凍結が困難な点、通信（SWIFT 接続）の遮断の根拠規定が不在といった課題が存在[8]（なお、銀行関係の制裁は銀行法で対応）し、柔軟な法体系である米国法に比べて、日本法は硬直的であり、それが実効性のある金融制裁を困難にしている。

　特徴の 2 点目は域外適用性である。日本法は外為法第 5 条[9]に規定があり、日本法人の外国支店の行為は一部のみ規制する（米国や EU では全部）が、米国法は、米国法人の外国での行為は属人主義的な考え方に基づいて広範に規制するほか、外国法人が域外で米ドルを用いたり米国法人を幇助した場合等（後述 III 2 と V 2 参照）や、非米国人の米国外での行為の規制（二次的制裁）にまで広範な域外適用を及ぼしている。二次的規制の例としては、例えば包括的イラン制裁責任剥奪法（Comprehensive Iran Sanctions, Accountability and Divestment Act 2010, CISADA, 後述）があり、米国の銀行に対して米国政府は、制裁対象者（Specially Designated National, SDN）と significant（重要）な取引を行ったり facilitate（手助け）した外国金融機関との取引制限・禁止を命令することができる。

　特徴の 3 点目は罰則の多寡である。日本法は懲役 3 年以下 100 万円以下（目的物の価格の 3 倍が 100 万超なら当該価格の 3 倍以下（外為法第 70 条等））とするのに対し、米国 IEEPA は民事罰で 25 万ドルか違反取引額の 2 倍の高い方を上限とし、刑事罰で禁固 20 年以下罰金 100 万ドル以下とするほか、財務省外国資産管理室（Office of Foreign Assets Control、OFAC）による業務改善命令や法定最高罰金額、民事制裁金が課され、さらに各種連邦・州当局の罰金等がこれに加わる結果、巨額で厳しい制裁が科される。例えば、BNP パリバ銀行に対する制裁事件（2014 年）[10]では、米国司法省は、米国の金融制裁違反（イランやスーダンの顧客に送金）を理由に外国銀行である BNP パリバ銀行（仏）に対して 89 億ドル（9,000 億円）もの罰金を科し、NY 支店等のドル決済業務を最長 1 年間禁止した。仏国は米仏大統領の直談判まで行って不当な域外適用だと抗議したが、実際に厳しい制裁が科される結果となった。他にも英国 HSBC 銀行や日本の三菱東京 UFJ 銀行（現三菱 UFJ 銀行）など、様々な外国銀行に制裁が科されてきた。

2 米国法の体系[11]

次に、金融制裁に関する米国法の体系についてみてみよう。まず、主な根拠法は前述の IEEPA（合衆国法典 50 編 35 章）で、非常時に大統領に資産凍結など金融経済取引を規制する権限を付与する内容の基本法である。その下に、①法令（例えばイランに対しては Iran Sanctions Act of 1996〈ISA〉、CISADA など）、②大統領令（例えば Order 13622 of 2012〈外国金融機関を規制〉など）、③連邦規則（例えば Iranian Transactions and Sanction Regulations〈ITSR〉など）がある。

次に、主管官庁である OFAC の規制概要についてみてみよう。OFAC 規制は、イラン等の国別に取引を全面的に禁止し、制裁対象者（SDN）を指定して SDN の資産を凍結するほか、他国別以外のリストも存在する。OFAC 規制は意図的に禁止される取引等に曖昧さを残し、様々な解釈余地を残している。例えば、「U.S. Person との関与」は取引実行者が米国人以外でも米ドル決済を行えば認定し、直接取引以外にも間接取引（例：SDN の取引相手方との取引）も禁止しているほか、U.S. Person に禁止される行為を手助け（facilitate：幇助）することも禁止（例：ITSR560.28 条）で、制裁違反を実際に知らなくても知るべき理由（reason to know：常識的な調査で容易に入手可能な情報の存在）があれば禁止される（OFAC Economic Sanctions Enforcement Guidelines）。さらに、単独の場合だけでなく複数の SDN が合計 50％以上所有する法人を規制し、所有が 50％未満でも significant な比率を所有したり重役が SDN 等でも規制対象となる（OFAC の解釈指針[12]）。OFAC の罰則は上記 Guidelines で詳細が規定されているが、その判断要素には、意図的または無謀な行為、法令違反の認識、経済制裁の目的への悪影響、管理体制・違反発覚後の対応等が挙げられている。二次的制裁の対象とされる外国企業（特に金融機関）にとっては、法執行されることもリスクであるが、法執行に至らなくてもマスコミや議会が絡んで嫌疑をかけられるだけで評判低下リスクを負うため、OFAC 規制の匙加減が経営に大きく響く結果となってきている。

IV 対イラン制裁の事例紹介

さて、米国関与する金融制裁の中で、その特徴が最も大きく表れている対イラン制裁について、以下、事例紹介[13]を行う。対イラン制裁は紆余曲折を辿ったが、その経緯について時系列でみてみよう。

(1) イラン核問題の発覚

イランは1970年に核不拡散条約（NPT）を批准し、1974年に国際原子力機関（IAEA）と包括的保障措置協定を締結している。しかし、水面下で核開発を進めていることが発覚した。すなわち、2002年8月にイラン反体制派組織 NCRI はイランが IAEA に未申告でウラン濃縮施設や重水炉を秘密裏に建設中だと暴露し、世界の注目を集めた。結局、同年10月にイランは IAEA に未申告でウラン濃縮実験を1991年以降開始したことを認めている。

(2) 英独仏の融和策

イランの NPT 脱退回避を企図した英独仏（EU3）は、イランに対して当初融和的なアプローチをとったが失敗した。すなわち、2002年10月に EU3 の外相がイランとテヘラン宣言を締結し（後にイランは事実上反故にした）、同11月米国が国連安保理事会への付託を提案した際に EU3 は反対し、結局付託は見送られた。しかし、2004年2月にイランが核関連技術を入手したことが発覚した。そこで同年11月に EU3 とイランがパリ合意を締結したが、イランは翌8月に履行を拒否し、2006年1月にウラン濃縮開発再開を宣言した。このため、2006年2月に IAEA 理事会が国連安全保障理事会にイランの違反を報告するに至った。イランは対抗措置として IAEA と約束した自発的措置を全て停止している。

(3) 国連安保理決議

国連安全保障理事会は幾つかの決議（国連安保理決議）を行った。すなわち、2006年7月決議1696[14]でイランに対して研究開発を含む全ての濃縮関連活

動と再処理活動を停止して IAEA による検認を受けるよう要求したが、イランは受入れなかった。そこで、同年 12 月にイランに対して研究・開発を含む全てのウラン濃縮活動・再処理活動・研究炉を含む全ての重水関連プロジェクトの作業を停止して IAEA による検認を受けることを決定し、国連加盟国はイランの核開発に貢献し得る品目のイランへの移転防止やイランからの調達禁止を決定した決議 1737 [15] が出された。同決議では、制裁対象国の一般市民への経済的打撃を抑制すべく、武器禁輸・資産凍結・関連個人や団体の渡航禁止を手段とするスマート・サンクションが採用されたが、同決議はその手段の中でも限定的な措置しか採用しなかったため、制裁の効果は限定的であった。そこで、2007 年 3 月には決議 1747 [16] が採択され、通常のスマート・サンクションの形で経済制裁対象が拡大され、関連人物・団体の入国・通過が警戒・制限され、イランに対する新規の資金援助と融資の中止が国連加盟国に要請された。また、その後も 2008 年 3 月に決議 1803 [17]、2010 年 6 月に決議 1929 [18] とスマート・サンクションを連発したが、従来型の包括的禁輸措置に比べて制裁手段が緩いため、イランの政策変更を促すだけの実効性は殆どなかった。

(4) 欧米の単独制裁強化

　2011 年 11 月の IAEA 事務局長報告でイランが核開発を継続していることが報告されると、EU も多い腰を上げて強固な対イラン単独制裁を実施した。すなわち、EU は 2012 年 1 月にイランからの原油輸入を禁止し、同年 3 月には SWIFT からイラン国内銀行を排除することを決定、同年 10 月にもイランからの天然ガスと数製品の輸入や輸送に対する制裁を強化した。このうちスマート・サンクションを超えた強力な独自制裁措置としては、イランからの原油・天然ガス等の禁止や SWIFT の国際送金ネットワークからの遮断、金融支援・保険・再保険等の提供禁止があり、イランの国内経済に大きな打撃を与え、国民生活を大きく圧迫したが、強力な経済制裁措置として機能した。

　一方、米国は、1996 年イラン・リビア制裁法（Iran and Libya Sanctions Act of

1996、2004 年以降イラン制裁法、ISA と改称）以降、域外適用で外国企業を制裁対象に加えた。独自制裁措置の内容も包括的なもので、対イラン取引・投資の禁止や金融制裁、イランへの支援禁止、テロ対策等が含まれ、実際の適用事例は 2010 年 10 月（イラン企業 NICO に対する制裁）以降であったものの、特に原油・天然ガス関連の広範な独自制裁措置がイラン経済に大きな打撃を及ぼした。2010 年 7 月にはオバマ大統領が CISADA に署名し、100 万ドル以上または年間 500 万ドル以上のガソリン、航空燃料その他の対イラン販売、イランのガソリン製造や輸入を支援する機器・サービスの販売禁止を禁止事項に加えた。その後も、大統領令で CISADA の制裁発動要件を追加し、2011 年 11 月の大統領令 13590 号（25 万ドル以上または年間 100 万ドル以上の石油関連商品とサービスの供給禁止）と 2012 年 7 月の大統領令 13622 号（大統領がイラン産原油・石油製品を購入したと判断した主体と外国金融機関に制裁を課し、イラン国営石油会社やイラン中央銀行等に資金援助を行った個人や企業およびイランが米ドルや貴金属を購入することを助けた個人や企業の米国内資産を凍結）を発した。更に、EU の制裁強化を促した前述の 2011 年 11 月の IAEA 事務局長報告を受けて米国の制裁も再強化され、2012 年には対イラン輸送規制やジョイント・ベンチャー参加規制を追加し、イラン政府債等の購入・発行を促進したりイスラム革命防衛隊関連の著しい取引を行う企業に対する制裁等を課し（Iran Threat Reduction and Syria Human Rights Act）、2013 年には石油・天然ガス関連以外のイラン経済主要部門を支援する第三国企業に対する米国の制裁権限を拡大した（Iran Freedom and Counter- Proliferation Act, IFCA）。

　この結果、イランの原油生産量は大きく下落した（2011 年の日量 437 万バレルに対し、2014 年は 361 万バレル）が、金融制裁はイランの政策転換を促した一因ではあっても決め手とは限らず、米国やイランの政権交代も大きな要因である。また、金融・経済制裁回避の動きとして、中国・インド・韓国等との石油バーター取引も一定量存在し、前述のサラーテ氏の分析にあるように、制裁回避手段は様々に存在し、LFS を前提とする米国の単独制裁にも限界がある点は留意すべきであろう。

(5) 包括的共同行動計画（Joint Comprehensive Plan of Action, JCPOA）

2013 年 8 月のイランにおける大統領交代（保守強硬派アフマディネジャドから保守穏健派ロウハニ）を契機に、EU3 に米中露を加えた EU+3 とイランは、同年 11 月に共同行動計画（Joint Plan of Action）に暫定合意し、2014 年からイランは濃度 5%以上のウラン濃縮活動を停止する代わりに国際社会の対イラン制裁措置が一部緩和された。その後、2015 年 7 月に最終合意文書である包括的共同行動計画（JCPOA）が締結され、イランは①ウラン濃縮に使用する遠心分離機数を現状 19000 基からナタンツ第 1 世代 1R-1 型 5060 基のみに 10 年間制限し、②濃縮度は 15 年間は 3.67% を超えないようにし備蓄量は 300kg に抑制することとなった。この結果、イランが核武装に必要なブレークアウト期間は現状の 2,3 か月から 1 年に延長されたとみられている。

JCPOA 合意は、査察実施について不明確な点（テヘラン近郊のパルチン軍事施設に対する査察の実施が不明確など）で課題があり、制限期間の 10 年間が終了すればイランは核開発を再開できる点に懐疑的な見解がある一方、JCPOA が不成立ならばイランが核兵器製造により近づいた点を評価する見解も多い。

(6) 再び国連安保理決議

2015 年 7 月、国連安保理事会は決議 2231[19] を採択して JCPOA を承認し、同年 10 月に JCPOA が発効した。これに従い、2016 年 1 月以降、国連と EU は制裁を逐次解除した。しかし、米国は対イランの核関連制裁は解除した[20] が、ミサイル開発を理由に新たな対イラン制裁を次々に課している（後述）。JCPOA では、イランが合意履行を怠り 35 日以内に問題解決できない場合、国連安保理に付託でき、安保理が 30 日以内に制裁停止の継続を決定しない場合には国連制裁が再適用される（36 条、いわゆる Snap-back clause）。

(7) 米国の新たな単独制裁

2016 年 11 月、米国議会で ISA の 10 年間の延長が可決された。米国は JCPOA 合意に反しない旨主張したが、イランのハメネイ師は ISA 延長が JCPOA 違反で、イランの報復措置を招くと警告した。2017 年 2 月には、ミ

第 7 章　金融制裁の国家による履行と法的問題　135

サイル開発を理由として、トランプ政権初のイラン制裁（25 個人・企業と米国企業が取引禁止。イランは米国の制裁を違法と非難し、地元テロ組織を支援する米国人に法規制を課す方針）を課し、同年 6 月には米国議会（上院）で対イラン制裁強化法案（弾道ミサイル開発を支援するイラン革命防衛隊に制裁）を可決し、同 7 月 17 日には JCPOA に基づく制裁解除の維持を表明する一方で、追加制裁（18 の組織・個人を追加）を行った。このため、同年 8 月 16 日にはイランのロウハニ大統領が米国制裁が続けば JCPOA 離脱もあると警告している。2018 年 1 月には、米国は欧州等の要請を受けて JCPOA の合意枠組みを維持するものの、依然として合意とは別に追加制裁を付加し、欧州諸国に対しては 2018 年 5 月までに JCPOA の修正を要請し、修正に至らなければ直ちに JCPOA から離脱すると警告した。結局、米国トランプ大統領は 5 月 8 日に JCPOA からの離脱を表明し、中東情勢は再び混迷することとなった。このように、この問題はイラン側の合意違反だけでなく、米国の合意違反とも解し得る外交上の積極姿勢によって左右されており、今後も金融制裁の法的解決だけでは不十分で、国際政治力学の中で状況が変化していくものと思われる。

V　国家による履行の法的課題

さて、上記の対イラン制裁事例を見た場合、米国の国家による制裁の履行を巡って検討すべき法的課題が幾つか存在する[21]。

1　制裁対象者の人権保障

まず、国連安保理決議が制裁対象国の一般市民の負担を抑えるスマート・サンクションを志向するのに対し、米国は、むしろ一般市民の負担を考慮せず従来型の包括的禁輸措置を強化する方向で動いている点である。EU も上記 IV(4) 単独制裁では包括的禁輸措置を行ったが、JCPOA 履行後は制裁を解除しており、Kadi 事件判決（第 8、11 章を参照）に典型的にみられるように制裁の予防的性質と人権保障が連動し、刑事法に関する一部の権利は金融制

裁対象者に適用されないし、金融制裁は純粋に予防的な性質であって刑罰的な意味合いを含まないと解されている。しかし、米国では米国の覇権維持を目的とする官民挙げた国家戦略に基づき、金融制裁を新種の戦争と位置付けるため、そうした制裁対象となる外国人に対する人権保障への配慮は希薄で、総動員体制と言わんばかりに金融制裁の中に民事制裁、刑事罰、行政罰が全て関わってくる。さらに、米国の司法省（DOJ）、OFAC 等規制当局が米国法に基づいて米国内で訴追する際、制裁対象となる外国人・企業は事実上、裁判所で訴追の不当性を争う機会を奪われている。すなわち、訴追の事実がマスコミ報道され、長期に亘る司法手続きに参加すれば、通常の企業やビジネスマンは評判低下リスクに耐えきれない。そこに米国の当局が NPA（Non Prosecution Agreement、不起訴合意）や DPA（Deferred Prosecution Agreement、起訴猶予合意）による和解をもちかけ、厳密な証拠に基づく事実認定や裁判所の十分な審査なしに高額の制裁金を課し、厳しい罰則を科すことで決着することが通常である。このやり方は、実際には犯していない罪を行ったことにされる危険性が大きく、適正手続保障や制裁対象者の人権保障の観点からは問題が大きい。

2　域外適用

　次に、域外適用の側面についてみると、立法管轄権の域外適用に関し、属地主義を基本として属人主義、保守主義、普及主義、効果主義といった域外適用の論拠を慎重に検討する欧州や日本とは異なり、国際法の法理は未発達とする認識の下、世界中に米国の管轄権を及ぼし得る米国国内法上の仕組みを考案している。例えば、国際基軸通貨である米ドルを用いた取引でありさえすれば、米国域外で行われる送金取引（例：東京の X 社が銀行送金でフランクフルトの Y 社に米ドル送金）であっても米国法を適用する。この法的根拠が属地主義か何主義なのかは明らかでないが、ニューヨークにある米銀の米ドル・コルレス口座をカバー取引で電子的に通過する点に着目すれば属地主義とも解し得る（但し、事案との関連性に鑑みれば、コルレス口座所在地よりも当事者所在地に規制管轄権や裁判管轄権を認める方が適当であろう）し、テロ対策と同様

に国際社会の共通利益の保護目的であると考えれば普及主義が考えられ（但し、実態は米国の覇権維持に向けた国家戦略的行為なので該当すべきではない）、米ドルの通貨主権や信認確保が目的と考えれば保守主義を主張し得る可能性もある（但し、通貨偽造のような強い保護目的がある事案でなければ認めるべきでない）。なお、他にも米国管轄権を広げる米国法上の仕組みとして、米国人との共謀（conspiracy）という形で外国法人・個人を処罰したり、米国国内法の Mail & Wire Fraud（郵便通信詐欺：、他人から金銭や財産を奪う目的で詐欺のスキームや策略を考え、その実行のために、州際又は国際的な配達手段や電子通信を使用する行為を処罰するもの）を介して外国法人・個人を処罰する[22] ものがある。

　さて、米国が不当な制裁や域外適用を行った場合や、国連で自国の影響力を行使して自国の利害関係を押し出した制裁を強行しようとする場合、それを抑制できる手段はあるか。法的には、米国以外の国家は、米国法の効力を減殺する対抗立法を行ったり、米国裁判所に域外適用等に反対する意見書（Amicus Curiae Brief, アミカス・キュリエ・ブリーフ）を提出したり（独占禁止法の域外適用事案で欧州諸国が実施）、国際司法裁判所に提訴すること（現在、イランが米国を相手取り、米国による経済制裁を米国とイランの友好関係条約や国家機関の免除などの国際法に違反すると国際司法裁判所に提訴中）が考えられる。しかし、実際には対抗立法は深刻な対立を助長し易く、意見書が米国の意思決定に影響を与えるか否かは米国次第であり、国際司法裁判所に提訴しても国際法の法理が未発達な上、仮に米国に不利な判決が出た場合でも、州政府の決定等はなかなか縛れないなど、問題が生じる。そこで、経済的な対抗策も検討する必要がある。すなわち、米国が積極的な域外適用や金融制裁を行う対抗策として、米国以外の企業等は国際基軸通貨である米ドルの利用を忌避し、ユーロや日本円、中国元等の代替通貨の利用を増やすか、仮想通貨等の新商品の利用を拡大するのである。これはサラーテ氏が指摘するように LFS の不安要素でもあり、米国が不当な金融制裁を行う際には抑止原理として働こう。また、前述 BNP パリバ銀行事件のように、米国の金融制裁当局（OFAC 等）が米ドル決済を支える外国銀行を痛めつけてしまうと、米ドルの金融システムを不安定化させることに繋がり、同じ米国の金融政策当局（FRB 等）の政策目的

との不調和を来すことから、米国内の当局間の政策調整ニーズも抑制原理として機能し得る。

　一方、最近では立法管轄権だけでなく執行管轄権の域外適用の問題も生じている。すなわち、サイバー空間での犯罪に対応し、米国 FBI が海外に無断でスパイウェアを設置して犯罪捜査を進めている（例えば、2013 年に闇ウェブにおける違法取引サイトを摘発した米国 Silk Road 事件等）点への対応が最近注目を集めている。立法権の域外適用は属人主義等の一定根拠に基づく域外適用の余地があるが、この域外適用は執行権の域外適用なので一般には認められず、無断で外国領内にスパイウェアを設置する行為は主権侵害で違法となる。しかし、国際法上の間諜行為はサイバー空間では場所的要件を満たさない（有力説）ため、結局は法的責任を問えない[23]。米国の Ghappour 論文[24]は、米国のサイバー犯罪の 8 割は海外発であるから、現場捜査員が相手国の許可なしにスパイウェアを設置する事態が生じ易いとした上で、米国法の課題（連邦刑事手続規則 41 条の改正により、従来必要であった外国での捜査に裁判所の許可が不要になった点）と国際法の課題（実体法・手続法の明確な基準化が必要な点）に加えて、捜査・執行機関の自己規制や議会によるチェックの必要性を説いている。一方、2017 年に摘発された闇ウェブサイト Alphabay の事件では米国と関係国が連携して捜査したと報じられており、国際協調が実現し、主権侵害の問題は生じなかったと考えられる。

3　金融制裁の実効性確保を巡る諸課題

　さて、冒頭にサラーテ氏の米国目線による金融制裁の実効性確保の課題を紹介したが、日本目線で見た場合はどうなるか。日米欧等の金融制裁に共通の課題としては、①規制対象となる個人・団体の特定が困難であること、②国際金融システムにアクセスしない国（例：北朝鮮）には効果が薄弱であること、③対象国の一般市民や制裁実施国への負荷が大きいこと、④金融機関のリスク回避行動を助長し正常な金融取引を阻害すること（例えば、厳しいAML/CFT 規制に対する銀行のコンプライアンス負担が嵩む結果、銀行のデリスキングを助長し、アフリカ諸国から送金サービスが撤退する金融排除が増加）、⑤銀行を使わな

い送金経路の開拓が進むこと（例えば、仮想通貨やブロックチェーン取引の拡大で取引が匿名化され金融機関のフィルタリング機能が低下する危険性、従来の法執行の困難化、将来的には法貨の機能不全の可能性など）が挙げられるが、米国がLFSを成り立たせる米ドル一極集中の確保を国家戦略として推進するのに対し、日本や欧州はこの一極集中に伴う弊害（例えば、米国の過度な域外適用に伴う自国企業のコンプライアンス負担の過多や弱体化、国際金融システムの不安定化等）への対応が一番の課題である。

　次に、ブロックチェーン技術を採用し、現時点で最も取引量の多い仮想通貨ビットコインについて見てみよう。この仮想通貨は、POW（Proof of Work）と呼ばれる取引認証方法を採用し、直前10分間の取引をブロックに格納して暗号化して利用者に送信し、多数決で承認すれば既存のブロックチェーンに正式に繋ぐ。実際には膨大な演算パズルを競争で解かせ（マイニング）、その参加者（マイナー）のうち最初に解いた者が新たなブロックを追加する権利と報酬としてのビットコインを得るが、答えが分かれた場合は多数決で決める。このため、51％以上のシェアを持つマイナーがいれば全体を騙して不正が可能（51％攻撃）である。過去には51％以上のシェアを持つ単一マイナーが存在し、現在も数社が結託すれば攻撃できるが、計算時間が10分間しかないので現時点では実際には困難と言われている。また、国際送金手数料が十数円程度と銀行（数千円）よりもかなり安く、リアルタイムに24時間365日送金が可能で、銀行等の仲介者を介さずに相手の財布に直接届く。取引所、販売所、ATMで購入でき（故にMt.Gox事件のような取引所の不正やCoincheck事件のような取引所がハッキングされるリスクが存在。実際、韓国の取引所等が北朝鮮によるハッキングに複数やられている）、匿名取引が可能で（このためSilk Road事件のように違法取引や資金洗浄等に使われやすい）、パスワードや秘密鍵を自分で管理する必要がある（紛失すると通貨も喪失するので消費者は注意が必要）。ブロックチェーンの活用で中央管理者なしに「取引の非可逆性」を保証するため、安価で高いセキュリティ（仮想通貨の取引所がハッキングされるリスク等を除く）が実現可能な反面、誤送金の場合は取消しができないのでコインは二度と戻らず（従って消費者への啓蒙を含む消費者保護策が必要）、倒産などで

巻戻しや取消が生じ得る取引やデータ自体を差押え・押収する場合には現状では司法手続が未発達なので投資はともかく決済には不向きである。現状では、仮想通貨は価格変動が大きく、決済目的（受取と支払の両方を行うユーザーは2%）よりは投資目的の利用が多い（高齢者を対象に必ず値上がると騙す投資詐欺が急増中）。ビットコインの時価総額もトリニダードトバコやコスタリカ程度なので、現時点では世界を変えるほどの規模ではない。

　しかし、仮想通貨が急速に普及する可能性も否定できず、その場合は銀行決済や各国の通貨（法貨）の存在をも脅かす可能性がある。他方、法貨（法定通貨）の利便性向上も必要である。このため、BISや日本を含む世界各国の中央銀行はデジタル法貨（電子マネーや仮想通貨のように電子化された法定通貨）の研究・開発を進めてきた。詳細は筆者の別著[25]に譲るが、これが仮に実現すると様々な影響が予想される。例えば、中央銀行は銀行を介した従来型の貨幣供給管理に代わり、個人や企業に対して仮想通貨の金利や貨幣量を直接操作できるようになるが、他方で民間銀行の決済・預金業務は壊滅的打撃を受け得るほか、仮想通貨の国際取引も容易に行われる結果、法貨同士の競争を招く危険性もある。また、2018年2月にはベネズエラが米国制裁の迂回手段として原油埋蔵を裏付けとする仮想通貨ペトロを発行して外貨獲得を企図（米国は3月に大統領令E.O.13827号で自国民のペトロ購入を禁止して対抗）したほか、イランやロシアも同様に仮想通貨の発行を検討している。さらに、デジタル法貨の発行により強制執行や徴税等が行われやすくなる反面、国家管理が強化され過ぎる懸念や、Google等の情報プラットフォーマーが仮想通貨を発行しデジタル法貨を駆逐する可能性なども想定でき、将来の発展の方向性は未知数である。仮想通貨やブロックチェーンの今後の発展によっては、金融のプロの集まりとは言えない国連安全保障理事会における金融制裁の議論にも大きく関わり得る。しかし、現時点で金融制裁を取り纏める国際金融機関は存在しないため、IMFやBIS、BCBSなどの既存の国際金融機関は金融制裁に関する研究を深め、国連安全保障理事会における審議にも積極的に発信していくことが必要であろう。

注

1　拙稿「金融監督規制に関する国際制度の展開」『論究ジュリスト』第 19 号（2016 年）43-50 頁参照。

2　拙稿「最新の事例からみた『域外適用』論の再検証〜経済制裁を中心に〜」『国際商取引学会年報』(2015 年) 17 号 33-47 頁参照。

3　Juan C. Zarate, *Treasury's War: The Unleashing of a New Era of Financial Warfare*, PublicAffairs, 2013

4　拙稿「アジア金融システム改革における ABAC の役割と課題」『日本国際経済法学会年報』第 20 号（2011 年）137-153 頁参照。

5　なお、サラーテ氏は米国の国家安全保障との関係にも多く言及している。例えば、米国の国家安全保障上、諜報機関や外交当局が金融制裁の手法を用いて敵の資金の流れを把握することは有効であるが、財務省が「正当でない」参加者を「名指し」(name and shame）して隔離する金融制裁を行う場合、「名指し」が外交や国家安全保障上は好ましくない場合がある等の解説がなされている。しかし、本章には直接関係しないので割愛する。

6　例えば、拙稿「最新事例にみる米国経済法違反の域外的影響とその法的課題〜Pisciotti 事件と BNP パリバ事件」『国際商事法務』第 42 巻 8 号（2014 年）1242-1245 頁参照。

7　外為法第 16 条 1 項「主務大臣は、我が国が締結した条約その他の国際約束を誠実に履行するため必要があると認めるとき、国際平和のための国際的な努力に我が国として寄与するため特に必要があると認めるとき又は第 10 条第 1 項の閣議決定が行われたときは、〜中略〜支払をしようとする居住者若しくは非居住者又は非居住者との間で支払等をしようとする居住者に対し、当該支払又は支払等について、許可を受ける義務を課することができる」

8　福島俊一「経済制裁の現状と課題〜金融制裁を中心に」国連金融制裁研究会報告（2017 年 1 月 29 日）資料参照。

9　外為法 5 条「この法律は、本邦内に主たる事務所を有する法人の代表者、代理人、使用人その他の従業者が、外国においてその法人の財産又は業務についてした行為にも適用する。本邦内に住所を有する人又はその代理人、使用人その他の従業者が、外国においてその人の財産又は業務についてした行為についても、同様とする。」

10　米国司法省のプレスリリースは米国司法省 HP（https://www.justice.gov/opa/pr/bnp-paribas-agrees-plead-guilty-and-pay-89-billion-illegally-processing-financial）参照（最終アクセス：2018 年 1 月 27 日）。

11　詳細は、Meredith Rathbone, Peter Jeydel, and Amy Lentz, "Sanctions, Sanctions Everywhere: Forging A Path Through Complex Transnational Sanctions Laws", *Georgetown Journal of International Law*, Vol,44, Issue 3 (2013), pp. 1055-1126 および山崎千春・鈴木仁史・中雄大輔編著『マネー・ローンダリング規制の新展開』(金融財政事情研究会、2016 年) 83-117 頁参照。

12　OFAC の改訂版ガイダンスは米国財務省 HP（https://www.treasury.gov/resource-center/sanctions/OFAC-Enforcement/pages/20140813.aspx）参照（最終アクセス 2018年7月2日）。

13 以下、小塚郁也「国際社会の対イラン制裁―スマート・サンクション＋αの経済制裁の実効性について―」『防衛研究所紀要』19 巻 2 号（2017 年 3 月）107-125 頁参照。

14 S/RES/1696, 31 July 2006.

15 S/RES/1737, 23 December 2006.

16 S/RES/1747, 24 March 2007.

17 S/RES/1803, 3 March 2008.

18 S/RES/1929, 9 June 2010.

19 S/RES/2231, 20 July 2015.

20 二次的制裁を一部解除（SDN 関係は残存）したが、一次的制裁は解除していない。詳細は、中雄大輔「包括的共同作業計画「履行の日」以降の対イラン取引の注意点」『国際商事法務』第 44 巻 5 号（2016 年）746-750 頁参照。

21 以下、拙稿前掲注 2 および拙稿 "Financial Stability Concern of the Extraterritorial Impacts Caused by the Recent US Financial Sanctions on Foreign Banks", *Japanese Yearbook of International Law*, Vol. 59（2016），pp. 229-250 など参照。

22 詳細は、荒井喜美「〈西村あさひのリーガルルック〉米国法令の域外適用の広がりと司法取引〜 Mail & Wire Fraud 及び共謀罪から考える〜（上）」『Asahi Judiciary 法と経済のジャーナル』2014 年 5 月 14 日付ウェブ記事（http://judiciary.asahi.com/outlook/2014041500004.html〈最終アクセス 2018 年 7 月 2 日〉）参照。

23 河野桂子「サイバー空間を通じた監視活動の法的評価〜間諜行為、主権侵害と人権法（プライバシー侵害）の観点から〜」『防衛研究所紀要』第 19 巻 2 号（2017 年 3 月）49-69 頁参照。

24 Ahmed Ghappour, "Searching Places Unknown: Law Enforcement Jurisdiction on the Dark Web", *Stanford Law Review*, Vol. 69, Issue 4（April 2017），pp. 1075-1136 参照。著者の現在の勤務先であるボストン大学ロースクール HP（https://scholarship.law.bu.edu/faculty_scholarship/204/）から参照可能（最終アクセス：2018 年 5 月 12 日）。

25 久保田隆編『ブロックチェーンの実務・政策と法』（中央経済社、2018 年）参照。

第8章　EUにおける国連の金融制裁の履行
──自律的制裁における理事会の判断資料の範囲にみる基本権保障と制裁の実効性

柳生一成

Ⅰ　はじめに
Ⅱ　EUの金融制裁の概要
　　1　EUの金融制裁の分類と法的根拠
　　2　EUの自律的制裁において私人を制裁対象リストに掲載する過程
　　3　「2層システム」に関する問題
Ⅲ　LTTE事件およびハマス事件の概要
　　1　検討の方法と問題の所在
　　2　LTTE事件の概要およびハマス事件との相違点
Ⅳ　事件の評価と問題
　　1　第三国当局に基本権保障を求めることについて
　　2　対象者へEU制裁を継続する根拠の新情報にも国内決定が必要かについて
Ⅴ　おわりに

Ⅰ　はじめに

　本章は、国連安保理が私人への適用を主要目的として決定する金融制裁を、欧州連合（EU）が履行する過程において、EU司法裁判所が基本権（人権）の保障と制裁の実効性をいかに両立しようと試みているかを考察する。一般に、私人（法人などを含む）の基本権、とくに手続的権利を手厚く保障すればするほど、制裁の実効性は落ちよう。とりわけ、EU司法裁判所が、基本権の侵害を理由として国連の制裁を実施するEU措置を無効とすれば、世界的に統一された制裁実施が阻害される恐れもある。資産凍結などの制裁の取消しの間に、テロリストなど制裁対象者の資産が散逸する恐れや、制裁の「空白地」へ資産の逃避が起こる可能性もある。他方において、国際機構など多

くの場で指摘される通り、私人の基本権が、制裁の実効性の名の下にないが
しろにされてはならないことは言うまでもない。

この問題はこれまで、EU 司法裁判所の Kadi Ⅰ 事件(一般裁判所判決 2005 年、
司法裁判所判決 2008 年)・Ⅱ 事件(一般裁判所判決 2010 年、司法裁判所判決 2013 年)[1]
を中心に論じられてきたと言って良いであろう。当該事件は、国連安保理
やその補助機関である制裁委員会が対象を指定する制裁のうち、安保理決議
1267[2] にはじまる対アルカイダ制裁関連諸決議を EU が履行する過程にお
いて生じた。一方、EU は国連機関が制裁対象を指定する経済制裁とは別に、
EU 自身が制裁対象を決定することができる安保理決議 1373[3] が定める金融
制裁も履行しており、その際に国連機関が対象を指定する制裁の場合とは異
なる EU 固有の法的問題も生じている。

本章は、国連安保理が決定する経済制裁の中でも、国連加盟国が制裁対象
を指定可能な安保理決議 1373 を EU が履行する措置に着目し、EU 司法裁
判所の上級審である司法裁判所が出した 2 つの関連大法廷判決を分析する
ことで、EU 司法裁判所が私人の基本権保障と制裁の実効性のバランスをい
かに図ろうとしたかを検討する。テロ組織に課した金融制裁に関する LTTE
事件[4] およびハマス事件[5](ともに 2017 年)において、EU の理事会が金融制
裁を課す際に、その判断の基礎とできる情報・資料の範囲は、基本権を保障
する国家機関が出す決定中に限定されるかが争点となった。この点につき、
EU 司法裁判所を構成する一般裁判所と司法裁判所との間で対照的な判決が
出されたことにより、基本権保障と制裁の実効性のバランスの問題があらた
めて浮き彫りにされた。

検討の順序として、最初に、制裁を課す過程を中心に、EU の金融制裁の
仕組みを概観し(Ⅱ)、次に上記 2 判決を分析する(Ⅲ・Ⅳ)。最後に、制裁の実
効性の確保に苦心する裁判所の現状を指摘して結論に代えたい(Ⅴ)。

II EU の金融制裁の概要

1 EU の金融制裁の分類と法的根拠

EU が行う金融制裁は、学説上、制裁対象の地理的限定性と、制裁対象者の決定主体という 2 つを基準として分類される[6] ことが多い。まず、対象が地理的に限定されない対テロ制裁と、地理的に限定される第三国制裁に大きく分けられる。さらに対テロ制裁は、制裁対象者の決定主体に基づき、安保理決議 1267 にはじまる諸決議を EU が履行する対アルカイダ制裁[7] と、決議 1373 を履行する措置である自律的制裁（autonomous sanction）との 2 つに分類される。前者では、制裁対象者の指定は国連安保理・制裁委員会が行うのに対し、後者は EU の（閣僚）理事会が制裁対象者を指定する。第三国制裁は、第三国政府との関係という観点から、その要人、支持者、および関連組織などに課される制裁措置を指す。これには、①国連制裁の実施、② EU の独自制裁、および③国連制裁の実施と EU の独自制裁の組み合わせの 3 つの型が含まれる。

このように EU が課す金融制裁は、学説上では対アルカイダ制裁、自律的制裁、および第三国制裁へ分類されるが、EU 設立基本条約（欧州連合条約および欧州連合の運営に関する条約（以下「運営条約」））上は、3 つの制裁の区別なく制限措置と呼ばれ、その法的根拠も共通である。どの制裁に関しても、理事会は、共通外交安全保障政策（CFSP）に関する欧州連合条約第 5 編第 2 章に基づく決定（第 29 条）と、その決定を実施するための、運営条約第 215 条 2 項に基づく規則という 2 種類の文書を採択する。その後、理事会または欧州委員会は、一旦制定された規則を実施する目的で、実施規則を定めることもできる（運営条約第 291 条 2 項）[8]。また、理事会は、CFSP に基づく決定についても、「決定を実施するための決定」を採択できる（欧州連合条約第 31 条 2 項）。

> **リスボン条約による制限措置に関する改正**
>
> 　リスボン条約（2009年発効）によるEUの設立基本条約改正以前は、EUが制裁を実施する際には、理事会がCFSPの領域において「共通の立場」を採択し、その中の制裁のうち、資産凍結など経済分野の制限措置を実施するために、規則が採択されていた。規則の根拠は、旧EC条約第301条（現運営条約第215条）および旧第60条（現第75条）の2つの条項であった。くわえて、テロリストなどの私人を制裁対象とする場合には、「条約に定めのない場合の連合の措置」に関する旧第308条（現第352条）も、重畳的な形で根拠とされた。これは、旧第301条は第三国に対する制裁を前提としていたため、同条を根拠として制裁対象に含むことが可能な私人の範囲は、第三国政府と関連がある者に限られたためである。
>
> 　このEUの経済制裁の実施手続は、EUの歴史的経緯に端を発する。CFSPを柱の1つとするEUが成立する前の時代には、欧州経済共同体の枠外で制裁に関する政治的合意を行ってから、それを共同体で実施していた。その政治的合意の部分が、共通の立場さらには現在の決定へ、共同体としての実施が規則へとなった。
>
> 　EU設立基本条約上、金融制裁に関連する措置の採択手続として、論理的にはCFSPに基づく共通の立場・決定がまず採択され、その後当該共通の立場・決定を実行するための規則が採択される形式になっているが、金融制裁は迅速に行わなければ、私人の凍結すべき資産の隠匿などを招いて制裁の実効性を損なうため、実務上はCFSPに基づく共通の立場・決定と規則との両者が同日に理事会で採択されてきている。
>
> 　リスボン条約による改正で、制裁対象として指定された私人の司法的救済を改善する規定も運営条約にくわえられた。制裁対象に指定された私人の基本権保障の見地から、EU司法裁判所に、「理事会が欧州連合に関する条約第5編第2章に基づいて採択した自然人または法人に対する制限的措置を定める決定の適法性を審査する」管轄権が新たに認められた[9]（第275条但書）。改正前の裁判所には規則を審査する管轄権しかなかった。なおこの改正後も、原則としては、CFSPに関する規定およびそれらの規定に基づいて採択された行為についてEU司法裁判所に管轄権はない。

　ここで共通の立場・決定とそれを実施する規則との関係を、効力と内容の観点から整理しておきたい。一般的に、共通の立場・決定を実施する規則の効力に関し、「機能条約第215条に基づいて採択された規則の有効性の必要条件は、CFSPに関する規定にしたがって有効な決定が事前に採択されることである」[10]とされ、裁判所によって決定が取消されると、それを前提とする規則も取消される[11]。

　共通の立場・決定と規則の内容を比較すると、共通の立場・決定には、規則で実施することのない種類の制裁措置が含まれることもあるが、金融制裁に関しては、対アルカイダ制裁、自律的制裁、および第三国制裁のいずれで

あっても、制裁対象を定める要件などについて、共通の立場・決定と規則は、ほぼ同じと言っていい規定を含むことが多い。とくに制裁対象者を掲げる付属書リスト（Annex）に挙げられる私人は、共通の立場・決定とそれを実施する規則で統一されている。また、共通の立場・決定に記載された私人のリスト掲載理由が修正された場合は、関連規則も並行して修正されなければならない[12]。ただし規則の方には、「資産」の定義規定など、共通の立場・決定より詳細な規定が置かれる。

制裁対象者を EU が決定できる自律的制裁の場合は、リスボン条約前の2001 年に共通の立場 2001/931[13] が採択され、制裁対象を定める要件を規定するとともに、「真の IRA」など複数の私人が付属書リストに掲載された。これに基づく規則 2580/2001[14] も、共通の立場第 1 条 4 項に基づくリストを作成し、その掲載者の資産凍結などを行った。その後に採択された決定および実施規則が、ある私人への制裁の継続または終了、新規対象者の追加を決定した場合、その制裁対象の維持・変更に応じて共通の立場 2001/931 および規則 2580/2001 のリストに掲載された私人の氏名なども更新されている。

2 EU の自律的制裁において私人を制裁対象リストに掲載する過程

前述のように、自律的制裁の対象者の決定は EU の理事会が行い、この自律的制裁の対象者を決定する過程は、「2 層（two-tier）システム」と呼ばれている。共通の立場 2001/931 第 1 条 4 項は、この「2 層システム」を次のように定めている。

> 「〔テロ行為に関与した制裁対象者を掲載する〕付属書リストは、権限を有する当局による決定が個人、集団または組織に関して行われたことを示す、関連ファイル中の正確な情報または資料に基づいて作成される。当該決定が、テロ行為もしくはその未遂、参加、もしくは幇助に対する、重大かつ信頼に足る証拠もしくは手掛かりに基づく捜査の開始もしくは起訴に、または当該行為に対する有罪判決に関するかは問わない。安保理がテロ行為に関与したと特定しかつその者に対する制裁が下

された個人、集団または組織をリストに含むことができる。本項において「権限を有する当局」とは、司法当局、または司法当局が本項の対象とする分野において権限を有さない場合には、当該分野においてこれに準ずる当局をいう。」

つまり、理事会が自らの判断で、ある私人をEUの制裁対象とする場合に、安保理が指定した私人に制裁を課す場合を除けば、理事会による制裁対象者の指定が行われる前に、当該私人によるテロ行為への関与を認定した、いずれかの国家の国内機関が出した決定が予め存在することがまず必須の要件となる（この場合の国家として、まずEU加盟国が考えられる。それ以外の第三国が含まれるかに関しては、次のII 3以降で扱う）。

EUが自律的制裁において、特定の私人へ最初に金融制裁を課す手続[15]は、やや複雑である。前述のように、EUが金融制裁を課す際には、理事会においてCFSPに基づく決定とそれを実施する規則の2つを採択する必要がある。自律的制裁においては、この手続の事前に、特定の私人がテロ行為に関与したという国内当局決定の存在が必要となる。

EUが独自に制裁対象者を指定して、金融制裁を課すという自律的制裁の手続を整理する。第1段階として、ある国（A国とする）の司法や行政当局が、ある私人（Bとする）がテロ行為に関与したという認定を含む判決や行政命令を出す（これはEUの文脈、すなわち後にEUが自律的制裁を同一人物に課すかどうかと必ずしも関係がない）。第2段階として、理事会は、当該判決や行政命令であるA国の決定を判断の基礎とし、EUとして制裁を課すと決め、決定（初回掲載は共通の立場2001/931、その後リスボン条約による改正前は逐次採択された共通の立場）を採択して私人Bを共通の立場2001/931付属書リストへ掲載する。理事会は、その決定と同時にEU規則も採択して規則2580/2001のリストにも共通の立場付属書リストに掲載されたのと同一人物の私人Bを掲載して資産を凍結する、となる。

なお、共通の立場2001/931第1条4項が定めるシステムの「2層」とは、A国とEUの制裁が重畳的に課されるという意味ではない。たしかに、理事

第8章　EUにおける国連の金融制裁の履行　149

会が、A国機関がBに課した資産凍結命令などを基にEUの自律的制裁を
Bに課せば、Bには二重の金融制裁が課されることとなる。しかし、例えば、
A国当局決定が刑事上の有罪判決のみである場合のように、EUがA国決定
を基に自律的制裁を課しても、国家レベルとEUレベルの金融制裁が重ねて
Bに課される事態には必ずしもならない。

　EUが自律的制裁を課す際の手続的特徴である2層システムの趣旨を、司
法裁判所のAl-Aqsa事件（2012年）は次のように説明する（一部段落分けを省
略し、下線付加）。

　　「共通の立場2001/931第1条4項は、十分に強固な事実的基礎（a
　sufficiently solid factual bases）のみに基づいて私人が争点のリストへ掲載さ
　れるのを確保することによって、その者を保護するのが狙いである
　こと、および共通の立場がその目的を達成するために国内当局の決
　定を要求することは、国内決定、「正確な情報」および「重大かつ信
　頼に足る証拠もしくは手掛り」への言及から明らかである。

　　所与の者がテロ行為に関与したことにつき独自の捜査実施手段が
　EU側に欠如する中で、当該要件は、国内決定が特定の法的形式をと
　ること、または公表もしくは通知されることを要求せずに、国内当
　局が信頼に足るとみなし、少なくとも調査へとつながるような、当
　該私人のテロ行為への関与の証拠または重大かつ信頼に足る手掛り
　が存在することを確立するねらいがある。

　　国内当局決定が刑事手続の一部でなくとも、当該私人の保護に疑問
　の余地は無い……その私人の保護は、国内当局の決定が捜査開始決定
　ではなく、刑事上の有罪判決でもないけれども、捜査の結果として
　当該私人に予防的性質の措置を課す決定である場合にも確保される。
　本結論は……問題のリスト掲載が国連安保理の命ずる制裁に基づく
　ことができるという事実により補強される。当該制裁は、一般的に
　刑事的性質ではない限りで、〔オランダ外務大臣が採択した〕制裁規則が
　本件で課したような資産凍結も、安保理が決定した制裁と完全に比

較できる。」[16]

このように、EU の自律的制裁に関する 2 層システムは、理事会独自の情報収集手段の欠如を前提として、制裁対象者である私人の保護、すなわち基本権保障を趣旨として設けられたと解釈された。

3 「2 層システム」に関する問題

EU 司法裁判所の判決[17]の蓄積によって、自律的制裁に関する EU の共通の立場の内容が明確化される中、2 つの問題が残された。第 1 に、2 層システム上、最初に私人のテロ行為への関与に関する決定を出す「権限を有する当局」とは、欧州人権条約や EU 基本権憲章などを遵守する EU 加盟国の国内機関に限定されるのだろうか。第 2 に、基本権保障の観点から国内決定の前置が求められるのは、制裁対象者の初回リスト掲載のみであろうか。つまり、制裁対象者リストを見直す時に、すでに制裁対象リストに掲載されている私人を継続掲載する場合にも、理事会が利用できる情報・資料の出所は国内決定のみに限られるのだろうか。これらの 2 つは、理事会が制裁対象リストを作成する際に、依拠可能な情報・資料の範囲が制約されるか否かという実務上の問題に関係するため、自律的制裁の実効性に影響を及ぼす。

この問題が生じた背景の 1 つとして、自律的制裁に関する共通の立場および規則には、上述の問題に関する明文の規定が欠如しているという実状があった。第 1 の問題、すなわち私人のテロ行為への関与に関する決定を行う機関に EU 加盟国以外の第三国機関が含まれるか否かに関しては、共通の立場の実施方法に関する理事会の実務上の文書[18]が、第三国当局からなされた、ある私人を制裁対象へ指定する提案の扱いを定めていたのみであった。よって、EU の司法機関が、共通の立場 2001/931 第 1 条 4 項の「権限を有する当局」についての解釈を出すことによって、問題の最終的な解決がなされる必要があった。

第 2 の問題、すなわち理事会は制裁対象者リスト見直しの際にも国内決定のみに依拠する必要があるのかという点についても、共通の立場および規則

に明文の規定はない。共通の立場 2001/931 第 1 条 6 項は、「付属書リスト
に掲載されている人および組織の氏名または名称は、リストにその者らを維
持するのに理由があることを確保するために、定期的にかつ少なくとも 6 カ
月に 1 度見直される」と定めるのみである。これに対応する規則 2580/2001
第 2 条 3 項も、「理事会は全会一致により、共通の立場 2001/931 第 1 条 4 項、
5 項、および 6 項の規定にしたがい、本規則が適用される人、集団、および
組織のリストを作成し、見直し、および修正する」とのみ定める。両条文が
定める見直しの結果として、定期的に新たな決定と（実施）規則が採択され、
前の決定および（実施）規則が改廃される。

　このリスト見直しの際に、新決定・規則が私人をリストに継続掲載する場
合にも、初回掲載時と同様に、対象者のテロ行為への関与などの認定におい
て、EU の制裁措置の前の国内決定が唯一の理事会のリソースとならざるを
得ないのだろうか。それは、リスト見直しの際に理事会が、国内決定に含ま
れていない、つまり国内当局による審査を経ない情報・資料を判断の基礎と
しうるか、という問題に具体化する。理事会の判断材料が国内決定中の情
報・資料に限定されれば、それらを国内裁判所で争う機会が私人にとって保
障される点で手続的保障は手厚くなる一方、理事会が制裁理由に供する情
報・資料が制約され、私人のテロ行為への関与の事実を認定するのが困難と
なり、ひいては制裁継続が難しくなる。というのも、制裁対象者リストへの
初回掲載の基礎となった国内決定も、時の経過を経て事実的状況が変わると、
それが有効であるというだけでは継続掲載の基礎として不十分となり、掲載
継続のために理事会は、事実状況の最新評価と、危険を裏づけるより近時の
事実の考慮を求められる[19]からである。

　第 2 の問題は、おもに共通の立場 2001/931 第 1 条 6 項の解釈に委ねられ
るところ、リスト掲載継続に必要な新情報・資料にも国内決定の存在が要求
されるか否かは、裁判所が制裁の実効性と私人の基本権を重視する程度に左
右されそうである。2 つの問題に関する EU 司法裁判所の判決を次節で検討
する。

Ⅲ　LTTE 事件およびハマス事件の概要

1　検討の方法と問題の所在

　上述の 2 つの問題は、EU 司法裁判所に提起された LTTE 事件とハマス事件において重要な争点となった。両者は事実関係が似ており、制裁の取消しを求める訴訟において第一審となる一般裁判所の判決から、上訴審の司法裁判所判決までの内容はかなり重なるため、本章ではハマス事件とも比較しつつ、LTTE 事件を中心に検討する。

2　LTTE 事件の概要およびハマス事件との相違点

(1)　一般裁判所判決[20]

(a) 事実の概要

　タミル・イーラム解放の虎（LTTE）とは、スリランカにおけるタミル人国家樹立を目的とした武装組織である。2009 年にスリランカ政府が LTTE の軍事的敗北を宣言した。EU の理事会は、規則 2580/2001 の実施規則を数次にわたり採択する中、2006 年に LTTE を規則のリストに初掲載して資産を凍結した。それ以降もリスト掲載が継続したため、LTTE は、理事会を被告とし、リスト掲載を維持する一連の規則中、自らに関する部分について、EU 司法裁判所の第一審である一般裁判所に取消訴訟を提起した。

　ところで、運営条約第 296 条は「法的行為は、それらの根拠となる理由を明記し」なければならないと定めており、制裁措置を採択する理事会は、規則中に、制裁対象者の私人が理解できる（ひいては司法審査が可能な）ように、金融制裁を課す理由を添付し、私人に通知する義務を負う。この義務にしたがい、自律的制裁の 2 層システムにおいて理事会の決定に前置する国内当局決定の存在、ならびに私人のテロ行為の存在、および私人がテロ組織として決定・規則の適用対象に該当するとの認定が、理由として規則に明記される。争点の規則で理事会が示した、LTTE に関する国内当局の決定は、英国とインド政府によるものであった。しかし、理事会が LTTE の行為と認定したテロは、それらの国内決定後に生じており、いずれの国内当局の審査も経てい

なかった。その代わりに、理事会は LTTE によるテロ行為を独自に示し、それを裏づける証拠としてインターネット・報道資料に依拠した。

主な争点は、理事会が自律的制裁の対象を決定する際に、①国内決定として第三国（インド）の決定に基づいて組織をリストに掲載することは共通の立場 2001/931 違反か、②国内審査を経ない事実をリスト掲載継続の基礎とすることは 2 層システム違反であって、ひいては本来必要とされる理由の添付義務に違反するか、である。

(b) 判旨

（ⅰ）争点①について

裁判所は次のように一般論を述べる。第三国の決定も共通の立場 2001/931 第 1 条 4 項に定める「権限を有する当局による決定」に該当する（パラグラフ 127-35）。共通の立場は安保理決議 1373 を履行するので、決議と国連憲章上の義務を考慮すべきところ、決議が、すべての国家の組織的かつ緊密な協力による、世界的なテロとの戦いの強化を目的とするからである。

ただし、当局の活動が、リスト掲載の根拠として理事会が援用するのを許容するほどに十分なセーフガードを備えているかが重要である（パラグラフ 118）。第三国の多くは欧州人権条約および EU 基本権憲章上の義務を負わないので、第三国当局の決定に基づいてリスト掲載を行うとき、理事会は、当該第三国の立法が「EU において保護されるのと同等の（equivalent）防御権および実効的司法的保護の保障を確保していることを確認しなくてはならない。くわえて、第三国が当該立法を実務上は適用していないことを示す証拠があってはならない」（パラグラフ 139）。この保護が確保されない場合、第三国当局は共通の立場の「権限を有する当局」に該当しない。

この一般論の確立後に裁判所は、規則の理由中に、インド法が防御権および実効的司法的保護を保障しているか否かを理事会が綿密に検証した形跡が無いことを指摘した（パラグラフ 141-8）。

結論として裁判所は、理事会による検証の懈怠が理由添付義務違反にも該当し、インド当局は「権限を有する当局」に該当しないと認定した。

理事会が、リストへの初回掲載ではなく掲載を維持する規則の理由中で

あるために、インド当局による権利保障の確認を省いたと主張したのに対し、裁判所は、「資産凍結措置は、その予防的性質にもかかわらず、当該私人および集団に極めて大きな影響を有する措置である」と述べ、「したがって、当該措置の採択および継続両方が十分に妥当かつ明確な理由に基づかなければならない」と指摘した（パラグラフ144）。

（ⅱ）争点②について

　一般に、リスト見直しの際の原則は、「私人のリスト掲載時または直近の見直し時から、当該私人によるテロ行為への関与について同じ結論に至ることがもはや不可能なほどに事実的状況が変化したか否か」(前掲 Al-Aqsa 事件)である。つまりテロ行為への関与の危険が現存するかが判断基準となる。

　一般裁判所も当該基準に依拠しつつ、他方で、2層システムにおいて国内当局決定が要求される趣旨（本章Ⅱ）などを確認した（パラグラフ158-65）。その上で本件規則の理由を検討し、LTTE が実行したテロ行為が資産凍結の重要な根拠をなすにもかかわらず、国内当局による審査を経ていない点を指摘した（パラグラフ173-4）。続いて裁判所は、理由中のテロ行為は全当事者が広く知る事実であるという裏づけに、インターネット資料などを提出した理事会に対し、私人の保護と理事会の調査能力の欠如ゆえに、資産凍結決定の基礎となる情報・資料はすべて国内当局の事前の審査に服さなければならないと示した（パラグラフ184-7）。このように、リスト初回掲載のみならず掲載継続の基礎も国内審査を経た事実に限定される、と結論された。

　さらに裁判所は、リスト見直しは前回掲載の継続であるとしても、私人がテロリストではないという認定の可能性が開かれているべきとし、添付理由の冒頭部で私人を先験的にテロリストと認定するのは正当化できないとした（パラグラフ193）。

　結論として、国内当局が審査した資料に基づくのではなく、理事会が独自にテロ行為を LTTE の所業と認定したリスト掲載は、2層システムを定めた共通の立場違反であり、理事会は、資産凍結決定の事実的基礎として用いたテロ行為を審査した国内決定を説明しなければならないという理由添付義務にも違反したため、規則は取消された（ただし3カ月は規則の効力維持）（パラグ

ラフ 203-59)。

理事会は、国内当局の決定の時期と理事会のリスト見直しの時期が上手く
かみ合わない場合、国内決定のみから事実を引き出す義務は、私人をリスト
から不当に削除する事態を招来すると主張した。しかし判決は、加盟国が
定期的に理事会に決定を送付し、理事会側は定期的に収集すればいい上に、
EU と加盟国間には 2 層システム上の義務と誠実協力義務があるから、理事
会の手元に国内決定がないときは、テロ行為の審査を加盟国に依頼すべきと
した（パラグラフ 209-13)。

(2) Sharpston法務官意見

理事会は、両争点に関する原判決を不服として司法裁判所に上訴した。と
くに①につき、理事会が第三国当局による基本権保障を検証する必要自体は
認めるも、検証は理由に記載が必要な情報ではないと上訴理由で主張した。

司法裁判所における口頭審理後その判決前に出される、法務官の意見[21]は、
2 つの争点に関して一般裁判所と概ね同じ結論をとった。ただし争点①につ
いて法務官は、理事会が第三国の基本権保障に関する立法の遵守を組織的に
検証する必要はなく、当該事件限りで足りるとし、原審よりも検証義務の内
容を緩和した（パラグラフ 65-73)。このように、理事会ひいては制裁の実効性
への配慮が若干見られるものの、基本権を重視する法務官の姿勢は一貫して
いた（なお、司法裁判所には、手続的不備を理由として原判決を破棄し、そのうえで自
判して規則を取消すよう提言した)。

(3) 司法裁判所判決

司法裁判所は、結論としては上訴を棄却し、以下のように述べた。ただし、
争点②については原審・法務官とは異なる判断を示した。

(a) 争点①について

共通の立場には「当局」を加盟国に限定する文言が存在せず、および安保
理決議の履行という共通の立場の趣旨から、第三国当局も「権限を有する当
局」に含まれる。

理事会の検証義務の根拠は、判例で繰り返されてきた、制裁措置を採択する際に基本権を遵守する理事会の一般的義務、および共通の立場の要件の趣旨である。つまり、第三国当局による基本権保障を欠いては、私人の保護という2層システムの趣旨が達成されえない（パラグラフ25-7）。

理由添付義務の趣旨から、第三国の基本権遵守はその重要性に鑑み、それに関する理事会の判断を簡潔にでも理由に明記しなければならない（パラグラフ29-33）。

(b) 争点②について

共通の立場2001/931第1条6項は、理事会がリスト掲載継続のために依拠する資料が、初回掲載の根拠をなした国内決定後に採択された、国内決定の対象であることを要件としていない。理由は以下の3点である（パラグラフ58-71）。

第1に、共通の立場がリスト初回掲載と掲載継続とを峻別する。前者に関する第1条4項と後者に関する同条6項とを比較すると、後者に国内当局に関する文言がない。その区別の趣旨は、掲載継続は初回掲載の延長であって、リスト上の私人によるテロ活動への関与という現在の危険が存在していることにある。一般裁判所は、初回掲載に関する4項の要件を6項のリスト見直し・継続に移植し、両規定の区別を無視した。

第2に、一般裁判所は、加盟国当局が定期的に決定を採択する、または理事会が採択を要請することを想定したが、それにはEU法上の根拠がない。共通の立場に明示の基礎が欠如する中、理事会が誠実協力義務を根拠として加盟国当局に決定の採択を要求することは許されない。初回掲載後に理事会が定期的に加盟国決定の提供を受ける仕組みが無い中、理事会が加盟国決定だけに依拠してリストの見直しを行うよう要求すれば、理事会が利用可能な手段を不当に制限する。

第3に、私人の保護の必要性も一般裁判所の解釈を正当化しえない。掲載継続決定についても私人は、EU司法裁判所に訴訟を提起し、制裁理由の事実的裏づけまでに及ぶ司法審査を受けられる。

以上から、国内決定外の資料に依拠した理事会を共通の立場第1条および

理由添付義務違反と認定した原判決は誤りである。ただし、理事会は他の点で理由添付義務違反を犯したため、原判決破棄の必要はない（パラグラフ75-80）。

(4) ハマス事件とLTTE事件との相違

イスラエルに対してテロを行うハマスも、自らをリストへ継続掲載する実施規則に（および本件では決定にも）対して取消訴訟を提起した。本件でも理事会の掲載継続理由は、国内機関の決定ではなく、報道などの情報に基づいており、国内当局決定後に生じたテロ行為を原告の活動であると認定していた。一般裁判所判決[22]、理事会の上訴理由、法務官意見[23]、および司法裁判所判決[24] の論理はそれぞれ LTTE 事件とほぼ同内容である。

IV　事件の評価と問題

2017 年 10 月時点において両事件に関する評釈は僅かだが、学説を参考として、自律的制裁の上記 2 つの争点に関して示された、両事件の判断の問題点を考察する。

1　第三国当局に基本権保障を求めることについて

(1)　基本権保障と制裁の実効性のバランスについて

第三国当局決定に関する争点①では、EU 司法裁判所は一貫して、制裁対象となった私人の基本権を重視した。学説には、そのような姿勢を示した一般裁判所判決を肯定的に評価する見解[25] がある。それによると、対象者を EU の自律的制裁のリストへ掲載する際に、第三国の決定に依拠することが EU 法の保障する基本権保護の水準を迂回する手段となってはならず、第三国において EU と「同等の保護」が確保されてなければならないという判決は妥当である。ただし、インドが保護の水準を満たすか否かを裁判所自身がより詳細に検討すべきだった、とされる。この評価は、ほぼ同じ結論をとった司法裁判所にも妥当しよう。

本件に関する分析ではないが、第三国政府（とそれに同情的な EU 加盟国）により EU の制裁リストが濫用される危険を指摘する見解[26]からも、EU 司法裁判所の立場は評価されよう。すなわち、自律的制裁リストへ私人を掲載しようとするイニシアチブの多くは外国政府から来る。テロの対象は民主主義国家に限定されないが、独裁政権は反対派をテロリストと呼びやすい、とされる。独裁政権が満足に基本権を保障している場合は稀であろうから、基本権保障の要求は、外国政府による不当なリスト掲載提案の根拠となる、第三国当局決定を排除できよう。

くわえて、EU が第三国に基本権保障を求めても、金融制裁の実効性を阻害する要因にはならないとも言える。「ある国の法執行機関が、〔基本権〕保護に違反するとき、他国の機関はしばしば、国家を越えた調査や執行の努力をためらうようになる」[27]と指摘される。そうであれば、基本権保障の要求は、各国間の金融制裁の実施協力を円滑にする条件と言えよう。

以上の学説に鑑みれば、EU 司法裁判所による基本権保障と制裁の実効性の衡量は適切と言えよう。ただし、司法裁判所は、一般裁判所判決に言及したものの、「同等の」という表現は用いていないし、法務官と異なり、理事会が第三国の基本権遵守を検証すべき程度も明示していない。これを司法裁判所が制裁の実効性確保のために残した「余白」と読むことは可能ではないか。

(2) 2つの判決と他の制裁との関連性において残された問題

第三国や国際機構が EU の制裁に関係する場合は自律的制裁に限られない。ここで詳細な検討はできないが、他の制裁と関連する問題を 5 つ挙げたい。EU が第三国や国際機構に要求する基本権保障は、制裁横断的かつ各制裁内で一定か。具体的には❶自律的制裁において、安保理決議を根拠に私人をリストに掲載した場合も、第三国当局決定の場合と同じ基本権遵守の検証が必要か。さらにそれは、❷安保理決議が定める私人に EU の制裁を課す、対アルカイダ制裁関連判決において国連の手続に求められた基本権保障[28]と同じであるか。前掲 Al-Aqsa 事件下線部（II 2）およびその原審（2010 年）[29]

は、安保理決議とオランダ当局決定を同視した。他方で、Kadi II 事件の原審（2010 年）は、自律的制裁では、国内裁判所の司法審査に服す防御権の保護が国家レベルで存在するのを理由として、EU 機関は、EU で新たな保護を提供する義務を免除されるのに対し、対アルカイダ制裁は 2 層の手続（1 つは国連、もう 1 つは EU）を有するけれども、制裁委員会において実効的司法的保護に服しうる防御権の保護が欠如するため、EU が制裁を課すときに保護を確保するよう EU 機関は義務づけられる[30] と指摘した。このように、裁判所が制裁間の異同をどう把握しているかは明瞭ではない。しかも、この問題は、争点②で司法裁判所が国内決定外の情報・資料に依拠するのを認めた第 3 の理由、すなわち EU レベルで完全な司法審査が存在する意義と、さらにはその必要性の議論とも、連関しよう。

　2 層システムの趣旨の意義も上記の問題に関係する。「十分に強固な事実的基礎」（II 2）は、他の制裁において、司法審査の段階で EU 機関側が課される、制裁理由中の事実の証明が満たすべき水準とされる[31]。❸この証明において第三国の判決などを用いるとき、当該国の司法機関などに基本権保障は求められるか、さらにその水準は自律的制裁の場合と同じか。これは、❹理事会が制裁を課す基礎として第三国決定を用いる場合と、後に EU の裁判所で制裁が争われる段階において、制裁理由を証明する証拠として第三国決定を用いる場合とで第三国に同じ基本権保障を求めるべきか、という問題の1 場面でもある。事実認定は一般裁判所の排他的管轄に属すため、同裁判所の判決[32] も重要である。

　第三国制裁における第三国当局の決定の役割との関係も問題となる。同制裁では、制裁対象者を定める要件中に、第三国当局の決定への言及が含まれる場合がある。例えば、ロシア制裁に関する決定 2014/119（改正後）第 1 条1 項[33] は「付属書リストに掲載された、ウクライナ国の資産の横領に責任を有すると特定された者およびウクライナにおける人権侵害に責任を有する者、ならびにそれらと関係する自然人もしくは法人、組織または機関が、所有、占有または支配するすべての資産および経済資源は凍結する。本決定において、ウクライナ国の資産の横領に責任を有すると特定された者とはウク

ライナ当局が行う捜査に服す者を含む」と定める。❺この「当局が行う捜査」にも基本権保障が求められるであろうか。これは、EU独自制裁の文脈で生じる問題だが、第三国政府がEUの制裁リストを濫用する危険などは自律的制裁の文脈と同様に存在する。EU司法裁判所は、一定の基本権保障を求めるようだが、理事会に一義的に第三国当局決定を検証するよう求めてはいない[34]。

第三国に基本権保障を求める裁判所の方向性は幅広い支持を得られようが、制裁の実効性への配慮が具体化される程度、さらに他の制裁との整合性を視野に入れると、司法裁判所判決には今後明確にされるべき余地がある。

2　対象者へEU制裁を継続する根拠の新情報にも国内決定が必要かについて

基本権重視の一般裁判所および法務官と、制裁の実効性をより重視した司法裁判所との、争点②（リスト掲載継続のための新情報・資料にも国内決定の事前審査が必要か）における主要な対立軸を整理すると、次の3点である。

第1に、リスト掲載継続の性質についてである。司法裁判所は、私人のリストへの掲載継続は初回掲載の延長とし、私人によるテロ活動関与の危険は継続するとした。一般裁判所と法務官は、掲載継続であっても私人をテロリストと先験的に認定することを禁じ、リストからの削除の可能性を広げた。第2に、国内決定確保のための理事会と加盟国の関係である。両者の協力義務を想定する一般裁判所に対し、司法裁判所は法的根拠が無いと否定した。第3に、私人の司法的救済の必要性の程度である。一般裁判所も法務官も、国内決定を不要とすると実効的司法的保護の権利の保障が薄くなる事態を問題視する。国内決定を基にリストに継続掲載された私人は、EU司法裁判所で金融制裁を争う手段にくわえ、国内裁判所で当局決定を争う機会を得るのに比し、当局決定外の事実で理事会が掲載継続を決めた者にはEUの司法的救済しか確保されないからである。一般裁判所は「基本権が与える保障の重要性を強調するのが適切」と述べ、法務官も、資産凍結リスト掲載が私人に及ぼす影響の深刻さゆえに厳格な手続を主張した[35]。これに対し司法裁判所は、EU司法裁判所による救済の存在を理由に、私人の保護の必要性が一般

裁判所の解釈を正当化しないと断じた。

　基本権保障の観点からは、一般裁判所と法務官の解釈の方が好ましいであろうが、制裁の実効性を考慮したときに問題はないであろうか。

　学説に目を向けると、一般裁判所の解釈に否定的評価[36]がある。それによれば、一般裁判所による共通の立場の解釈は厳格に過ぎる。共通の立場は、国内当局の決定を要求するだけであって、理事会が独自に決定後の出来事を引用するのを排除していない。そのような制裁リストの補強が許されるべきである。訴訟手続における防御権などが問題となる文脈と違い、制裁の予防的性質を考慮すれば、公知の資料の使用も許されるべき、と述べられる。この指摘は司法裁判所判決の方を支持するであろう。

　裁判所が保つ基本権保障と制裁の実効性とのバランスが適切か否かの評価は、一律に定まり得ない問題だとしても、本章が検討した LTTE 事件とハマス事件の両事件では、この学説による指摘、および解釈から導かれる事件の帰結の妥当性から、司法裁判所が示した結論の方が妥当であろう。一般裁判所や法務官の解釈にしたがうと、テロ行為につき犯行声明を出すような組織に制裁を課す過程においてすら、テロ行為を証明する情報・資料の取得に理事会が苦心する事態に陥る。たしかに、一般裁判所などが強調するように、理由添付義務違反は手続的問題であって、訴訟当事者の私人がテロ組織か否かという実質的判断とは無関係[37]である。そうとはいえども、ハマスをテロ組織と認定する理由づけさえも不成功に終わり、結果として理事会が金融制裁を課せないという事態になっていたら、安保理決議の誠実な履行という観点から EU の制度を評価して、実効的であると認める者は少なかったであろう。理事会がハマス事件で主張したように、そのような事態は、テロとの戦いという共通の立場の目的に反する。司法裁判所は基本権保障と制裁の実効性の関係を適切に保ったと言えるが、上級審と下級審の違いは、2 つの価値の両立の難しさを物語る。

V おわりに

EU の自律的制裁では、理事会による私人の制裁対象リストへの初回掲載は、当該私人のテロ行為への関与を認定した、国内当局決定中の情報・資料のみを基礎に判断される。この2層システムの趣旨は、特定私人がテロ行為に関与したと認定した当局の審査を経ることで、制裁理由の基礎をなす事実の正確性を確保し、私人の権利を保護することである。

ここで、①理事会は EU 加盟国以外の第三国当局の決定にも依拠可能か、②リストの見直し時に制裁継続を決める際にも2層システムの趣旨を貫徹し、初回掲載と同じく、理事会が依拠できる情報・資料は国内決定の中に制限されるか、という2つの問題が生じた。

司法裁判所は①につき、第三国当局による基本権保障を理事会が検証し、制裁措置に添付される理由中で説明することを条件として、当該決定への依拠を認めた。ただし、一般裁判所および法務官が EU と「同等の」基本権保障を第三国に求めたのに対し、司法裁判所は基本権保障の程度に言及しなかった。司法裁判所がここに、制裁の実効性を将来確保するための余地を残した可能性はあろう。

②について、基本権保障を重視し、制裁継続時の理事会の判断資料も国内決定中に限定した一般裁判所に対し、司法裁判所は、理事会の手段を不当に制約すべきでないとして、国内決定外の報道資料などに基づいて制裁継続の基礎となる事実を認定することを認めた。

このように、本章が検討した自律的制裁に関する2つの事件においては、司法裁判所は制裁の実効性を確保するために、一般裁判所や法務官と比べて、基本権保障を強調することにやや慎重であることがわかる。第一審後、両事件は、EU に残された難題の1つと形容された[38]。Sharpston 法務官自身も、両事件の意見を書いた後、司法裁判所判決が出る前に、リスト掲載・資金凍結に関する事件を「難問」と評していた[39]。この事件の性質を勘案すれば、司法裁判所判決を基本権保障の後退とは評すべきでなく、そこには、自律的制裁の開始から15年以上を経てもなお、制裁の実効性と基本権保障のバラ

ンス確保に苦心する裁判所の現状が窺える。

　本章で検討した EU の自律的制裁に関する 2 つの大法廷判決が示した、基本権保障と制裁の実効性確保のバランスが、制裁に関する他の問題においてどのように反映されるかが注目される。自律的制裁と対アルカイダ制裁との、さらには第三国制裁も含めての EU 司法裁判所の判例の整合性や体系性は必ずしも明瞭ではなく[40]、欧州委員会は、LTTE 事件は Kadi II 事件とは異なる、「手続的な」理由で規則を取消したと分析している[41]。EU の自律的制裁に関する 2 つの大法廷判決が、EU が実施する制裁に関する判例全体において有する射程、さらには国連の金融制裁の履行に及ぼす影響について、今後の判決の蓄積に注意すべきであろう。

注

1　Kadi I・II 事件の詳細については、本書第 10 章参照。

2　S/Res/1267, 15 October 1999.

3　S/Res/1373, 28 September 2001.

4　Case C-599/14 P *Council v LTTE*（ECLI:EU:C:2017:583）.

5　Case C-79/15 P *Council v Hamas*（ECLI:EU:C:2017:584）.

6　*E.g.*, Christina Eckes, "EU restrictive measures against natural and legal persons: From counterterrorist to third country sanctions," *CMLR.*, Vol. 51（2014）, pp. 869-874.

7　厳密には、国連も EU もアルカイダのみを制裁対象としてきた訳ではないが、本章では便宜上こう呼ぶ。

8　同条は、「法的拘束力を有する連合の法令を実施するために統一的条件が必要な場合には、当該法令は、実施のための権限を委員会に付与するか、又は、十分に正当化できる特別な場合及び欧州連合に関する条約第 24 条並びに第 26 条に規定する場合については、理事会に付与する」と定める。実際には、実施を必要とする規則の方に欧州委員会に付属書リストの更新を授権する条項が含まれていることが多い（See, for example, Regulation No 467/2001 on prohibiting the export of certain goods and services to Afghanistan, strengthening the flight ban and extending the freeze of funds and other financial resources in respect of the Taliban of Afghanistan, and repealing Regulation（EC）No 337/2000 [2001] OJ L 67/1, Art. 10）。

9　詳しくは、中西優美子『EU 法』（新世社、2012 年）213-215 頁参照。改正前の状況について、中村民雄「EU の国際的テロリズム規制措置に対する司法審査と基本権保護：EU 判例の最近の展開」『社會科學研究』第 59 巻 1 号（2007 年）57-82 頁参照。

10　Case C-72/15 *PJSC Rosneft Oil Company v Her Majesty's Treasury*（ECLI:EU:C:2017:236）, para. 55.

11 *E.g.*, Case T-340/14 *Klyuyev v Council*（ECLI:EU:T:2016:496）, para. 49.

12 Case C-440/14 P *National Iranian Oil Company v Council*（ECLI:EU:C:2016:128）, para. 55.

13 Common Position 2001/931 on the application of specific measures to combat terrorism [2001] OJ L 344/93. なお、メンゴッツィ法務官によると、「〔共通の立場2001/931〕第1条は、決議1373（2001）の類似の規定の移植ではなく、理事会の自律的な決定の結果である（A.G. Mengozzi in Case C-354 & 355/04 P *Segi*（ECLI:EU:C:2006:667）, para. 57）。

14 Regulation 2580/2001 on specific restrictive measures directed against certain persons and entities with a view to combating terrorism [2001] OJ L 344/70.

15 Christina Eckes, "Decision –Making in the Dark? Autonomous EU Sanctions and National Classification," in Iain Cameron（ed.）, *EU Sanctions: Law and Policy Issues Concerning Restrictive Measures*（Intersentia, 2013）, pp. 177-83.

16 Case C-539 & 550/10 P *Al-Aqsa v Council*（ECLI:EU:C:2012:711）, paras. 68-72.

17 例えばCase C-27/09 P *French Republic v People's Mojahedin Organization of Iran*（ECLI:EU:C:2011:853）等参照。

18 Working methods of the Working Party on implementation of Common Position 2001/931 on the application of specific measures to combat terrorism in Annex II to Council document 10826/1/07 REV 1 [2007].

19 *LTTE, supra* note 4, paras. 52-4. なお司法裁判所によると、この点についてKadi II事件、すなわち対アルカイダ制裁との「類推」が可能である。これは、後述のIV 1（2）の論点❶・❷に肯定的な示唆を与えるように思える。

20 Joined Cases T-208 & 508/11 *LTTE v Council*（ECLI:EU:T:2014:885）.

21 A.G. Sharpston in Case C-599/14 P *LTTE*（ECLI:EU:C:2016:723）.

22 Case T-400/10 *Hamas v Council*（ECLI:EU:T:2014:1095）.

23 A.G. Sharpston in Case C-79/15 P *Hamas*（ECLI:EU:C:2016:722）.

24 *Hamas, supra* note 5. ただしLTTE判決とは、第1に、理由は不明であるが、米国当局決定につき原審・上訴審ともに正面から論じなかった点、第2に司法裁判所が、事実関係のさらなる審理が必要として原判決を破棄し、一般裁判所へ差戻した点が異なる。

25 Luca Pantaleo, "Of Terrorists and Combatants: The Application of EU Anti-terrorist Measures to Situations of Armed Conflict in the General Court's Ruling Concerning the Liberation Tigers of Tamil Eelam," *E.L.Rev.*, Vol. 40（2015）, p. 609.

26 Iain Cameron, "Introduction," in Camerom, *supra* note 15, p. 25.

27 Kern Alexander, *Economic Sanctions Law and Public Policy*（Palgrave Macmillan, 2009）, p. 316.

28 Joined Cases C-584, 593 & 595/10 P *Commission v Kadi*（ECLI:EU:C:2013:518）, para. 133.

29 Case T-348/07 *Al-Aqsa v Council*（ECLI:EU:T:2010:373）, para. 98.

30 Case T-85/09 *Kadi v Commission*（ECLI:EU:T:2010:418）, paras. 186-187.

31 *E.g., Kadi, supra* note 28, para. 119.

32 Al-Ghabra 事件（2016 年）が、欧州人権条約第 6 条および基本権憲章第 47 条に
したがった英国裁判所の認定に「特別の重み」を認める（Case T-248/13 *Al-Ghabra v Commission*（ECLI:EU:T:2016:721）, para. 144）点から、国内当局の基本権保障は問題とされよう。

33 Decision 2015/143 amending Decision 2014/119 concerning restrictive measures directed against certain persons, entities and bodies in view of the situation in Ukraine [2015] OJ L 24/16.

34 See Case T-348/14 *Yanukovych v Council*（ECLI:EU:T:2016:508）, paras. 111-116 and Case C-599/16 P *Yanukovych v Council*（ECLI:EU:C:2017:785）, paras. 58-78.

35 *LTTE, supra* note 20, para. 224 and A.G. Sharpston, *supra* note 21, paras. 100-102.

36 Pantaleo, *supra* note 25, pp. 610-611.

37 *E.g., Hamas, supra* note 22, para.142.

38 *See, e.g.* , Ricardo Gosalbo-Bono & Fredrik Naert,"The Reluctant（Lisbon）Treaty and Its Implementation in the Practice of the Council" in Piet Eeckhout & Manuel Lopez-Escudero（eds.）, *The European Union's External Action in Times of Crisis*（Bloomsbury, 2016）, pp.67-68.

39 Eleanor Sharpston, "Of the State of the（European）Union and of Trade Deals" in Institute of European Law Birmingham Law School, *IEL Working Papers*（2017）, p. 5.

40 例えば、Kadi II判決に言及して第三国制裁と対アルカイダ制裁における理事会の義務を比較した、一般裁判所の Al Matri 判決（2016 年）においても、両制裁の理論的関係は明確には整理されなかった（Case T-545/13 *Al Matri v Council*（ECLI:EU:T:2016:376）, paras. 57-59.）

41 *Cf.* European Commission, "Report From the Commission to the European Parliament, the Council, the European Economic and Social Committee and the Committee of the Regions, 2014 Report on the Application of the EU Charter of Fundamental Rights", COM（2015）191 final, p. 6.

第9章　銀行[1]の制裁対応実務

中雄大輔[2]

I　はじめに
II　銀行に遵守が求められる経済制裁関連法規
　1　経済制裁に関する国連安保理決議
　2　経済制裁に関連する各国の法規
　3　銀行の役職員個人への経済制裁関連法規の適用の可能性
III　銀行の経済制裁対応実務
　1　取引先スクリーニング
　2　取引フィルタリング
　3　案件審査(案件デュー・ディリジェンス)
IV　銀行における経済制裁関連実務の課題
　1　デリスキング
　2　狙い撃ち制裁(Targeted Sanctions)とデリスキング
　3　情報分断の弊害：米The Clearing Houseの提言
V　おわりに
　1　銀行の保守的な経済制裁対応
　2　デリスキングとその対応策
　3　より実効的・効率的な経済制裁対応の追及
　4　新技術の負の側面

I　はじめに

　制裁に関わる経済活動（以下「経済制裁」）のゲートキーパーとしての銀行への期待は近年より一層高まっている。銀行はゲートキーパーとしての役割を適切に果たす為に必要な手続やシステム的な対応を預金や為替（送金）などの銀行業務の中に組み込むことにより、経済制裁関連法規の遵守徹底に努

めている[3]。本章では、銀行における国連安全保障理事会（以下、安保理）によるものを含む経済制裁への対応の実務とそれにおける課題を中心に紹介し、情報通信技術（フィンテック）の影響をも勘案しつつ経済制裁の設計と実行における官民の役割や連携に関して検討してみたい。

II　銀行に遵守が求められる経済制裁関連法規[4]

　一般的に、複数の国・地域にて多種類の取引を多種多様な相手とおこなっている銀行に遵守が求められる法律・規則（以下、法規）は実に多く、複雑である。国内・海外を問わず、銀行の全ての拠点（本店、支店や現地法人等）で遵守が求められる法規もあれば、ある特定の拠点だけが遵守する必要があるものもある。経済制裁に関連する法規も同様である。国内・海外問わず全拠点に適用される法規もあれば、特定の拠点にのみ適用がある法規もある。以下、代表的な経済制裁関連法規の適用に関する銀行の実務における考え方を説明する[5]。

1　経済制裁に関する国連安保理決議

　国連加盟国は国連憲章に基づき安保理の決議を遵守する義務があるが、その義務は各加盟国の国民や当該国の法人（当該国の法律に基づき設立されている法人、主たる事務所が当該国にある法人）に直接適用されるものではない。各加盟国は、国内法上の措置を経て、自国内にて安保理決議（国連による制裁）を実行する[6]。即ち、銀行は安保理決議を直接遵守するのではなく、銀行やその業務、役職員等に適用がある各国の法規を守ることが求められる。

2　経済制裁に関連する各国の法規

　以下では、各国の経済制裁関連法規の適用に関する銀行の実務における考え方を説明する。

（1）　拠点の所在地と国籍

　一般的に、主たる事務所（本店や本部）が所在する、またはその国の法律

に基づき法人等が設立されている国の経済制裁関連法規は、銀行全体に適用されると考える[7]。

　例えば、日本の経済制裁法規の中核を成す外国為替及び外国貿易法（以下外為法）は第5条にてその適用範囲を「この法律は、本邦内に主たる事務所を有する法人の代表者、代理人、使用人その他の従業者が、外国においてその法人の財産又は業務についてした行為にも適用する。本邦内に住所を有する人又はその代理人、使用人その他の従業者が、外国においてその人の財産又は業務についてした行為についても、同様とする。」[8]と定義しているため、日本にある本支店のみならず、外国にある支店における業務にも外為法が適用されると考える。

　もう一例として米国の経済制裁関連法規も見てみたい。米国の場合、経済制裁は法律及び大統領令に基づき財務省外国資産管理室（Office of Foreign Asset Control, OFAC）により執行されている（以下、OFAC規制）。これらは通常その禁止事項の適用対象者を以下の様に定義される U.S.Person としている。

"any U.S. citizen, permanent resident alien, U.S. company including their foreign branches) and any person or company in the United States," [9]（筆者訳：全ての米国国民、永住外国人、在外支店を含む米国企業、米国内にいる人や企業）。日本の外為法と同様に自国（米国）内にいる者（any person or company in the United States）に加え、米国外にある自国企業の支店（U.S. company including their foreign branches）にも適用されると考える（米国外における米国企業の100％子会社にも適用される場合もある）。

(2)　取引の発生場所

　一般的に、銀行とその顧客等との取引が発生した国の経済制裁関連法規も当該取引に関わる銀行業務に適用されると考える[10]。その際、「取引の発生」とは何を指すのかに留意する必要がある。取引に関わる行為は、その主たる構成要素として、取引関係に入ることを合意する「約定」、その取引を銀行の台帳に記録したり必要な書類を用意したりする「事務」、取引により発生する債権債務関係を実行する為の「決済」の行為に分解することができ

る。これらが各々、別の国で行われることは銀行業務では決して珍しくないため、どの行為が何処でなされているのかを判別する必要がある。外国為替（送金）取引で例示したい。

香港在住者Aが邦銀B香港支店と、同支店から米ドルでシンガポールの銀行Cにある同国在住者D名義の預金口座宛に送金することを約定する。邦銀Bはこの送金の事務処理を東京にある事務センターで処理している。邦銀Bはシンガポールの銀行Cに対して送金代金（米ドル）を受け渡す（決済する）必要があるが、その決済は邦銀Bのニューヨーク（米国）支店が担っている（**図9-1**を参照）。

このような取引が行われた場合、銀行の実務ではこの送金取引に関わった拠点がある全ての国が「取引の発生場所」になり得ると考え、その国の経済制裁関連法規がその送金取引に関わる銀行業務の全部乃至一部に適用され得

図9-1　資金決済の仕組みの例

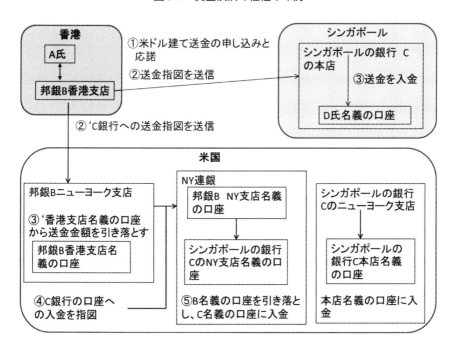

ると考える。上記例で邦銀Bが香港、東京、ニューヨークの支店で行った行為は「約定」、「事務」、「決済」である。その結果、邦銀Bには香港、日本、米国の経済制裁関連法規が適用され得ると考える。

シンガポールの法規に関しては、シンガポールで発生するのはシンガポールの銀行Cによるシンガポール在住者Dの預金口座への入金であり、邦銀Bの行為はないことから、一般的には邦銀Bにはシンガポール法の直接的な適用は無い、と考える。もっとも、邦銀Bがシンガポール法に抵触する送金を頻繁に行った場合、銀行Cから取引を拒否されたり、法令遵守態勢に関しマイナスなレピュテーションが発生し他行からも取引を回避されたり、シンガポール当局の調査対象となったりする等のリスクには十分注意する必要はある。

(3) 各国の経済制裁関連法規の域外適用の可能性

(1)で述べた通り、日本の外為法も米国のOFAC規制も、自国国民や自国の企業が国外で行う行為にも適用が有り得るとしている。これは、(2)で述べた「取引の発生場所」が自国外であっても、自国民・自国企業が関わっていれば、その個人・企業には自国の経済制裁関連法規が適用され得るということに他ならない。これを取引が発生した国の目線から見れば、他国の法規が自国で行われた行為に適用され得るわけであり、一種の域外適用を発生させているとも言える。一般的に、国籍であろうが、領土であろうが、ある取引が当該国の主権となにかしら明確な接点があるならば、当該国の法律の適用があることは理解し易い[11]。

しかし、例えば、米国当局による経済制裁違反に関する米国外銀行の処分事例には米国の主権との関係が判然としない部分があるようにも思われる。米国の経済制裁の根拠法の一つ[12]である国際緊急経済権限法（International Emergency Economic Powers Act, IEEPA）がその罰則規定で "It shall be unlawful for a person to violate, attempt to violate, conspire to violate, or cause a violation of any license, order, regulation, or prohibition issued under this chapter." [13] としており、OFAC規制のようにU.S.Personへの限定が無いことがその理由の一つとも考

え得るように思われる[14]。

　何れにせよ、銀行の実務としては米国の経済制裁法規は自国のものと同様に広く適用され得ると意識し、対応することが求められる。

3　銀行の役職員個人への経済制裁関連法規の適用の可能性

　本節の最後に、ある国の経済制裁関連法規が、銀行には適用が無い場合であっても、当該国の外で銀行に勤める当該国の国籍を有する役職員個人には適用される可能性[15]に関して、以下の例を通じて簡単に言及したい。

　米国人Aが、非米国銀行Bの米国外拠点（C国）で勤務している。銀行Bは、米国がU.S.Personには禁止しているイランとの取引がある。OFACはU.S.Person以外がこの商売を行うことは禁じていないことを公表している。この場合、銀行BはU.S. Personではなく、このイランとの取引に関しては米国の経済制裁規制の適用は無いと考える。他方、米国人である個人Aには、銀行Bの業務として米国外で行ったことであっても、米国の経済制裁法規が適用されると考える。

　この様な場合、米国人Aは、米国の経済制裁法規の違反を避ける為に、米国の経済制裁関連法規の違反となり得る取引（この例ではイランとの取引）に関する打ち合わせや企画作業を含む関連する全ての行為に参加しないことが求められる。

　OFACはイランとの核合意（Joint Comprehensive Plan of Action, JCPOA）履行に関するガイダンス[16]にてこのような除斥方針（Recusal Policy）の導入を推奨している。尚、このような関与予防の必要性は米国法に固有のものではなく、大手銀行等でEU等他国・地域の国籍保有者にも適用し得る文面での手続を整備している先は珍しくない。

172

表 9-2　経済制裁関連法規の適用に関する銀行の実務における考え方と例

適用が有りえると考える経済制裁法規	例
主たる事務所（本店や本部）が所在する国のもの。	日本の外為法は日本国内外の支店に適用がある。
法人がその国の法律に基づき設立されている国のもの。	米国の法律は、米国法に基づき設立されている法人の米国外支店等に適用がある。
自然人の国籍国、永住権保有国・居住国のもの。	米国の経済制裁規制は US Person に適用される。
取引の発生場所の国のもの（約定）。	約定行為を行った拠点に適用がある。
取引の発生場所の国のもの（事務）。	事務を扱った拠点に適用がある。
取引の発生場所の国のもの（決済）。	決済を行う拠点に適用がある。決済は当該通貨の発行国にて行われる場合が多いが、第三国での決済も可能。この場合、決済を行う第三国の拠点にも通貨発行国の法規が適用されると考える。
域外適用性	米国の一部経済制裁法規（例：セカンダリー・サンクション）[17]

III　銀行の経済制裁対応実務[18]

　銀行はその業務にどの国の経済制裁法規が適用され得ると考えるのか見てきたが、続いて法規を遵守すべく銀行が実施している実務対応を概観してみたい。

　銀行における経済制裁対応の実務は大きく三つに分類できる。

　　1　取引先（及び新規取引先候補）が経済制裁対象と指定されているか否かを確認する取引先スクリーニング、

　　2　銀行が取り扱う為替取引等の個々の取引の当事者に経済制裁対象がいるか否かを確認する取引フィルタリング、

　　3　銀行が扱う融資等の取引が産業セクター別経済制裁等に抵触し得るか確認する案件審査（デュー・デリジェンス）。

　以下、各々の目的、実施方法、対象となる情報、使用するシステム、経済

制裁の対象である可能性が検知された場合の対応を見ていく。

1　取引先スクリーニング

(1)　目的:

　取引先スクリーニングとは、一般的には銀行がその顧客等に制裁対象者がいないことを確認する為に行う取引先名等と制裁対象者名等との突合せ作業のことを指し、「新規取引先候補」のスクリーニングと、「既存取引先」のスクリーニングに大別できる。新規取引先候補のスクリーニングは、既に制裁指定されている者が銀行と新たに取引を開始することを予防する為に行う。既存取引先のスクリーニングは、新たに経済制裁対象者として指定された者が以前より銀行の預金等の取引先になっていないかを確認し、該当がある場合は資産凍結等、適用される法が求める措置を実施することを目的とする。

(2)　実施方法:

(a)　新規取引先候補[19]のスクリーニングの場合

　新規取引の申し込みがある際、当該新規取引先候補の名前等を制裁対象者のリストと突き合わせる。新規取引の申し込み時点では名前等の情報はまだ銀行のシステムには登録されていない為、スクリーニングに用いるシステムの端末に担当者が新規取引先候補の名前等をキーボードから入力する（打鍵入力）。本人の名前（自然人ならば氏名、法人ならば登記名）以外にスクリーニング対象とする情報は手続で詳しく定められる。

(b)　既存取引先スクリーニングの場合

　既存の取引先が新たに経済制裁対象者となる可能性がある為、全取引先の名前等を適用がある制裁法規に基く制裁対象者のリストと突き合わせる。この突き合わせは、両サイド、即ち、全取引先のリスト・制裁対象者のリスト双方が可変であることに注意を要する。制裁対象者が不変（新規指定なし）であっても取引先が増えている（新規取引が開始されている）可能性がある。新規取引先に対しては上述した新規取引先候補のスクリーニングが実施されているわけだが、担当者が打鍵入力した情報ではなく、銀行の所定の事務手

続きを経て銀行のシステムに登録された名前等の情報をスクリーニングの対象とするところに差異がある。銀行の事務手続は入力内容を複数の担当者が確認する等、取引先名等の情報が正しく登録されることを担保する仕組みもあることから、打鍵入力でのスクリーニングより確かな（品質が高い）データで突き合わせているとも言える。取引先も制裁対象者も可変である以上、漏れなく確認するには全量同士（全取引先と全制裁対象者）を突き合わせる必要がある。しかし、取引先数も制裁対象者数も膨大である為、処理に必要な時間・システムリソースを確保するのは容易ではない。この為、差分―全量、即ち、新しい取引先情報を全制裁対象者リストと、全取引先情報を制裁対象者リストの差分（新規指定先）と突き合わせるなどの工夫がなされている。

(3) スクリーニング対象の情報

取引先名等を突き合わせると説明してきたが、取引先名以外で突き合わせることが望まれる取引先情報として何があるかを見ておきたい。名前以外の取引先情報のスクリーニングは制裁対象者をより的確に検出する為（検出漏れの予防）と「国」・「地域」等、自然人・法人等以外を対象とする制裁との関係を確認する必要がある先を特定する為に行う。以下は、取引先スクリーニングの目的とその為にスクリーニングの対象とする情報を図にしたものである。

なお、実質的支配者（Ultimate Beneficial Owner, UBO）とは出資比率やその他の方法で当該法人を支配している自然人のことである。

表 9-3　スクリーニング対象情報（例示）

目的	スクリーニングする情報	法人	自然人
検出漏れの予防	実質的支配者（UBO）	○	該当せず
	株主	○	該当せず
検出漏れの予防・制裁対象国等の検知	住所（国）	○	○
制裁対象国等の検知	本店所在国	○	該当せず
	登記国	○	該当せず

（4） 使用するシステムの技術的要素

スクリーニング（突き合わせ）の実施において考慮すべき重要な技術的要素として「曖昧検索」がある。例で見てみたい。

銀行の取引先として、タナカ　イチロという自然人がおり、この氏名情報は銀行のシステムにカタカナで入っているとする。他方、制裁対象者リストにはローマ字で TANAKA　ITIRO、カタカナでタナカ　イチロウとあるとする。人間が目でみれば、タナカ　イチロも、TANAKA ITIRO も、タナカ　イチロウも同じとすぐに分かる。膨大な量の突き合わせを行う為、スクリーニングの実務は IT システムでの対応が必要だが、システムに人間の目同様、「少し違うところはあるが、同じと判断」させる必要がある。この様な機能は「曖昧検索」や「Fuzzy Matching」と言われ、取引先スクリーニングのシステムの必須要件である。

（5） 制裁対象者が検知された場合の対応

最後に、スクリーニングの結果制裁対象者が検知された場合の対応を見ておきたい。新規取引先候補の場合は取引開始を見送る。既存取引先が新たに経済制裁対象者に指定された場合は、適用される法規に基づき資産凍結等の措置を取る。この際、当該預金等取引に適用される法規と経済制裁者として指定した国が異なる場合の扱いに注意する必要がある。以下、邦銀を例に表にする。

表 9-4　取引発生国と経済制裁指定実施国

取引発生国	経済制裁対象者として指定した国	銀行実務上の対応
日本	日本	資産（口座）凍結
日本	米国　（日本は指定していない）	資産（口座）凍結する根拠がない。取引内容や銀行の方針等を踏まえた個別対応。

2 取引フィルタリング

(1) 目的:

取引フィルタリングとは、一般的に外国送金等の銀行が扱う取引の関係者に経済制裁対象者がいないことを確認する為に行う制裁対象者等のリストと取引の関係者の名前等との突き合せ作業のことを指す。取引実施前に行い、経済制裁に抵触し得る取引を未然に防ぐことが目的である。

(2) 実施方法:

銀行が取引を行う為に顧客等から得た情報を、制裁対象者名や制裁対象国等のリストと突き合せる。使用する制裁対象者等のリストは、取引先スクリーニングで利用するものと概ね同一ではあるが、より的確に該当取引を検知すべく、送金や貿易取引などの特性を踏まえた追加情報をも突き合せの対象とすることがある。

(3) フィルタリング対象の情報:

銀行がその通常業務の中で当該取引を処理する為に入手する情報を制裁対象者リストと突き合わせるのが原則だが、銀行は多種多様の取引を扱っており、これら取引が制裁を回避するのに悪用されるリスクは均一ではない。資金移動の追跡が難しい取引形態や、取引の当事者によって適用される法規に違いがある取引ほど悪用リスクが高い。

II 2(2)で示した図9-1の通り、外国送金は関係者数が多いのみならず、複数の国にまたがっている。資金を扱う関係者が多ければ多いほど資金移動のトレースは難しくなる。関係する国が多ければ多いほど、各関係者に適用がある制裁対象者が異なる可能性が高まる。

再び図9-1の例を利用して説明する。外国仕向送金取引では、銀行は取引先から送金依頼書を受け入れ（①）、それに基づき送金（指図）電文（②、②'）を作成し、受取人銀行（図9-1における「シンガポールの銀行　Cの本店」）やカバー銀行（図9-1における「邦銀Bニューヨーク支店」）に送信する。この例では、邦銀Bの取引先Aは前述した取引先スクリーニングの対象だが、C銀行や

Dが制裁対象者ではないことも確認することが取引フィルタリングである。

　送金取引の際に銀行が取引先から受け入れる情報は、送金代金を引き落とす口座等記帳処理に必要な情報や受取人名、受取人の銀行口座情報など資金を届けるのに必要な情報など送金事務として必要なものに加え、各国が定める送金取引における通知義務のある情報となる。通知義務の規定は日本の場合は、犯罪による収益の移転防止に関する法律（以下犯収法）第10条[20]及び同施行規則の第31条[21]に定めがある。米国の場合は送金等の際に伝達される必要がある情報は連邦規則集（Code of Federal Regulations, CFR）31 CFR 1010.410 (f) (1)[22]、所謂 Travel Rule、に規定されている。

　尚、金融機関間の決済指図等の通信を扱う SWIFT（Society for Worldwide Interbank Financial Telecommunication）[23]は顧客送金、銀行間送金や貿易取引など、取引種類毎の通信フォーマットを提供しており、各々に掲載必須情報を設けている（当該情報欄に記載がないと電文は処理されない）。

　上述した、日本と米国の法規が求める通知情報を以下の表に示す。

　外国送金以外にも資金の移動が国境を跨ぐ取引はあるが、送金取引以外では伝達すべき情報を法規で定めているものはない。例えば、ドキュメンタリー（書類）貿易決済取引（Documentary trade transactions）では、銀行は決済を行うにあたりインボイスや船荷証券（Bill Of Ladings）等の書類を受け入れ、これら書類にある情報を取引フィルタリングの対象としている[24]。

(4)　使用するシステムの技術的要素：

　取引フィルタリングに利用するシステムに求められる「曖昧検索」等の諸技術的要素は概ね取引先スクリーニングのものと同一であるが、取引種類によってはフィルタリングの対象とすべき情報を銀行は紙で受け入れていることに注意を要する。システムで突き合わせるには、まずは紙ベースの情報を漏れなく且つ正確に銀行のシステムに取り込む（入力）する必要がある。効率的且つ正確な情報入力の為に、打鍵入力以外にも、当該書類を OCR（Optical Character Recognition）等の光学的技術で読み込む手法が利用されている。

表 9-5　日本と米国の法規による送金取引にて通知が必要な情報の例

日本	米国
犯収法　施行規則第 31 条より抜粋： 一　自然人　次に掲げる事項 イ　氏名 ロ　住居又は第 20 条第 1 項第 11 号に掲げる事項若しくは顧客識別番号（顧客と支払に係る為替取引を行う特定事業者が管理している当該顧客を特定するに足りる記号番号をいう。次号ロにおいて同じ。） ハ　次の（1）又は（2）に掲げる区分に応じてそれぞれ当該（1）又は（2）に定める事項 （1）預金又は貯金口座を用いる場合　当該口座の口座番号 （2）預金又は貯金口座を用いない場合　取引参照番号（顧客と支払に係る為替取引を行う特定事業者が当該取引を特定するに足りる記号番号をいう。） 二　法人　次に掲げる事項 イ　名称 ロ　本店若しくは主たる事務所の所在地又は顧客識別番号 ハ　前号ハに掲げる事項	31 CFR 1010.410　Records to be made and retained by financial institutions. より抜粋： (A) The name and address of the transmittor; (B) The amount of the transmittal order; (C) The execution date of the transmittal order; (D) Any payment instructions received from the transmittor with the transmittal order; (E) The identity of the recipient's financial institution; (F) As many of the following items as are received with the transmittal order: (1) The name and address of the recipient; (2) The account number of the recipient; and (3) Any other specific identifier of the recipient; and （送金依頼人が一見顧客の場合の追加要件あり）

（5）　制裁対象取引が検知された場合の対応：

　フィルタリングで制裁対象取引が検知された場合は適用される法規に基づき資産凍結（決済代金の凍結等）や取引謝絶などの措置を取る。日本の外為法は 17 条にて銀行等に対して確認義務を課している。銀行等は、その顧客の支払等が、第 16 条が定める支払規制や第 21 条が定める資本取引規制に該当しないこと、又は許可を得ていることを確認した後でなければ、当該支払等に係る為替取引を行ってはならないとしている。送金受取人が制裁対象者であることが送金実施前に判明した仕向外国送金取引があったとする。この場合送金代金はまだ送金依頼人の手元にある（制裁対象者に渡っていない）ことから資産凍結の対象とはならないが、上述外為法の規定から送金を実施す

第9章　銀行の制裁対応実務　179

ることもできない為、銀行は当該取引を謝絶する[25]。

3　案件審査（案件デュー・ディリジェンス）

(1)　目的：

　経済制裁対応としての案件デュー・ディリジェンスは、一般的に、銀行が行う取引において取引先スクリーニング及び取引フィルタリングによる顧客及び取引のその他関係者に制裁対象者がいないことの確認に加え、特定の国、あるいは特定の国のある特定産業セクターに関し、一切の又は一定の条件を満たす取引を禁止する等の経済制裁措置に抵触しないかを確認することを指す。経済制裁に抵触する取引の締結を未然に防止すべく、経済制裁に関係がある可能性を考慮すべき融資やプロジェクト・ファイナンス等の案件を制裁対象である国・地域や産業セクターから特定し、個々の内容を吟味する必要がある。

(2)　実施方法：

　案件デュー・ディリジェンスで最も大切なことは、審査すべき案件がもれなく申請・申告されることであり、その為の手続を整備し、関係者向けの研修を徹底することが肝要である。経済制裁関連法規の遵守に関わる態勢整備及びその運用において中心的な役割を担うコンプライアンス部署は制裁内容を自行の業務に照らし合わせ、与信審査部署等他リスク管理部署に加え業務企画や業務推進を担当する部署とも連携し、全行的に有効な管理手段を構築する必要がある。

(3)　制裁対象である可能性がある取引が検知された場合の対応：

　経済制裁に抵触する懸念がある案件は、採り上げを見送るのが原則である。しかし、抵触し得る制裁が加盟国全てに遵守義務がある国連安保理決議に基づくものではなく、特定の国による単独の制裁である場合は、案件の詳細や関与する拠点が変更となれば制裁に抵触しなくなる可能性がある。この様な変更は必ずしも制裁違反・違法ではないが、制裁回避・同幇助と見做される

虞があり、個々の案件・対象となり得る制裁を精査のうえ、慎重に判断する必要がある。

IV　銀行における経済制裁関連実務の課題

　銀行は経済制裁のゲートキーパーとしての役割を果たすべく様々な努力を払っていることをみてきた。他方、個々の銀行の努力では解決が困難な、規制当局の積極的な関与が必要な課題もある。その例としてデリスキングと情報分断の弊害という二つの課題を検討してみたい。

1　デリスキング

　銀行はこれまで見てきた様な方法で経済制裁のゲートキーパーとしての責任を果たすよう努めている。前章では経済制裁関連法規を遵守すべく銀行が取っている対応を概説したが、制裁対応法規は必ずしもその解釈が容易ではない。また、OFAC 等当局のガイダンスも全てのケースを網羅しているわけではなく、銀行の実務運用は保守的にならざるを得ない。取引先スクリーニングや取引フィルタリングで真に制裁対象者に該当する（いわゆる True Hit）なのか、同姓同名の別人（いわゆる False Positive）なのか確信を得ることができない場合は真の該当と見做し、取引の回避・解消等の対応を取ることになる。案件デュー・ディリジェンスでも、案件の条件が制裁違反とされる可能性が無いとの確信を得ることができない場合は、採り上げを見送る等、慎重に対応する。

　このような銀行による慎重な対応は規制当局による罰金や行政処分、レピュテーションへのダメージを回避したい個々の銀行としての合理性はあるが、金融システム全体で見れば合成の誤謬とも言うべき好ましくない以下のような状況を発生させる。

　　(a)　マネー・ローンダリングや制裁違反のリスクが高く、本来であれば厳格に監視（モニタリング）されるべき取引が、その為の態勢が整備されている正規の金融システムから排除され、地下化してしまう

結果、金融システム全体で見た透明性が低下する。

（b）　PEP（Politically Exposed Person, 政治的に重要な地位にいる者）やその家族等、マネー・ローンダリングのリスクが高いとされる個人（自然人）が銀行口座開設等の基本的な金融サービスを受けられなくなる。

（c）　経済制裁の対象であったり、マネー・ローンダリング対策が不十分であったりする国・地域の金融機関との取引が忌避される結果、当該国・地域全体が国際金融システムから締め出され、経済活動全般に重大な支障が生じる。

このような事象はデリスキングと称され、近年強化の一途をたどる経済制裁やマネー・ローンダリング対策の副作用として問題視されている。

デリスキングの問題を端的に表す事例として英国バークレイズ銀行によるソマリアとの送金取引からの撤退がある。マネー・ローンダリングや経済制裁違反に関わる高額罰金事例が続く中、バークレイズ銀行は 2013 年夏にソマリアの資金移動業者との取引から撤退する方針を発表した。他行は既に当該取引から撤退しており、これら資金移動業者に外国送金等のサービスを提供しているのはバークレイズ銀行のみであった。ソマリア最大手の資金移動業者である Dahabshiil などがバークレイズ銀行による取引停止は優先的地位の乱用にあたると英国で提訴、裁判所は Dahabshiil 等の訴えを認め、バークレイズ銀行に取引継続を命じた[26]。その後、同行は Dahabshiil 等が他の決済方法を手配できるまで取引を継続することで和解している。

この事件は、在英ソマリア人によるソマリア宛送金（郷土送金）のルートが途絶する人道問題として注目されたこともあり、英国政府も関与しマネー・ローンダリングのリスクを軽減した「より安全な（送金）通路」(Safer Corridor) の整備が試みられた。ソマリアへの送金ルートは結果的に「Safer Corridor」に頼ることなく確保され続けた為、英国政府の取組はソマリア政府・ソマリア中央銀行との、同国のマネー・ローンダリング防止態勢強化の取組へと変容した[27]。このソマリアの例は、民間銀行のリスク軽減判断がある国を国際金融システムから締め出しかねないことと、問題の解決には政府当局の関与が重要であることを示している。

銀行による取引撤退の判断はマネー・ローンダリングや経済制裁に関わる
リスクが高い国・地域との取引に対する規制当局の目線に大きく影響される。
管理態勢が不十分などの理由による高額罰金事例が相次いだこともあり、当
局、特に米当局は、ゼロ・トラレンスともいえる厳しい姿勢にあるというの
が一般的な認識となっている。

　他方、制裁関連法規の遵守を求める当局側にもデリスキングは金融システ
ム全体として好ましくなく、当局の姿勢がデリスキングを誘発しているとの
認識はあり、2015年末頃から当局者[28]による、金融機関等に求められてい
るのはリスク評価に基づくリスクベースの管理であり、リスクの全面回避で
は無い旨の発言が見られるようになっている。しかし、デリスキングの動き
は止まっておらず、アフリカだけではなくラトビア等東欧諸国の銀行との取
引も回避されている他、ベリーズやリベリアは中央銀行さえ決済サービスを
受けられなくなっているとも報道されている[29]。

2　狙い撃ち制裁（Targeted Sanctions）とデリスキング

　デリスキングのこのような性質は制裁対象者を限定する狙い撃ち制裁をあ
る国・地域全体を制裁対象とする包括的な制裁に変容させてしまう結果をも
たらす。狙い撃ち制裁は、制裁対象者・対象取引が正しく特定されてこそ有
効だが、ある取引に制裁対象者が関与しているのか、ある取引が特定の産業
セクターに対する制裁や一定条件を満たす取引を禁止する制裁に抵触するの
か、銀行が取得し得る情報の中で判断するのが難しい場合は少なく無い。
銀行は制裁対象者・対象取引を検知する為に様々な工夫を行っているが、銀
行が取得できる情報が判断に十分ではない、または、制裁指定している当局
により十分な情報が提供されていないなどの理由で、確信をもった一致・不
一致の判断が不可能な場合がある。この様な場合は、保守的に制裁対象であ
ると見做すことになる。

　例えば、A国居住者への期間1ヶ月以上の融資及びそれに関わる送金取引
が禁止された場合、A国居住者との送金取引は特定できるが、その内どの送
金が期間1ヶ月以上の融資に関わるものかは特定困難である。このような場

合、リスクを避けたい銀行は、制裁対象取引を確実に排除する為に、A 国居住者との送金取引は扱わないとする、ということが考えられる。

　このようなリスクを回避する実務対応が取られた場合、制裁の対象となる者が限定されていた狙い撃ち制裁は、国全体を対象とした包括的な制裁として運用されることになる。このような事態を回避するには、制裁対象者・取引を特定する条件を銀行がその実務の中で確認できるものとする工夫が望まれる。

　しかし、人間の営みである以上、銀行がどれだけ態勢を強化し、当局がどれだけ情報を発信しても、常に 100％ 正しく、制裁対象者の True Positive とそうではない False Positive を識別するのは難しい。経済制裁規制は結果責任であること等を考えると、個々の銀行のリスク判断としてデリスキングが発生することは避けられないと考えるべきであろう。

　銀行業務には公共性があるからこそ免許業種となっており、その観点からは銀行は出来る限り決済等の金融サービスを提供すべきであろう。しかし、経済制裁に抵触した場合に銀行が被る、行政処分、罰金、レピュテーション悪化等によるダメージは大きく、制裁対象者との取引が発生するリスクを避けるよう努めざるを得ない。狙い撃ち制裁は銀行に対しこのような相容れ無い要求を突きつけるものでもある。

3　情報分断の弊害：米 The Clearing House の提言

　Chips 等米国の資金決済システムを運用する The Clearing House [30] は 2017 年 2 月に個々の銀行では解決が困難なマネー・ローンダリング対策や経済制裁対応における諸課題に関する提言を公表している [31]。*A New Paradigm: Redesigning the U.S. AML/CFT Framework to Protect National Security and Aid Law Enforcement* と題するレポートにて、The Clearing House は、銀行間や銀行と当局の間のみならず、同じ銀行グループ内の情報共有さえも制限されている現状の弊害を指摘している。以下その論点を列挙する。

（1） 非効率性

各銀行は、政府当局などが一元的に実施できるデュー・ディリジェンスを各々が行うことに多くのリソースを投入している。一例とし、銀行は法人顧客の実態を把握すべくその法人の実質的支配者の特定に多くのリソースを投入している。この情報を登記事項として各行が入手・共有できるようにすることは KYC（Know Your Customer）を大幅に効率化することになる。

（2） マネー・ローンダリング防止の実効性を下げる

政府（捜査）当局と銀行の間で、疑わしい取引報告の有用性・使われ方に関する情報が共有されていない。捜査当局は各銀行が提出する不自然な資金移動等の「疑わしい取引報告」が犯罪捜査にどのように利用されたのか、どの様な情報が含まれていると捜査に資するのか等をより積極的にフィードバックすることにより、銀行がもつ情報をより効果的に活用できる。

情報共有を促進し、マネー・ローンダリング防止の効果と効率性を高めるには The Clearing House が指摘するような官民の協調が必要であることは明白である。しかし、制度や手続的な手当てだけでは決して十分ではない。銀行が扱う情報はその量が膨大であるのみならず、複雑でもある。どの情報、またはどの情報の組み合わせが制裁回避行為やマネー・ローンダリングを検知するのに有意義なのかを分析する能力の向上も求められている。

このような分析力を向上する取組において注目すべきなのが、ビッグデータ、AI（人工知能）、ブロックチェーン（分散台帳技術、Distributed Ledger Technology, DLT）など情報通信技術（Information and Communication Technology）の金融分野への応用、所謂フィンテック、である。

多くの国でこの分野への関心が急速に高まっており、本人特定事項等KYC 情報をブロックチェーン化し電子認証を付して共有する仕組みや AI による疑わしい取引の検知など様々な試行（Proof of Concept, POC）が進められている。銀行の捜査当局への取引情報提供もこのような技術を活用し近代化することにより、その質と量を飛躍的に高める必要があろう。

Ⅴ　おわりに

　本章で見てきた通り、複数の国・地域に拠点を構え、多種類の取引を多種多様な相手（顧客・同業者など）とおこなっている銀行に遵守が求められる法規は実に多く、複雑である。日本法に基づき設立されている銀行であれば、その海外拠点でも原則、日本の法規遵守が求められる。一方で、海外拠点は、自身が所在する国の法規を守る必要も当然ある。更に、域外適用性がある第三国（特に米国）の法規遵守も必須である[32]。国連の制裁を履行する各国・地域の法規はその目的こそ同じ安保理決議の履行であっても、その実行は各国国内法による[33]。この結果、域外適用性がある法規（邦銀にとっての外為法等本邦法や米国の経済制裁関連法規の一部等）を銀行組織内に徹底するには手続面などでの工夫を要する。

1　銀行の保守的な経済制裁対応

　銀行実務における経済制裁対応の実効性向上追及にあたっては、銀行の業務内容やその為に利用されている事務・システムの制約を考慮することに加え、制裁法規は多くの場合「結果責任」を問うものであることを前提とする必要がある。銀行がどれだけ万全な管理態勢を整備していても、結果的に制裁法規に抵触する取引を扱ってしまった場合、法的責任が追求される可能性は排除されない。更に、銀行には、他業態の私企業同様に株主等各ステーク・ホルダーに対する説明等義務があるのみならず、資金決済という経済・市民生活に不可欠な社会インフラを担っているという公共の器としての立場をも踏まえた行動が求められている。

　重要な社会インフラに悪影響を与えることは厳に回避する必要があることなど、上述した諸事情を勘案すると、例えば、経済制裁法規に違反していないものの、その取引に入る前に、または入った後の状況変化に対するモニタリングが弱いと見做され（マイナスのレピュテーションがたち）、制裁違反となる取引に巻き込まれることを嫌った他行により取引を回避され、資金決済業務

に影響を与えるリスク等にも敏感にならざるを得ない。このように、本稿で見てきたような実務面の難しさやレピュテーションを守る必要性から、銀行の実務対応は保守的にならざるを得ない。

2 デリスキングとその対応策

　銀行の保守的な判断の結果発生し得るのがデリスキングである。多大なコスト・負担で制裁対応の態勢を整備しても、レピュテーションを含めたリスクを十分に取り除くことができない、逆に言えば、当該取引・業務を継続するメリットが対応するコストを下回る場合には、当該取引・業務から撤退することには個々の銀行としての経済合理性はある。しかし、デリスキングは個々の銀行にとっては合理性がある判断であっても、金融システムや、狙い撃ち制裁という仕組みの全体観からは好ましくない。金融システム全体をみれば、取引の監視が整備されている「表」の世界から、透明性が低い「地下銀行」等「裏」の世界に取引を追いやってしまう。また、経済制裁の対象者を意思決定責任者や禁止行為の担い手等に絞り込み、一般市民生活への影響をおさえつつ、制裁の実効性を高めることを目的とするのが狙い撃ち制裁であるが、本章で見てきたように、制裁対象者を常に正確に検知するのは難しいため、制裁対象国全体等、より広い範囲を対象に取引を禁ずる対応が取られる場合がある。結果、国連安保理決議としては狙い撃ち制裁であっても、実社会・経済では包括制裁として運用されることになり得る。

　デリスキングの問題に簡単な解決は無いが、安保理決議を履行する各加盟国の規制当局間、及び各国の銀行監督当局と監督下にある銀行との対話を深化させ、適切な取引フィルタリングや案件デュー・ディリジェンスの結果、制裁上許容されると銀行が判断した取引が、後日違反取引であったことが判明しても銀行の責任が問われるリスクがない Safe Harbor を整備する等の官主導の取組が必要と思われる。

3 より実効的・効率的な経済制裁対応の追求

　本章 IV 3 で紹介した The Clearing House の提言は、現在のマネー・ロー

ンダリング防止規制の枠組みは規制が導入された 1980 年代の技術が前提と
なっていると指摘している。そのうえで、最新の技術を活用することにより
規制当局や捜査当局と銀行の間の情報共有と個人情報の保護を両立すること
が可能なはず、としている [34]。その通り、近年の情報通信技術の進展はマ
ネー・ローンダリングや経済制裁への対応において実効性・効率性双方の向
上に期待できるものがある。例えば、同期された複数のデータベースに同じ
情報を常に保持するブロックチェーン [35] は個々の銀行のみならず、社会全
体として KYC の負担を軽減し、情報の鮮度等の面でその実効性を高める可
能性を有している。以下に一つの可能性を例示する。

　公的機関が本人の依頼に基づき本人特定事項（氏名・住所・生年月日）を免
許証等の公的資料（本人確認資料）で確認のうえブロックチェーン化する仕
組みがあるとする。本人特定事項を必要とする銀行やその他金融機関・事業
会社、公的な本人確認資料を発行する政府機関や地方自治体が本人特定事項
の保持にこのブロックチェーンを利用している場合、いずれか一箇所で情報
の変更が記録されれば、変更後の情報はこのブロックチェーンの全ての利用
者に自動的に行き渡る。

　例えば、自然人 A、A と取引がある銀行 B、A の住んでいる地方自治体 C
がこの仕組みに参加しているとする。A が海外転勤の為に C の役所で転出
手続きを取った場合、A が B に対して所定の手続を取らなかった場合でも
B は A が海外に転出したこと（非居住者となったこと）を把握できる。この結
果、B は最新の情報（A は非居住者になった）に基づくリスク認識に適した（一
般的に、非居住者との取引の方が居住者との取引よりリスクが高いとされる）取引先ス
クリーニング等を実施できる。A が B に対して所定の手続を取らなかった
場合であっても、B は高まったリスクを踏まえた対応を取ることができるこ
とから B の経済制裁対応の実効性は向上したと言える。

4　新技術の負の側面

　新技術の影響はこの様なプラスのものだけではなく、マネー・ローンダリ
ングや経済制裁対応の新たな工夫が必要となるものもある。仮想通貨を例に

最近の情報通信技術がもたらすマネー・ローンダリングや経済制裁対応の新しい課題を見てみたい。

仮想通貨の仕組みの説明は他書に譲るが、一般的に仮想通貨はその特徴として、いつ、いくら価値移動（支払）があったか等の取引履歴の透明性は高いが、誰が取引を行ったか（支払った人、受け取った人）の特定には工夫を要する（匿名性が高い）[36]。代表的な仮想通貨であるビットコインの場合、取引履歴は発行から直近の取引まで公開されている[37]が、支払人と受取人は実名ではなくビットコインアドレスという識別子で認識されている[38]。他方、本章で見てきた通り、経済制裁対応の中核を成す取引先スクリーニングや取引フィルタリングは顧客や取引の当事者の名前が制裁対象者リストに記載されている名前と一致するかの突き合せ確認である。仮想通貨取引では一般的にこの名前情報が存在しない。

ビットコイン等仮想通貨は個人間の支払にも利用し得るので、仮想通貨が個人間の支払において現金に取って代わる可能性もあると思われる。現金取引は誰が誰にいつ、いくら支払ったか等を追跡するのが実質不可能であり、マネー・ローンダリングや経済制裁の対応における最もリスクが高い取引種類の一つである。現金取引が取引履歴の透明性の高い仮想通貨取引に取って代わられることは個人間決済の透明性を高めるプラスの面はある。しかし、仮想通貨は現金と違い遠隔地への支払も可能である。ビットコインの場合、ビットコインアドレスが分かれば世界中どこにでもビットコインを送ることができ、銀行等で送金取引を行う必要が無い。本章のⅢ 2(3)で見た通り、銀行が扱う送金取引では、銀行は送金依頼人（支払人）や送金受取人の氏名等を把握できており、経済制裁対応としてそれらに対し取引フィルタリングを行っている。当事者の名前情報が無い仮想通貨取引ではこの様なフィルタリングはできず、銀行が仮想通貨を扱う場合、仮想通貨のこの様な特徴を踏まえた新たな経済制裁対応を考える必要がある。

経済制裁やマネー・ローンダリングに対するゲートキーパーとしての銀行への期待は近年より一層高まっている。また、近年の情報通信技術の進歩は

社会の在り方を大きく変える可能性がある。銀行は社会の変化に対応しつつ、ゲートキーパーとしての役割を適切に果たす必要があり、経済制裁の実務を見直し続けることの重要性はかつて無く高くなっている。

注

1　「金融機関」には銀行や証券会社等、複数の業種が含まれるが、本稿では「銀行」における実務を概説する為、表記を「銀行」に統一する。

2　本章では「銀行における経済制裁対応実務」や「銀行の実務における考え方」のような表現を用いているが、本稿は筆者の実務経験や個人的な見解に基づくものであり、所属する組織の実務や考え方として記しているものではない。

3　詳しくは、山﨑千春・鈴木仁史・中雄大輔編著「サンクション・コンプライアンス・プログラム」『マネー・ローンダリング規制の新展開』(金融財政事情研究会、2016) 270-305 頁を参照。

4　各国の法律の適用等の国際法上における考え方に関しては、本稿全体を通じて以下書籍を参考にしている。Cedric Ryngaert, *Jurisdiction in International Law* (second edition) (Oxford University Press 2015), Ali Z. Marossi, Marisa R. Basset、*Economic Sanctions Under International Law* (TMC Asser Press 2015), Matthias Herdegen, *Principles of International Economic Law* (second edition) (Oxford University Press 2016).

5　本章では、法の解釈や学説ではなく、各国の経済制裁関連法規の適用を銀行がその実務においてどのように考えているかを説明している。

6　吉村祥子『国連非軍事的制裁の法的問題』(国際書院 2003) 79 頁

7　Herdegen, *supra* note 4, pp.102-104, Ryngaert, *supra* note 4, p. 104.

8　外国為替及び外国貿易法 (昭和 24 年法律第 228 号、施行日平成 29 年 10 月 1 日)

9　U.S. Department of the Treasury、OFAC HP "NONPROLIFERATION: WHAT YOU NEED TO KNOW ABOUT TREASURY RESTRICTIONS" https://www.treasury.gov/resource-center/sanctions/Programs/Documents/wmd.txt (アクセス日：2017/11/22)

10　Ryngaert, *supra* note 4, p.49, Herdegen, *supra* note 4, p. 91.

11　Ali Z. Marossi, Marisa R. Basset、*Economic Sanctions Under International Law* (TMC Asser Press 2015) pp. 77-78, Ryngaert, *supra* note 4, p. 43, p. 49, pp. 78-79, p. 104, Herdegen, *supra* note 4, p. 91, pp. 101-105.

12　U.S. Department of the Treasury, OFAC HP, "Sanctions Programs and Country Information" https://www.treasury.gov/resource-center/sanctions/Programs/Pages/Programs.aspx (アクセス日：2017/11/25)
　このウェブページは OFAC が運用する経済制裁プログラムを列挙し、各プログラムを紹介するページへのリンクを提供している。このページに列挙されているプログラムの内、Countering America's Adversaries Through Sanctions Act と Cuba Sanctions 以外のプログラムの関連法規一覧に IEEPA が含まれている。

13 INTERNATIONAL EMERGENCY ECONOMIC POWERS ACT U.S. Government Publishing Office HP
https://www.gpo.gov/fdsys/pkg/USCODE-2011-title50/html/USCODE-2011-title50-chap35.htm（アクセス日：2017/12/29）

14 Ryngaert, *supra* note 4, p. 114, Herdegen, *supra* note 4, p. 105.

15 Ryngaert, *ibid*, p. 104, Herdegen, *ibid*, p. 104.

16 U.S. Department of the Treasury, OFAC HP, "Frequently Asked Questions Relating to the Lifting of Certain U.S. Sanctions Under the Joint Comprehensive Plan of Action（JCPOA）on Implementation Day"https://www.treasury.gov/resource-center/sanctions/Programs/Documents/jcpoa_faqs.pdf（アクセス日：2017/11/22）

17 米国が指定する制裁対象者（Specially Designated Nationals, SDN）のうち、"Subject to Secondary Sanction"と指定されている先と、通貨や場所を問わず、重要な取引を行った者を罰則の対象とする米国の経済制裁法規の一種。取引が「重要」かは米国政府が判断する。

Ryngaert, *supra* note 4, p.117, Herdegen, *supra* note 4, pp. 92-93.

18 詳しくは、山﨑・鈴木・中雄編著「経済制裁対応とフィルタリング」『前掲書』(注 3) 266-305 頁を参照。

19 取引開始前にスクリーニングしているので、新規取引先「候補」としている。

20 犯罪による収益の移転防止に関する法律（平成 19 年法律第 22 号、施行日平成 29 年 12 月 1 日）

21 犯罪による収益の移転防止に関する法律施行規則（平成 20 年内閣府・総務省・法務省・財務省・厚生労働省・農林水産省・経済産業省・国土交通省令第 1 号）

22 Code of Federal Regulations, Title 31 Subtitle B Chapter X Part 1010 Subpart D §1010.410 "Records to be made and retained by financial institutions" e-CFR.gov HP https://www.ecfr.gov/cgi-bin/text-idx?SID=a449feec74de99bc54687227c06e30fc&mc=true&node=se31.3.1010_1410&rgn=div8（アクセス日：2017/11/22）

23 SWIFT "Category 1 - Customer Payments and Cheques For Standards MT November 2017 Message Reference Guide" SWIFT HP https://www2.swift.com/uhbonline/books/public/en_uk/us1m_20170720/us1m.pdf（アクセス日：2017/11/22）

24 ドキュメンタリー貿易決済取引に関しては国際商業会議所が「荷為替信用状に関する統一規則および慣例」(UCP600）等の取り決めを作成している。

国際商工会議所 日本委員会 HP「国際商業会議所（ICC）の概要」http://www.iccjapan.org/icc/（アクセス日：2017/11/23）

25 外為法第 16 条 1 項

26 Bryan Cave LLP : Robert Bell, Eckart Budelmann, Kathie D. Claret and Anita C. Esslinger "High Court orders Barclays to continue trading in Somalia" Lexology HP https://www.lexology.com/library/detail.aspx?g=7deeb4ec-7b1a-4938-afb9-b2b6c69b1561（アクセス日：2017/11/24）

27 Action Group on Cross Border Remittances HP, "UK-Somalia Safer Corridor Initiative – October 2015"

（https://www.gov.uk/government/groups/action-group-on-cross-border-remittances）
https://www.gov.uk/government/uploads/system/uploads/attachment_data/file/471064/
UK-Somalia_Safer_Corridor_Initiative.pdf（アクセス日：2017/11/24）

28 "Remarks By Acting Under Secretary Adam Szubin, At The ABA/ABA Money Laundering Enforcement Conference", U.S. Department of the Treasury HP, https://www. treasury.gov/press-center/press-releases/Pages/jl0275.aspx （アクセス日：2017/11/24）

29 *The Economist* "A crackdown on financial crime means global banks are derisking" The Economist HP, https://www.economist.com/news/international/21724803-charities-and-poor-migrants-are-among-hardest-hit-crackdown-financial-crime-means（アクセス日：2017/11/24）

30 The Clearing House, About TCH, The Clearing House HP https://www.theclearinghouse.org/about-tch（アクセス日：2017/12/29）

31 The Clearing House, *A New Paradigm: Redesigning the U.S. AML/CFT Framework to Protect National Security and Aid Law Enforcement*, The Clearing House HP https://www.theclearinghouse.org/-/media/tch/documents/tch%20weekly/2017/20170216_tch_report_aml_cft_framework_redesign.pdf?la=en（アクセス日：2017/11/24）

32 Marossi,Basset, *supra* note 4 pp. 77-78, Ryngaert, *supra* note 4 p. 104, Herdegen, *supra* note 4 pp. 102-104

33 吉村『前掲書』(注6) 79 頁。

34 The Clearing House, *A New Paradigm*（*supra* note 31）p. 6 and p. 15

35 赤羽喜治・愛敬真生編著　第 6 章「ブロックチェーンの仕組み」『ブロックチェーン 仕組みと理論』(リックテレコム　2016) 92-106 頁

36 Arvind Narayanan, Joseph Bonneau, Edward Felten, Andrew Miller, and Steven Goldfeder, *Bitcoin and Cryptocurrency Technologies*（Princeton University Press 2016）pp. 138-167.

37 ビットコインの取引履歴を見ることができるサイトの例。
ウェブサイト：Blockchain.info　https://blockchain.info/　https://blockchain.info/ja/blocks
取引履歴詳細画面　https://blockchain.info/ja/block/00000000000000000006997075b
fb761534da7a3fe024fbf4f46f4eda18059308（アクセス日：2017/11/24）

38 ビットコインアドレスの例。ウェブサイト：Blockchain.info　https://blockchain.info/ja/
address/1LMgQCGGQ3xocPcTwC9Spy8qHscGqvZMsc（アクセス日：2017/11/24）

第 10 章　国連の金融制裁と国際判例

加藤　陽

I　はじめに
II　国際判例による国連安保理の制裁への挑戦
　1　欧州司法裁判所の判例――EU法秩序の自律性――
　2　欧州人権裁判所の判例――調和的アプローチ――
III　国際判例で用いられた手法の分析
　1　欧州司法裁判所と欧州人権裁判所の判例に共通にみられる特徴
　2　両裁判所のアプローチの違い
IV　おわりに

I　はじめに

　国連の制裁は国連憲章第 7 章に基づき安保理が決定し、この決定は憲章第 25 条に基づき国連加盟国に法的義務を課す。資産凍結措置などの金融制裁も第 7 章において非軍事的措置を定める第 41 条を根拠として決定される[1]。さらに国連憲章第 103 条は以下の通り規定する[2]。

　　　国際連合加盟国のこの憲章に基く義務と他のいずれかの国際協定に
　　　基く義務とが抵触するときは、この憲章に基く義務が優先する。

　安保理の決定から生じる法的義務はこの条文の「この憲章に基く義務」に含まれると解されるため、国連安保理の決定は単に法的拘束力があるだけでなく、他の国際協定に優先する。この解釈は学説における通説であり[3]、さらに国際司法裁判所も、ロッカビー事件仮保全命令（1992 年）において、リ

ビアにテロ容疑者の引渡しを命じた安保理決議 748 が憲章第 103 条により
モントリオール条約に優先することを認めた[4]。第 25 条と第 103 条の規定
により安保理決議は強力な効力を与えられており、分権的性格を有する国際
法秩序においてこのような法的効果は極めて例外的なものであるといえる。

　冷戦後、質的にも量的にも飛躍的に増大した国連安保理の制裁においては、
無辜の市民に対する被害を抑え、さらにその効果をより実効的なものにする
ため、制裁の目的に関連性を持つ個人や団体の名前を具体的にリストアップ
し、それらに対し資産凍結や渡航禁止などを課す措置が多くみられる。この
ような制裁形態と上記の安保理決議の強力な法的効果とが相まって、国際社
会は非常に難しい問題に直面している。

　すなわち、安保理決議をうけて国連加盟国や関連国際機関は国連の制裁を
履行するための措置を実施するが、この実施措置が欧州連合（EU）の基本
権や欧州人権条約などの人権規範に違反すると判断された事例が多くみられ
るようになってきた。確かに第 103 条は国連憲章上の義務の優先を規定し
ているし、この優先の対象となる「他のいずれかの国際協定に基く義務」に
人権条約は除外されるという解釈を支持することは難しい。だからといって、
安保理の制裁が同条により人権条約や人権保護を定めた国際規範にも優先す
るという単純な解釈論を採用しがたいのも事実である。人権を無視した制裁
は正統性を持ちえないし、国連憲章第 1 条は平和維持のみならず人権の尊
重も国連の目的であるとはっきり規定している。

　そこで本章は、国連金融制裁の実施に関して下された欧州司法裁判所のカ
ディ事件判決と欧州人権裁判所のアル・デュリミ事件判決を中心に、制裁と
人権の対立が論じられた主要国際判例を分析し、両裁判所のアプローチを比
較考察することにより、制裁と国際人権規範の調整に関する一考察を行いた
い。

II 国際判例による国連安保理の制裁への挑戦

1 欧州司法裁判所の判例——EU法秩序の自律性——

(1) 第1カディ事件欧州司法裁判所判決とその影響

(a) 判決内容

国連のアルカイダ制裁は安保理決議1267によって開始され、その後幾度も同種の決議によって修正が加えられている。最新の決議2368は、資産凍結、渡航禁止、武器禁輸を主な措置として規定し、「ISILまたはアルカイダと関係を有する個人、集団、企業又は団体」を制裁対象リストの掲載基準として示している[5]。このリストは加盟国から情報提供を受けた制裁委員会がガイドラインに従って作成する[6]。

サウジアラビア国民であるカディは2001年、国連アルカイダ制裁とこれを受けたEU規則の双方の制裁対象リストに掲載され、資産凍結措置の対象となった。そこで、同人は聴聞を受ける権利、財産の尊重についての権利などのEU基本権の侵害を理由に、関連EU規則の取消を求めてEUの裁判所に提訴を行った（第1カディ事件）[7]。なお以下では、主要判決の参照部分のパラグラフは本文のカッコ内に記述する。

もっとも、第1審裁判所は国連憲章義務の優位を重視してカディの主張を認めなかった。すなわち、当該規則をEU基本権に照らして審査することは、規則が実施の対象としている安保理決議の合法性を間接的に審査することになるが、そのような審査は国連憲章第25条や第103条などの国際法や共同体法により正当化されない、とした（209-225）。また裁判所は、安保理決議を国際法の強行規範に基づき審査する権限を有するとも示したが、そのような強行規範の違反も認められないという（233-292）。

しかし、カディの上訴を受けた欧州司法裁判所判決は一転して関連EU規則によるEU基本権の侵害を認め、当該規則の無効を以下の通り判示した[8]。共同体条約は完結した法的救済システムと、共同体諸制度の行為の合法性を裁判所が審査するための手続を設置している。国際協定は共同体条約により規定された権限の配分と共同体法システムの自律性に影響を与えることはで

きない（281-282）。また、EU 基本権は法の一般原則の不可分の一体をなし、人権尊重は共同体の行為の合法性の条件である（283-284）。したがって、国際協定により課される義務は基本権の尊重を含む共同体の憲法的諸原則を害する効果を持ちえず、共同体司法部による合法性審査は、国連憲章を実施するための共同体の行為に対しても適用されなければならない（286）。しかし、共同体の司法部が安保理決議の実施措置に異議を示したとしても、それは国際法における安保理決議の優位に対する挑戦を含意しない（288）。また、国連憲章は安保理決議を国内法秩序へ組み入れるためにとられる方法について国連加盟国に自由な選択を与えている。国連憲章第 7 章に基づく安保理決議を実施するという事実により当該 EU 規則の内部的合法性に対する司法審査が排除されるというのは、「国連の下の国際法秩序を規律する諸原則の帰結ではない」(298-299)。したがって、共同体の司法部は、国連安保理決議を実施するための措置を含むすべての共同体の行為の合法性に対する「基本権に照らした原則として完全な審査（in principle the full review）を確保しなければならない」(326)。

　欧州司法裁判所は、このようにして関連規則の審査を正当化した上で、基本権侵害の具体的内容を検討する。関連 EU 規則にはリストへの掲載を正当化する証拠を当該個人に通知する手続や、聴聞の手続が規定されておらず、上訴人の防御権、とりわけ聴聞を受ける権利は尊重されなかった（345-348）。また、上訴人は共同体の司法部で証拠に関して自らの権利を主張することもできなかったため、効果的な司法的救済を受ける権利も侵害された（350-353）。権限ある機関に自らの主張を行う機会がなかったため、財産の尊重を受ける権利も不当な制約を受けた（367-370）。

　以上の判決の議論の特徴は、たとえ国際法において国連憲章第 103 条に基づく国連金融制裁の優先が存在していたとしても、それは自律的秩序である EU 法秩序の基本権には及びえないという点にある。結論として裁判所は関連規則の無効を認めたが、裁判所は国連の金融制裁を定めた安保理決議そのものを審査の対象としたわけではないことにも注意が必要である。

(b) 判決の影響——国連安保理オンブズパーソンの設置——

　欧州司法裁判所判決は国連安保理において相当の危機感を持って受け止められた[9]。判決は直接安保理決議の合法性を審査したわけではないが、決議を実施する EU 規則の無効を判示することは、安保理決議の実施を阻む効果を有するのは明らかである。判決に先立ち、2006 年の安保理決議 1730 はフォーカル・ポイントを設置していた。この手続において、個人はリストからの削除の要請を直接提出することはできたが、独自の審査機関は存在せず、制裁委員会が決定するこれまでの仕組みをほとんど変えるものではなかった[10]。カディ事件判決も制裁委員会の手続が外交的かつ政府間的なものであるとして批判していた（323）。

　そのため、安保理は欧州司法裁判所判決に対する応答として、決議 1904 を採択し、アルカイダ制裁の対象リストから名前を削除する手続を適正化するためにオンブズパーソン（Ombudsperson）を設置した。同決議の Annex II によれば、このリストからの削除手続は、削除を求める個人・団体からの請願（petition）の提出により開始され、オンブズパーソンは国家や国際機関から情報を収集し、請願者との対話を実施した後、制裁委員会へ回付するための包括報告書（Comprehensive Report）を起草する。制裁委員会はこの報告書を検討した後、リストからの削除の可否を決定する[11]。もっとも制裁委員会はコンセンサスでリストからの削除の可否を決定していたため、制裁委員会のすべての構成国は事実上の拒否権を有していると批判されていた[12]。そのため、その後採択された決議 1989 は、オンブズパーソンがリストからの削除を勧告した場合、すべての制裁委員会構成国が反対しない限り制裁を実施する国家の義務は終了するとされた（リバース・コンセンサス）[13]。強化されたオンブズパーソンの手続により、非常に多くの個人・団体がリストから削除されている。2017 年 1 月のオンブズパーソンの報告書によれば、提出された請願の総数は 78、削除された個人は 46、団体は 28 にものぼっており、さらに EU の裁判所に提訴したカディ自身もオンブズパーソンの第 19 番目の事例としてリストから削除されている[14]。

　このような実績にもかかわらず、オンブズパーソンに対する評価は分かれ

ている。一方では、オンブズパーソンの勧告の強さやその手続の柔軟性を重視し、オンブズパーソンのプロセスは「事実上の司法審査」を提供していると指摘する立場もあるが[15]、他方でオンブズパーソンの包括報告書には法的拘束力がないことなどから、人権基準を満たす手続ではないという批判もある[16]。

(2) 第2カディ事件欧州司法裁判所判決

第1カディ事件欧州司法裁判所判決の後、欧州委員会は安保理制裁委員会より提供されたリストへの掲載理由をカディに通知し、カディは欧州委員会に対しコメントを送付した。しかし2008年11月のEU規則において、あらためてカディは資産凍結の対象とされたため、同人は再度EU裁判所へ提訴を行った（第2カディ事件）[17]。

オンブズパーソンの設置とその活躍により欧州司法裁判所の姿勢の変化も期待されたが、2013年の欧州司法裁判所判決はあくまでEU基本権を貫徹する姿勢を示した。判決は、安保理決議の実施する行為を含むすべてのEUの行為の合法性に対するEU裁判所による「原則として完全な審査」という第1カディ事件欧州司法裁判所判決の定式をまず確認する（97）。

さらに、裁判所は防御権と効果的な司法的救済の権利が尊重されるための基準を提示する。第1に、権限あるEU機関が、制裁委員会から提供されたリスト掲載の理由を当事者に開示し、当事者にその見解を示す機会を与え、さらに当該理由と見解を慎重かつ公平に検討しなければならない。第2に、EU裁判所は制裁委員会により提供された理由が、開示された情報と証拠に照らして十分に詳細かつ明確（sufficiently detailed and specific）かどうか、またそれらに関連する事実が証明されているかどうかを審査しなければならない（135-136）。裁判所は、制裁委員会によって提供されたリストへの掲載理由の5つを個別に検討した後、4つは十分に詳細かつ明確であると判断したが、これらを証明するための情報や証拠が欠けているとして、再び関連EU規則の無効を判示した（143-163）。

この判決では、第1カディ事件欧州司法裁判所判決の「原則として完全

な審査」の定式が維持されることが明確にされた。それとともに、以下の2点が注目される。第1に、安保理はオンブズパーソンを設置することにより制裁対象リストからの削除のプロセスの適正化を図り、しかもカディ自身もオンブズパーソンの手続によって安保理の制裁対象リストから削除されたにもかかわらず、欧州司法裁判所は依然としてこれを重要な要因としてみなしていない。そればかりか、裁判所が自らの判断を示した判決の箇所ではオンブズパーソンに関する明示的な言及すら見られない。裁判所は、安保理によって提供されたリスト掲載の理由を検討しEU規則採択の根拠があるかどうかを審査することを正当化するために、ナダ事件欧州人権裁判所判決（本章のⅡで検討）の一節を参照している。ここで欧州人権裁判所は、国連レベルにおけるリストからの削除手続が欧州人権条約第13条にいう効果的な救済を構成しないというスイス連邦裁判所の判断を確認している（133）。

　第2に、国際テロリズムを規制する上での機密情報の扱いである。欧州司法裁判所によれば、個人をリストへ掲載する規則を正当化する十分な根拠があるかどうかはEU裁判所が判断するとし、EU当局により必要な情報が提供されない場合は、EU裁判所は裁判所へ開示された情報にのみ基づき決定する。さらに、リストへ掲載された個人に対する情報の開示については、安全保障上の考慮から否定されることもありうるが、それを決定するのもEU裁判所であるとした（120-129）。しかし、国際テロリズムの規制において国家の有する安全保障上の情報は機密性を有しており、これはテロ対策の性質上必要とされている[18]。安保理や関係国がEUへこの種の情報を提供するのは決して容易ではないだろう。

　安保理がオンブズパーソンの設置によって、個人を保護する必要性に一定の配慮を示したにもかかわらず、第2カディ事件欧州司法裁判所判決は相当に厳しい判断を示したといえるだろう。次に、欧州司法裁判所と同様に、国連制裁の実施措置を審査した欧州人権裁判所の判例を検討する。

2 欧州人権裁判所の判例——調和的アプローチ——

(1) これまでの判例の展開

(a) アル・ジェッダ事件判決

　国連金融制裁に直接関連する欧州人権裁判所の事例はアル・デュリミ事件であるが、それに至るまでの重要な前例として、ここではまず、アル・ジェッダ事件およびナダ事件を検討する。

　前者の事例においては、2003年のイラク戦争後のイラク統治のために採択された決議1546がイラクの平和維持のために「必要なすべての措置」をとる権限を多国籍軍が有すると決定した[19]。本件申立人のアル・ジェッダは、テロ活動への関与を理由として同決議に基づきイラク国内で英国により拘禁されたため、これが欧州人権条約第5条1項（自由及び安全についての権利）に違反するとして申立を行った[20]。

　欧州人権裁判所は、まず、欧州人権条約と国連憲章の関係を次の様に説明する。裁判所の役割は国連憲章の規定の意味を有権的に確定させることではないが、欧州人権条約を国際法から隔絶した形で解釈・適用することはできず、裁判所は「国際法の関連規則」を考慮にいれなければならない (76)[21]。すなわち、条約法条約第31条3項(c)は条約の解釈において「当事国の間の関係において適用される国際法の関連規則」を考慮すると定めており、裁判所もこれに従って国連憲章を考慮しつつ欧州人権条約を解釈する姿勢を示した。

　また、欧州人権条約第5条1項は同条における権利が制約される事由を限定列挙しており、アル・ジェッダに対する拘禁はいずれにも該当しないことは英国政府も認めている (100)。そこで、国連憲章第103条に基づき安保理決議が欧州人権条約に優先するかどうかが問題になる。国連憲章第1条3項は国連の目的の1つとして、「人権及び基本的自由を尊重するように助長奨励することについて、国際協力を達成すること」を掲げ、憲章第24条2項は、平和維持を実施する上で安保理は「国際連合の目的及び原則に従って行動しなければならない」と定めている。裁判所によれば、これらの規定から、安保理決議において安保理は「人権の基本的諸原則に違反する義務を

加盟国に課す意図を有していないという推定（presumption）」が存在する。も
し安保理が人権と抵触する措置を国家に求めているのであれば、「明瞭かつ
明示的な（clear and explicit）文言」が用いられる（101-102）。決議1546にはこ
のような文言が規定されておらず、安保理は多国籍軍を構成する国家に対し、
国際人権法上の義務に従いつつイラクにおける安全の維持に寄与することを
求めていた、という推定が存在する（105）。以上から、決議1546や関連諸
決議は個人を罪なく無期限に拘禁することを求めていないため、国連憲章上
の義務と欧州人権条約第5条1項に基づく義務との間に抵触はなく、アル・
ジェッダに対する拘禁は第5条1項の違反を構成する（109）。

このように、欧州人権裁判所は国連憲章や安保理決議の規定を精査し、そ
もそも関連規則の間に抵触がないため、義務と義務との抵触の場合に適用さ
れる国連憲章第103条の優先は本件において問題にならない、との立論を
示した。

(b) ナダ事件判決
このような議論方法はさらに2012年のナダ事件判決でも引き継がれた。イ
タリアとエジプトの国籍を有するナダは、イタリアの飛び領地であり、スイ
スのティチーノ州に囲まれたカンピョーネ・ディターリアで生活していた[22]。
一連のアルカイダ制裁決議の1つである決議1390は渡航禁止措置を規定し
たため、スイスの国内措置によりナダはスイスへの入国および同国の通過
を禁止された[23]。2007年のスイス連邦裁判所判決は、国連憲章第25条と第
103条などを重視し、スイスはナダに対する措置を解除できないとの判断を
示した（41-52）。欧州人権裁判所へ申立を行ったナダは、渡航禁止措置が葬
式や結婚式といった家族行事への参加を妨げたなどの理由から、私生活及び
家族生活の尊重を定めた欧州人権条約第8条の違反が存在すると主張した
（156-158）。

裁判所判決はまず、アル・ジェッダ事件と同じく、欧州人権条約は国際法
の一般的諸原則と調和する形で解釈されると述べ、条約法条約第31条3項
(c)を参照している。さらに、2006年の国連国際法委員会の研究部会報告書

が示した通り[24]、新たな国際法的義務を創出する際、国家はそれ以前の義務から逸脱していないと推定される。二つの異なった義務は、それらが現行法と十分に合致する効果を生み出すよう、可能な限り調和されなければならない（169-170）。しかし、裁判所によれば、アル・ジェッダ事件で用いられた「推定」の論理は本件では用いることはできない。なぜなら、本件決議1390は渡航禁止措置を明示的に国家に要求しており、この決議で用いられた「人権を侵害しうる措置をとる義務を課す明瞭かつ明示的な文言」を考慮するとアル・ジェッダ事件判決で示された推定は覆される（171-172）。

　このように述べた上で、次に裁判所は決議の実施様態を検討する。決議1390は、「司法手続を履行するために必要」であった場合に渡航禁止は適用されないとし、また、制裁措置の違反を防止・処罰するため、すべての国に対し「適当な場合には（where appropriate）」立法や行政措置を通じて、自国領域において活動する個人や団体に対する措置を実施し強化するために迅速な行動をとることを促した[25]。決議のこの文言により、スイスは決議を実施する上で一定の裁量を有していた（177-180）。スイス当局はカンピョーネ・ディターリアの地理的状況や課された措置の期間、申立人の年齢などの事実を十分に考慮していなかった。しかし、安保理決議の実施について国家が有する裁量から、スイスは私生活と家族生活に対する干渉を回避するために、関連決議の拘束的性質を回避することなく制裁を緩和する（alleviation）べきであったが、そうしなかった（195）。以上から、裁判所は、欧州人権条約上の義務と国連憲章上の義務の階層性に関する問題を決定する必要はないとしつつ、欧州人権条約第8条の違反を認定した（197-199）。

　さらに、スイス連邦裁判所は人権侵害を理由に申立人に対する制裁を解除できないと述べているものの、同裁判所は国連レベルにおけるリストからの削除手続（当時はオンブズパーソンではなくフォーカル・ポイント）は欧州人権条約第13条にいう「効果的な救済」に該当しないことを認めている。また、欧州人権裁判所によれば、第1カディ事件欧州司法裁判所判決において示された一節、すなわち、安保理決議を実施するEU規則の内部的合法性に対する司法審査が排除されるというのは「国連の下の国際法秩序を規律する諸原

則の帰結ではない」という一節は、必要な変更を加えて、スイスの決議実施措置に対するスイス当局の審査にも適用される。したがって、本件において第8条と合わせて第13条の違反が存在すると認定された（210-214）。

　本件判決における裁判所の論理展開にはやや不明瞭なところもあるが、要するに、安保理決議はその実施について国家に裁量を与えているから、国家は安保理決議の義務と欧州人権条約上の義務をできるかぎり調和させるように関連義務を実施するべきである、ということであろう。また、第13条の違反認定に際して第1カディ事件判決を参照したことも注目される。

(2)　アル・デュリミ事件判決

　本件において欧州人権裁判所へ申立を行ったのは、イラク国籍を有するアル・デュリミとその関連会社 Montana Management である（以下、両者を「申立人」とする）[26]。1990年のクウェートへのイラクの侵攻後、国連安保理は禁輸措置を発動したため、スイスにおける申立人の資産が凍結された。さらにイラク戦争後に採択された決議1483は、国連加盟国が前イラク政権（フセイン政権）とその関係者・関係団体の資産を凍結し、その凍結資産をイラク開発基金（Development Fund for Iraq）に移管することを決定したため[27]、2006年にスイス国内においても申立人の資産没収の決定がなされた。2008年のスイス連邦裁判所判決は国連憲章第25条と第103条を重視し、申立人のリストへの掲載が人権に従ったものであるかどうかを審査することはできないとした（29）。申立人は欧州人権条約第6条（公正な裁判を受ける権利）に従った手続がない中でその資産の没収が決定されたと主張し、欧州人権裁判所に提訴した。

　2016年の欧州人権裁判所大法廷判決は次のように判示した。同裁判所によれば、第6条の下、審理を行う裁判所は訴訟当事者の実体的事項に関する主張を逐一検討し、それらを退ける際には明確な理由を示す権限を持たなければならない（126-128）。本件においてスイス連邦裁判所は、申立人資産の没収のためにとられた手続と第6条1項の両立性という申立人の主張を検討しなかったから、申立人の裁判所へアクセスする権利は明らかに制約さ

れている（131）。

　したがって欧州人権裁判所は、権利を制約する措置と当該措置の目的との間における均衡性の合理的関係を分析し、この制約が正当化されるかを検討する。ここで裁判所は、すでに検討した 2 つの事例と同様に、欧州人権条約は国際法の関連規則と諸原則に従い解釈されることを指摘した上で、条約法条約第 31 条 3 項(c)や国連憲章第 103 条、国連国際法委員会報告書で確認された調和の原則、アル・ジェッダ事件判決において示された推定の法理に改めて言及している（134-140）。

　ただ、裁判所は本件とアル・ジェッダ事件およびナダ事件とは著しく異なると指摘している。なぜなら、本件はスイスの措置によって影響を受けている実体的権利の本質に関係しないし、かかる措置と条約上の義務の両立性にも関係しないからである。問題となっている決議 1483 の規定は、用語の通常の意味に従って理解すると、同決議の国内実施の措置に対する人権保護の観点からの審査を妨げるものではない（143）[28]。条約は欧州公秩序の憲法的文書であり、恣意性（arbitrariness）は、欧州公秩序の基本的構成要素の一つである法の支配の原則を否定することを意味する（145）。条約上の権利に対するスイスの措置の帰結は深刻なものであり、決議 1483 はその実施措置に対する司法的監視を排除する明瞭かつ明示的な文言を規定していないため、このような決議は、その実施における恣意性を避けるために、スイスの裁判所に十分な審査をすることを認めるものと解釈されなければならない。また、本裁判所は、かかる審査を恣意性に関するものに限定することにより、人権尊重の必要性と国際平和の保護の強行性との公平な均衡を達成する（146）。

　欧州人権裁判所によれば、スイス裁判所は必要な審査を実施するための十分に明瞭な情報にアクセスしておらず、しかもそのようなアクセスの欠如が長期に渡っているがゆえに司法的審査を妨げている場合、この事実は安保理決議を実施するスイスの措置が恣意的であるという強い可能性を構成し得る（147）。さらに、欧州人権裁判所は、ナダ事件と同じく第 1 カディ事件欧州司法裁判所の一節に再び言及した後、決議 1483 は決議を実施する措置に対する司法的審査を排除するものと解釈することはできないとの見解を示す

(148)。したがって、スイスは本件について国連憲章第103条の適用要件である「義務の抵触」に直面しておらず、裁判所は本条約と国連憲章の間の階層性について判断する必要はない（149）。

裁判所によれば、申立人には、スイス裁判所へ適切な証拠を提出し実体的事項について審理を受けるための機会を与えられるべきであったが、そうではなかったため、申立人の裁判へアクセスする権利の本質が損なわれている（150-151）。さらに、スイス政府自身もフォーカル・ポイントは満足な保護を提供していないことを認めており、この手続へのアクセスは適切な司法的審査を代替するものではない（153）。結論として、裁判所は条約第6条1項の違反を認定した（155）。

以上の通り、本件判決は金融制裁を定める決議1483の規定ぶりを利用しつつ、同時に欧州人権条約の特殊な性格を強調することにより、両者の抵触を回避する解釈を示した。判決は本件とアル・ジェッダ事件およびナダ事件との違いを指摘しているが、法規範間の調和性を強調するという点では前例を踏襲している。

Ⅲ　国際判例で用いられた手法の分析

1　欧州司法裁判所と欧州人権裁判所の判例に共通にみられる特徴

これまでに検討した両裁判所の判決は、いずれも欧州人権条約またはEU基本権に基づき、国連安保理決議に規定された金融措置を含む制裁を実施する措置を審査し、違法の判断を下した点で共通している。両裁判所の判決を比較した場合、以下の3つの共通点を指摘できる。

第1に、両裁判所の審査形態である。いずれの裁判所判決も安保理決議の合法性を直接審査したわけではなく、その審査の対象は決議を受けたEUと国家の実施措置であったから、これらの判例における各裁判所の法的効果は、安保理決議に対しては間接的なものであると考えられる。欧州司法裁判所は第1カディ事件判決において、共同体司法部が安保理決議の実施措置に異議を表明しても、それは国際法における安保理決議に対する挑戦を含意しな

いとして、このことを明示的に示している。また欧州人権裁判所も各事件において安保理決議の文言を検討の対象にしているが、同時にアル・ジェッダ事件判決は、国連憲章の規定の意味を有権的に確定させることは裁判所の役割ではないとの断りを入れている。両裁判所のこのような審査の方法は、安保理の措置に対し異議は表明するものの、国際社会における国連制裁の位置付けを考慮して安保理との正面衝突は避けようという両裁判所の意思を示しているように思われる。

　しかし、直接的な審査ではなくても、国連安保理決議を実施するためのEUまたは国家の措置が人権侵害であると認定されれば、国家は安保理決議の履行措置を修正したり、場合によっては履行そのものをためらったりする可能性もあるため、本章で検討した諸判決は国連制裁の実現を阻害する効果を持つ。その結果、安保理の側では人権や個人の保護に配慮した制裁手続の改善を検討しなくてはならない。換言すれば、両裁判所の判決は、人権保護に関心の薄い安保理制裁レジームに対する圧力として機能する。

　第2に、両裁判所の判例における相互参照である。第1カディ事件欧州司法裁判所判決が示した一節、すなわち、問題となっているEU規則の内部的合法性に対する司法審査を排除することは国際法を規律する諸原則の帰結ではないという一節は欧州人権裁判所のナダ事件判決とアル・デュリミ事件判決で引用され、安保理決議を実施する国家の措置に対する国内裁判所の審査を正当化するための1つの根拠とされた。さらに第2カディ事件欧州司法裁判所は、国連レベルにおける救済手続が効果的な司法的保護を提供していないと述べつつ、国連の手続が欧州人権条約第13条にいう効果的な救済を構成しないというスイス連邦裁判所の議論にふれたナダ事件判決を参照している。つまり、欧州司法裁判所と欧州人権裁判所はいずれも安保理の制裁に圧力を加えるだけではなく、それぞれの判決の説得力と権威を高めるために相互に判例の引用と参照を行っている。

　第3に、国連レベルの救済手続に対する否定的評価である。イラク制裁レジームもアルカイダ制裁レジームもともに安保理において救済手続を有している。前者に適用されるフォーカル・ポイントと後者に適用されるオンブ

ズパーソンのいずれも個人から提出された削除要請を受けつける手続である
が、両裁判所は、これらの手続が決議を実施する EU と国家の措置による人
権侵害を何らかの形で埋め合わせるものとはみなさなかった。第 1 カディ
事件欧州司法裁判所判決もアル・デュリミ事件欧州人権裁判所判決もフォー
カル・ポイントを十分な救済手続と認めていない。確かにフォーカル・ポイ
ントは制裁委員会から独立した審査機関を有していないから、両裁判所のこ
の評価は首肯できる。しかし、リバース・コンセンサスに裏付けられた強力
な勧告権限を持ち、かなりの程度において実績を残しているオンブズパーソ
ンの手続に対しても、第 2 カディ事件欧州司法裁判所は積極的な評価を見
せていない。このような裁判所の冷たい姿勢については批判的な立場もあ
る。Tzanakopoulos は第 2 カディ事件欧州司法裁判所判決が国連安保理に対
しあまりに高い敷居を設定しており、そのような圧力は結局のところ逆効果
(counterproductive) になるかもしれないと述べている [29]。

2　両裁判所のアプローチの違い

　もっとも、両裁判所は結論において各安保理決議の実施措置を違法とみな
したものの、その議論構成は相当に異なっている。欧州司法裁判所はカディ
事件において一貫して EU 法秩序の自律性を強調している。第 1 カディ事件
判決によれば、国際条約は共同体法システムの自律性に影響を与えること
はできず、したがって、国際法上の国連憲章第 103 条の効果にかかわらず、
欧州司法裁判所は基本権に基づき関連 EU 規則を審査する。つまり、EU 法
秩序全体の性格づけから、第 103 条に基づく安保理決議の優先性を遮断した。
この議論はあらためて争われた第 2 カディ事件欧州司法裁判所判決でも維
持され、安保理決議を実施するために再度採択された EU 規則に対する欧州
司法裁判所の審査は肯定された。

　他方で、欧州人権裁判所が諸判決の中で強調するのは、欧州人権条約と安
保理決議の関係の調和性である。特に、ナダ事件判決とアル・デュリミ事件
判決が参照した国際法委員会作業部会報告書によれば、国際法においては規
範間の抵触に反する強い推定が存在する [30]。これを欧州人権条約と安保理

決議との関係に適用すると、両者の抵触が疑われる場合であっても、解釈を通じて両規範の抵触を回避する判断が示されるから、抵触がある場合に国連憲章義務の優先を規定する国連憲章第103条は適用されない[31]。このような調和的解釈において鍵となるのが、条約解釈において「当事国の間の関係において適用される国際法の関連規則」が考慮されると規定した条約法条約第31条3項(c)である。ここでいう「関連規則」に国連憲章が含まれるから、欧州人権裁判所は欧州人権条約を解釈する際にも国連憲章と安保理決議を考慮する[32]。

　以上の議論構成の違いの結果、欧州司法裁判所は国際法それ自体から距離をとりつつ、「外から」安保理を批判しているのに対し、欧州人権裁判所は自らを国際法秩序の中におき、「内から」安保理に異議申し立てを行っている、と考えられよう。それぞれの裁判所の判例を比較検討した de Wet によれば、規範抵触に関して国際法を無関係とみなした欧州司法裁判所のアプローチが国際の平和と安全に関する統一的システムを毀損する危険性を有するのに対し、欧州人権裁判所の用いた体系的統合の手法は国際法秩序の統一性に寄与し、国際法のフラグメンテーションに対する対抗力（counter-force）となるという[33]。

　しかし、いずれのアプローチにも一長一短はある。確かに欧州人権裁判所は欧州人権条約と国連憲章や国連制裁レジームとの連続性を前提としており、両者の調整を行う上である程度共通の法的基盤を想定するものとも理解できる。それは国際法のフラグメンテーションを抑制する効果を持ちうるかもしれない。他方で、この司法戦略にも大きな問題があるように思われる。アル・ジェッダ事件判決で裁判所は、英国がアル・ジェッダに対して行ったような拘禁を決議1546は認めていないとしたが、反対意見を示した Poalelungi 裁判官は、決議に附属する米国国務長官書簡は拘禁を使用することを明示的に指摘しているから、判決の解釈は無理があると批判している[34]。また、ナダ事件判決とアル・デュリミ事件判決は安保理決議の文言を読み込み、安保理決議と人権を調和させる解釈を示したが、安保理決議がそのような解釈を認めているのかどうかは異論がある。たとえば Milanovic は、安保理の制

裁システムにおいて、制裁対象リストへの個人の掲載の決定に対し国内裁判所が意味のある審査を行う余地は残されていないとし、アル・デュリミ事件判決の解釈は調和的解釈ではなく、フェイク調和的解釈（*fake* harmonious interpretation）だとまで述べている[35]。要するに、調和しがたい法規範間の関係を無理に調和的に解釈しようとすると、不明瞭で説得力の欠ける解釈論を展開せざるを得ず、それは判決の権威を大きく毀損することになろう。

　これに対し、EU 法秩序の自律性を強調する欧州司法裁判所の議論は、そのような理論的前提を受け入れるかどうかはともかくとして[36]、少なくとも無理な安保理決議の解釈論に議論の軸を置いていない。EU の法システムが自律的であるから国連憲章第 103 条の影響はそのまま及ぶものではないという立論は、法規範の関係を無理に調和的に解釈する議論よりもはるかに理解しやすいものであろう。また、第 1 カディ事件欧州司法裁判所判決後にアルカイダ制裁手続にオンブズパーソンが設置されたため、同判決は安保理に対する圧力としてかなりの程度有効に作用したのではないかと考えられる[37]。自律性を強調したという議論構成自体が、安保理に対する圧力という観点からどの程度まで意味があったのかは慎重な検討が必要ではあるが、安保理の制度に変化をもたらした意義は決して軽視されるべきではない。

　もっとも、安保理との共通の法的基盤を必ずしも積極的に見出そうとしない欧州司法裁判所判決に対する批判も強い。たとえば Búrca は、第 1 カディ事件において欧州司法裁判所は国際法における適正手続と人権保護の基本的諸原則を主張できたにもかかわらずそうしなかったため、「国際共同体全体にとって重要であり、慣習国際法の一部である適正手続に関する対話への貢献の重要な機会を失った」と述べている[38]。

　2 つのアプローチのいずれが優れたものであるかは容易には断定できないが、それぞれの裁判所は、自らのアプローチの意義とその実際的影響を慎重に考慮しつつ、対立する価値を可能な限り調整しなければならない。

IV おわりに

　国連の制裁はその対象リストに掲載された個人に大きな法的制約を課すことは明らかであるが、それと同時に事実上の影響力もある。制裁対象リストにひとたび掲載されれば、そのリストは銀行や航空会社など様々な社会的アクターにコピーされ、形式的な効果を超える広がりを有するとされており、Herik はこれを波及効果（ripple effect）と呼んでいる[39]。このような深刻な影響を持つ国連の制裁に適正化を求めるのが、本章で検討した諸判決である。

　欧州司法裁判所は一連のカディ事件において EU 法秩序を自律的なものとみなし、国際法において国連憲章第 103 条に基づき安保理決議が有する優先的効果を遮断した。他方で欧州人権裁判所はアル・デュリミ事件など諸判決において、欧州人権条約と安保理決議の間の関係を調和的なものと解釈することにより、第 103 条の発動要件である「抵触」の認定を回避し、安保理決議の優先性を認めなかった。どちらも安保理決議に事実上ないし間接的に影響を及ぼすにすぎないが、安保理制裁の手続の改善を求める圧力としての意味を持つものと考えらえる。もっとも、欧州司法裁判所のアプローチは国際法から距離を置こうとする点で批判されており、欧州人権裁判所のそれは安保理決議の無理な解釈論につながる傾向がある。

　これらの判例にみられる人権と安保理の制裁の対立については、すでに相当数の研究があるが、対立するそれぞれの法秩序が満足するような解釈論や解決策はまだ見出せていない。イラク制裁に適用されるフォーカル・ポイントが不十分なのは、アル・デュリミ事件欧州人権裁判所判決が述べるように明らかではあるが、アルカイダ制裁手続に関してはオンブズパーソンが設置され、相当数の個人や団体が制裁対象リストから削除されたが、欧州司法裁判所は依然として厳しい姿勢を変えてはいない。

　安保理の金融制裁について今後も国際判例がこのような形で続けて出されれば、制裁の実効的な実施は阻まれ、その正当性にも大きな傷が残ることは明らかである。それぞれの立場をうまく調和させつつ各法制度の改善を図っていくための実務的努力と研究が求められているといえよう。

いろいろなカディ事件

　本章でも検討したカディ事件については、文字通り枚挙に暇がないほどの研究と論文が積み上げられてきた。ある学者は、このような状況をやや皮肉ってか「カディ産業（*Kadi industry*）」と呼んでいる[40]。かくいう本章筆者もこのカディ産業の一員であることは否定できない。

　本章で検討した通り、欧州司法裁判所は2つのカディ事件においてカディの主張を認め、関連EU規則の無効を判断した。さらに、簡単にふれた通り、カディは国連安保理のオンブズパーソンに対しても請願を提出し、安保理の制裁対象リストからの削除が認められている。しかしカディは、米国の国内裁判所においても米国国内における資産凍結リストからの削除を求めて裁判を提起していた。2012年、コロンビア特別区連邦地方裁判所は、米国財務省の保持する機密情報を審査の対象とした上でカディの主張を退けた。それぞれの金融措置の形態は同じではないし、各審査機関の性格も違うから一概に比較はできないが、欧州司法裁判所およびオンブズパーソンの判断と米国国内裁判所の判断との間に違いがみられることは興味深い。このような違いは、各審査機関の情報共有の在り方に起因しているとの指摘もある[41]。

　国家内部においても安全保障上の機密情報の管理は機微な問題ではあるが、国連やEUといった国境を越えた国際的機関においては、それはより一層困難なものになろう。国連安保理オンブズパーソンも制裁対象リストからの削除の可否を勧告する立場にありながら、国家の機密情報に自由にアクセスする権限は有していない。オンブズパーソンはその手続において直面する問題の1つとして透明性の欠如をあげている[42]。カディ事件が提起した問題はまだ解決されていない。

注

1　Nico Krisch, "Article 41," *in* Bruno Simma, Daniel-Erasmus Khan, Georg Nolte and Andreas Paulus（eds.）, *The Charter of the United Nations: A Commentary*, Vol.2（3rd ed., Oxford University Press, 2012）, pp. 1312-1313.

2　国連憲章第103条の研究として例えば、Alix Toublanc, "L'article 103 et la valeur juridique de la charte des Nations unies," *Revue générale de droit international public*, Vol. 108（2004）, pp. 439-462.

3　杉原高嶺『国際法学講義（第2版）』（有斐閣、2013年）103頁 ; Jean-Marc Thouvenin, "Article 103," in Jean-Pierre Cot and Alain Pellet, *La charte des Nations unies : commentaire article par article*, Vol. 2（3rd ed., Economica, 2005）, p. 2135.

4　Case Concerning Questions of Interpretation and Application of the 1971 Montreal Convention Arising from the Aerial Incident at Lockerbie（Libyan Arab Jamahiriya v. United States of America）, Order of the International Court of Justice, 14 April 1992, paras. 41-42.

5　S/RES/1267, 15 October 1999; S/RES/2368, 20 July 2017, op. para. 1-2.

6　Guidelines of the Committee for the Conduct of its Work, 23 December 2016, at https://

www.un.org/sc/suborg/en/sanctions/1267（as of 5 January 2018）.

7 Yassin Abdullah Kadi v. Council of the European Union and Commission of the European Communities, Case T-315/01, Judgment of the Court of First Instance（Second Chamber）, 21 September 2005. EU の裁判所の名称とその構成については、中西優美子『EU 法』（新世社、2012 年）71-75 頁。

8 Yassin Abdullah Kadi and Al Barakaat International Foundation v. Council of the European Union and Commission of the European Communities, Joint Cases C-402/05 P and C-415/05P, Judgment of the Court of Justice（Grand Chamber）, 3 September 2008. この判決の解説として、岩沢雄司「国連安保理の制裁決議の国内実施と人権——カディ事件——」小寺彰、森川幸一、西村弓編『国際法判例百選［第 2 版］』（有斐閣、2011 年）220-221 頁、中村民雄「国連の法と EC 法の関係——国連決議を実施する EC 措置の司法審査——」中村民雄、須網隆夫編著『EU 法基本判例集［第 2 版］』（日本評論社、2010 年）367-378 頁。

9 国連安保理の制裁監視チームの報告書を参照。Ninth Report of the Analytical Support and Sanctions Monitoring Team, S/2009/245, 13 May 2009, para. 19.

10 S/RES/1730, 19 December 2006, De-listing Procedure.

11 S/RES/1904, 17 December 2009, Annex II. オンブズパーソンの手続の詳細な検討を行った論稿として、Jared Genser and Kate Barth, "Targeted Sanctions and Due Process of Law," in Jared Genser and Bruno Stagno Ugarte（eds.）, *The United Nations Security Council in the Age of Human Rights*（Cambridge University Press, 2014）, pp. 195-246.

12 Dire Tladi and Gillian Taylor, "On the Al Qaida/Taliban Sanctions Regime: Due Process and Sunsetting," *Chinese Journal of International Law*, Vol. 10（2011）, para. 8.

13 S/RES/1989, 17 June 2011, Annex II.

14 Thirteenth Report of the Office of the Ombudsperson, S/2017/60, 23 January 2017, pp. 2-3 and 19.

15 Sue E. Eckert and Thomas J. Biersteker, *Due Process and Targeted Sanctions: An Update of the "Watson Report,"*（Watson Institute, 2012）, pp. 24 and 37.

16 Report of the Special Rapporteur on the Promotion and Protection of Human Rights and Fundamental Freedoms while Countering Terrorism（Ben Emmerson）, A/67/396, 26 September 2012, para. 59.

17 European Commission and Others v. Yassin Abdullah Kadi, Joined cases C-584/10 P, C-593/10 P and C-595/10 P, Judgement of the Court of Justice（Grand Chamber）, 18 July 2013. なお、欧州司法裁判所判決に先立つ EU 一般裁判所判決（2010 年）は、第 1 カディ事件欧州司法裁判所判決が示した「原則として完全な審査」に沿って関連 EU 規則の審査を行い、基本権の侵害を認定した。Yassin Abdullah Kadi v. European Commission, Case T-85/09, Judgment of the General Court（Seventh Chamber）, 30 September 2010.

18 Genser and Barth, *supra* note 11, pp. 235-236.

19 S/RES/1546, 8 June 2004, op. para. 10.

20 Al-Jedda v. The United Kingdom（Application no. 27021/08）, Judgment of the

European Court of Human Rights (Grand Chamber), 7 July 2011.

21　裁判所はここで、条約法条約第 31 条 3 項(c)に依拠した 2007 年のベーラミ事件欧州人権裁判所決定を参照している。同決定については、加藤陽「国連憲章義務の優先と欧州人権裁判所における「同等の保護」理論」『国際公共政策研究』第 19 巻 1 号（2014年）151-152 頁参照。

22　Nada v. Switzerland（Application no. 10593/08）, Judgment of the European Court of Human Rights（Grand Chamber）, 12 September 2012.

23　S/RES/1390, 28 January 2002, op. para. 2. なお、スイスは 2002 年に国連に加盟している。

24　Fragmentation of International Law: Difficulties Arising from the Diversification and Expansion of International Law（Report of the Study Group of the International Law Commission）, A/CN.4/L.682, 13 April 2006, paras. 37-39.

25　S/RES/1390, *supra* note 23, op. paras. 2 and 8.

26　Al-Dulimi and Montana Management Inc. v. Switzerland（Application no. 5809/08）, Judgement of the European Court of Human Rights（Grand Chamber）, 21 June 2016. 本件を当初扱った第 2 部小法廷は「同等の保護理論」を適用し、スイスの措置による欧州人権条約第 6 条 1 項の違反を判示した。Al-Dulimi et Monatana Management Inc. c. Suisse（Requête no 5809/08）, Arrêt de la Cour européenne des droits de l'homme（Deuxième section）, le 26 novembre 2013. 小法廷判決の分析として、加藤陽「国連のイラク制裁決議の実施義務とヨーロッパ人権条約の違反──Al-Dulimi ほか対スイス事件──」『国際人権』第 25 号（2014 年）120-121 頁参照。

27　S/RES/1483, 22 May 2003, op. para. 23.

28　*Ibid.*

29　Antonios Tzanakopoulos, "The *Solange* argument as a Justification for Disobeying the Security Council in the *Kadi* judgments," in Matej Avbelj, Filippo Fontanelli and Giuseppe Martinico（eds.）, *Kadi on Trial: A Multifaceted Analysis of the Kadi Trial*（Routledge, 2014）, p. 134. もっとも、近時は EU の裁判所においても国連の手続に対し肯定的な判例も見られる。Thirteenth Report of the Office of the Ombudsperson, supra note 14, pp. 10-12.

30　Report of the Study Group of the International Law Commission, *supra* note 24, para. 37.

31　ただ、調和的な解釈とはいえ、欧州人権裁判所はいずれの判決においても安保理決議を実施する国家の措置の違法性を認めているから、実質的には人権を優先させるような形で安保理決議の解釈をしていると考えられる。

32　これまでも欧州人権裁判所はこの第 31 条 3 項(c)を明文で引用することが多い司法機関であるといわれていたから（松井芳郎「条約解釈における統合の原理──条約法条約 31 条 3 項(c)を中心に──」坂元茂樹編『国際立法の最前線（藤田久一先生古稀記念）』（有信堂、2009 年）127 頁）、国連制裁との文脈でもこの姿勢を維持したものと考えられよう。

33　Erika de Wet, "From *Kadi to Nada* : Judicial Techniques Favouring Human Rights over

United Nations Security Council Sanctions," *Chinese Journal of International Law*, Vol.12 （2013）, p. 806.

34 Partially Dissenting Opinion of Judge Poalelungi (Al-Jedda Judgment), *supra* note 20.

35 この表現は Nussberger 裁判官意見のそれを借りたものである。Marko Milanovic, "Grand Chamber Judgment in Al-Dulimi v. Switzerland", EJIL: *Talk!*, 23 June 2016, at https://www.ejiltalk.org/grand-chamber-judgment-in-al-dulimi-v-switzerland/（as of 5 January 2018）. さらにナダ事件判決における安保理決議の解釈の問題について、加藤陽「国連憲章第 103 条と国際人権法——欧州人権裁判所における近時の動向——」『国際公共政策研究』第 18 巻 1 号（2013 年）175 頁。

36 欧州司法裁判所の議論に対する強い批判として、植木俊哉「国連憲章と EU 法の関係」『国連研究（多国間主義の展開）』第 18 号（2017 年）45-48 頁。

37 Ninth Report of the Analytical Support and Sanctions Monitoring Team, *supra* note 9, para. 19.

38 Gráinne de Búrca, "The European Court of Justice and the International Legal Order after *Kadi*," *Harvard International Law Journa*l, Vol. 51（2010）, pp. 41-42.

39 Larrisa J. van den Herik, "Peripheral Hegemony in the Quest to Ensure Security Council Accountability for its Individualized UN Sanctions Regimes," *Journal of Conflict & Security Law*, Vol. 19（2014）, p. 449.

40 Christina Eckes, "Controlling the Most Dangerous Branch from Afar: Multilayered Counter-Terrorist Policies and the European Judiciary," *European Journal of Risk Regulation*, Vol. 2（2011）, p. 508.

41 Douglas Cantwell, "A Tale of Two *Kadis* : *Kadi II*, *Kadi v. Geithner* & U.S. Counterterrorism Finance Efforts", *Columbia Journal of Transnational Law*, Vol. 53（2015）, pp. 689-692.

42 First Report of the Office of the Ombudsperson, S/2011/29, 24 January 2011, paras. 33-35; Ninth Report of the Office of the Ombudsperson, S/2015/80, 2 February 2015, paras. 56-58.

第11章　国連イラン制裁における金融制裁について

鈴木一人

    Ⅰ　はじめに
    Ⅱ　国連イラン制裁における金融上の措置の位置づけ
    Ⅲ　資産凍結
       1　資産の所有とコントロールを巡る問題
       2　制裁指定された個人や団体の名称等の変更
    Ⅳ　拡散金融を巡る問題
    Ⅴ　安保理決議1929に基づく金融取引の監視
    Ⅵ　独自制裁
    Ⅶ　安保理決議2231と金融制裁
    Ⅷ　おわりに

Ⅰ　はじめに

　2015年7月に包括的共同行動計画（Joint Comprehensive Plan of Action, JCPOA）、いわゆるイラン核合意が成立し、2002年の秘密の核開発施設の暴露から始まったイランの核開発の危機は当面解決し、2007年から始まった国連安保理による制裁も終了することとなった。制裁の目的である、対象国の政策の変更を促し、交渉のテーブルに誘い、その結果として国際の平和と安全の脅威を除去することが出来れば、その制裁は成功であり効果があったと言える。その意味ではイランに対する制裁は間違いなく成功に分類されるものであり、制裁の研究においてもモデルとなりうる事例である。
　しかし、イラン核合意を導き出した制裁は、必ずしも国連安保理による制裁のみで達成し得たものではなかった。イランに対する制裁にはアメリカ、

EU をはじめとする各国によって設計、実施された制裁が科されており、その効果は非常に大きなものがあった。中でもアメリカの実施した非米国企業や個人であっても制裁指定されたイランの個人や団体と取引したものに対して科せられる、いわゆる「二次制裁」の影響と、EU が実施した銀行間通信サービスである SWIFT（Society for Worldwide Interbank Financial Telecommunication）からの切り離しといった金融制裁の影響は多大であった。

　本稿では、国連安保理制裁における資産や経済的資源の凍結といった金融的な措置を論じるが、「金融制裁」という観点からは、米 EU による金融上の制裁措置も大きな役割を果たした点を含めて検討したい。また、筆者は2013 年から 2015 年まで国連安保理決議 1929 に従って設立された専門家パネル、いわゆるイラン制裁専門家パネル（以下、専門家パネル）のメンバーとして勤務していたこともあるため、国連安保理制裁の履行に関する事例も取り上げつつ、国連と各国によるイラン制裁がなぜ、どのようにしてイラン核合意に至る成功を収めることが出来たのかを検討してみたい。

II　国連イラン制裁における金融上の措置の位置づけ

　2006 年の IAEA の通達を受け、国連安保理は国連憲章第 40 条に基づく決議 1696[1] を採択し、イランの核開発を停止するよう勧告したがその効果はなく、2006 年に憲章第七章に基づく決議 1737[2] を採択し、その後、決議1747（2007）[3]、1803（2008）[4] および 1929（2010）[5] を採択した。これらの四つの決議が実効的な制裁事項を含む決議として 2015 年 7 月に廃止（terminate）されるまで施行された。

　これらの制裁決議は、イランの核活動、とりわけフォルドゥとナタンズに建設されたウラン濃縮施設での活動停止、アラクに建設されている重水炉の建設の停止を含む全ての核活動の停止、さらには核兵器の運搬手段と目される弾道ミサイルの開発とその技術を用いた全ての打ち上げを禁ずるものであった。イラン制裁決議は「ターゲット制裁」の考え方から、これらの核活動とミサイル活動に関連する品目のイランへの輸出禁止、核・ミサイル活動

に関連する個人と団体の旅行禁止と資産凍結、そしてその資金源となる武器禁輸を中心とした制裁を科すものであった。

それと同時に、これらの制裁では領海内で「信ずるにたる合理的な根拠（reasonable ground to believe）」がある場合は船舶の臨検を行うことが要請（call upon）され、また公海上であってもそうした「信ずるにたる合理的な根拠」がある場合は臨検に協力することが要請されている[6]。

こうしたイランの核・ミサイル活動に対する制裁であるが故に制裁は「モノ」に対するものが中心であり、金融上の措置としては制裁指定（designation）された個人や団体の資産凍結に限られている。保険や再保険を含む金融サービスを核・ミサイル活動に関与する個人や団体およびそれらに関連するものに対して提供することを禁ずることは「要請（call upon）」されており、イランの銀行の支店や子会社、出張所などの設置を禁ずること、またイラン国内に自国の金融機関の支店や子会社、出張所などを新設することを禁ずることも「要請」されている。しかしこれらはあくまでも「要請」であり、加盟国に対して法的拘束力を持つものではなく、加盟国の判断で行うことが求められているに過ぎない[7]。

III　資産凍結

イラン制裁に限らず、国連安保理制裁の金融上の措置として最も効果的で影響があると考えられているのが資産凍結である。通常、国連が資産凍結を制裁措置として決定した場合、加盟国は自国の金融機関が保有する、制裁指定された個人や団体、またそれらに関連すると思われる口座の資産を凍結するのが一般的である。これらは各国の金融当局が履行を怠らなければ、その実施は相対的に容易である。また、制裁指定された個人や団体に関連する口座も、様々な形の金融インテリジェンス情報の共有を通じて、偽名による口座やフロント企業などの口座を順次凍結していくことになる[8]。

これらの口座は安保理決議によって「凍結」されているものであるため、その口座にある資産の所有権は移転されるわけではなく、制裁が解除されれ

ばこの口座の資産は所有者である制裁指定されていた個人や団体が利用可能となる。国連安保理決議による資産凍結ではないが、アメリカが1980年にイランと断交した際に科した経済制裁によって凍結された石油の売買代金や航空機の売掛金などが、2015年のイラン核合意によって解除された際に多額の現金がイランに運ばれたが（アメリカが後述するように一次制裁を維持したことでドルの銀行間送金が出来なかった）、トランプ大統領はこの現金輸送を取り上げて、イランへの資金供与と受け取っているような発言[9]を続けており、資産凍結の解除ということが理解されていない印象を与えている。

　資産凍結を巡る問題は、金融機関に預けられている資金に限定されない。2007年の安保理決議1737では「資金、その他の金融資産および経済的資源（funds, other financial assets and economic resources）」を凍結の対象としている[10]。これらの凍結対象の中で判断が難しいのは「経済的資源」であろう。この「経済的資源」には航空会社の航空機、船会社の船舶、鉱山会社の鉱山など、様々なものが含まれるが、とりわけ制裁の実施に関して困難となるのが航空機や船舶である。

　これらはしばしばイラン国外に移動し、他国の管轄権に入ってくるものである。そうなると、当該国はその資産を凍結する義務が発生する。しかし、船舶や航空機の場合、旅客や積荷を搭載したままの状態で資産を凍結すると、制裁の対象ではない旅客や貨物が移動の手段を失うこととなる。凍結を実施することによって、その積み替えや代替便の手配をすると言ったコストが発生することは当該国にとって望ましい状態ではない。また、凍結した資産をどのように保管するのか、という問題も発生する。金融資産であればその保管は大きな問題にはなりにくいが、航空機や船舶の場合、それらを保管しておくための駐機場や停泊施設の使用が不可欠であり、保管することのコストも発生する。

　国連安保理制裁のケースではないが、イラン関連で船舶の凍結が図られた事案がないわけではない。イラン・イスラム共和国シッピングラインズ（IRISL）の関連会社が保有する船舶がシンガポールに入港した際、それらの関連会社に融資をしていたフランスとドイツの銀行が返済金の支払い遅延に

対する担保として船舶の押収をシンガポールに要求し、それが裁判になった
ケースがある[11]。結果としては仏独の銀行に返済金が支払われたことで資産
を押収し、保管する必要はなくなったのだが、この審議の中で IRISL が国連
安保理によっては制裁指定されていないこと、しかし EU やアメリカによっ
て制裁指定されていることを踏まえ、IRISL の資産が凍結されることになれ
ば返済金の支払いも出来なくなるが、シンガポールは IRISL を制裁指定して
いるわけではないため、その資産を押収する義務も、返済金となるべき資産
を凍結する義務もない、との判断を下している。

　この判決は IRISL が制裁指定されていないから資産凍結に積極的に動く義
務はなく、銀行のために押収する必然性も認めなかった。これは加盟国が積
極的に資産を凍結するインセンティブを持たないことを強く示唆している
と言えよう。実際、IRISL は安保理決議 1929 において、「全加盟国はその国
民、管轄権内の個人及び領内に登記している企業ないしは管轄権の及ぶ対象
が、イスラム革命防衛隊や IRISL を含むイランに登記した企業やイランの管
轄権の及ぶ企業とのビジネスを行う際は警戒しなければならない（to exercise
vigilance）ことを決定する（decides）[12]」と定めている。この規定自体はあくま
でも「警戒（vigilance）」を求めているだけであり、具体的な措置が含まれて
いるわけではないが、この規定を用いればシンガポール政府は IRISL の船舶
を差し押さえることも不可能ではなかったはずである。しかし、それでも差
し押さえなかったのは、やはりその帰結としてのコスト負担に対する不安が
あったものと思われる。

　このように、制裁指定された個人や団体の所有する航空機や船舶であって
も凍結されることは希であり、それらが安保理決議によって禁じられている
品目を搭載している可能性があったとしても、その状況を見過ごすことにな
る場合もあり得るだろう。金融機関の資産凍結以上に、この「経済的資源」
の凍結は困難な問題を抱えていると言えよう。

1　資産の所有とコントロールを巡る問題

　現実の制裁履行の場面では、上述のような凍結対象となる資産が「経済的

資源」である場合、どのように凍結するかということが問題になるが、もう一つ大きな問題となるのが、どの資産を凍結するのか、という問題がある。

安保理決議 1737 では制裁指定された個人や団体に所有もしくはコントロールされている（owned and controlled）資産だけでなく、これらの個人や団体やそれらに所有もしくはコントロールされている団体の代理（acting on behalf of）や指示に基づいて（at their direction）行動する個人や団体に所有されている資産も凍結することが求められている（つまり子会社やエージェントなどの資産も凍結することが義務付けられている）。また、制裁指定された個人や団体、その代理や指示に基づいて行動する個人や団体に所有されている資産が違法な手段によって取得されたものであっても凍結の対象となるとしている[13]。

ここで問題になるのは、「所有もしくはコントロールされている」というのがどういう状況を指すのか、という点である。通常、企業を所有すると言う場合、株式を保有するのが一般的な形態だが、では株主構成の内、何パーセントを所有すれば資産凍結の対象になるのか、という問題が発生する。また、「コントロールする」と言った場合、経営権の取得を意味すると思われるが、どのくらいの株式を保有すれば「コントロールする」と言えるのか、という判断が求められる。

筆者が専門家パネルで勤務していた際には、米財務省対外資産管理局（OFAC）が採用していた株式所有の 50 ％を一応の目安にして「所有もしくはコントロール」している状態と判断することとしていたが、これは定まった規定ではなく、あくまでも多くの加盟国にとって受け入れられる基準という認識であった。

それ以上に、「コントロール」で難しい判断を迫られたのは、制裁指定されているイランの革命防衛隊（Islamic Revolutionary Guards Corps:, IRGC）の幹部が、IRGC の保有する財団の理事長に就任したケースである。IRGC 自体は制裁指定されていないが、その傘下にある財団のうち IRGC 協同財団（IRGC Cooperative Foundation: Bonyad-e Taavon-e Sepah）の理事長は安保理決議 1747 で制裁指定されたモルテザ・ラザイー（元 IRGC 副司令官）であり、農業部門からサービス部門まで幅広く投資するモスタザファン財団（Mostazafan Foundation:

Bonyad-e Mostazafan）の財務担当理事は安保理決議 1737 で制裁指定されたモル
テザ・バーマニヤール（元イラン航空事業団理事長）である。これらの財団は
テヘラン証券取引所に上場している企業のうち 43 の組織の経営権を持って
おり、そのほか 218 の企業体の経営に関与し、合計で 1,073 人の IRGC 所属
の人物をこれらの企業に送り込んでいる[14]。

　IRGC は 1979 年のイラン・イスラム革命とそれに続くイラン・イラク戦
争の間にイラン経済に深く浸透しており、これらの財団が IRGC と一般経済
を結びつけるチャンネルとなっている[15]。これらの財団によって多くの一般
企業が所有され、IRGC 所属の要員が経営に参加していることを「所有もし
くはコントロール」と定義すると、かなりの数のイラン企業の資産を凍結し
なければならず、その判断は極めて難しいものになる。

　結果としては、国連によって制裁指定された個人が IRGC 関連の財団の幹
部となっていることが明らかになったのは 2015 年の専門家パネルによる報
告書であり、そのすぐ後にイラン核合意が成立し、安保理による制裁が解除
となったため、国連としてこの問題に対処しなければならない状況にはな
かったが、アメリカをはじめとして IRGC を制裁対象としている国が独自制
裁を科しているケースはあり、その場合、これらの財団の扱いが困難な問題
になるであろう。当然、多くの外国企業は IRGC との関係がありそうな企業
との取引は避ける傾向にあり、核合意後もアメリカの一次制裁が残ることで、
この傾向は継続されている。

2　制裁指定された個人や団体の名称等の変更

　資産凍結を巡ってもう一つ問題となるのは、制裁指定された個人や団体が
名称等を変更して国連が作成する制裁対象であるかどうか確認が困難となる
ケースである。制裁指定された個人や団体は決議の付帯文書（Annex）にリ
ストが掲載されるか、制裁委員会において重大な決議違反があった場合など
に制裁指定されるが、これらのリストでは、必ずしも個人や団体の詳細が書
かれているわけではなく、その名称が記されるだけの場合もある。

　これらの制裁指定された個人や団体は国連事務局がまとめる統合国連安保

理制裁リスト（Consolidated United Nations Security Council Sanctions List）[16] に掲載されるが、ここでは複数の制裁対象国にまたがって制裁指定された個人や団体が全て掲載されている。しかし、制裁対象ごとにリストの作り方が異なっているため、この統合リストでは最も詳細な情報を掲載しているアルカイダ・タリバーン制裁（現在では ISIL・アルカイダ制裁）委員会のフォーマットに合わせて作成している。

このフォーマットでは個人の場合、別名（通り名を含む）、制裁指定された時の肩書き、生年月日、生誕地、情報の質（精度）、国籍、パスポート番号、その他の身分証明番号、住所、その他の情報を記載することが出来る。また、団体の場合、団体の別名（英語名、現地語名など）、住所とその他の情報（電話番号やメールアドレス、制裁指定された理由など）が記載出来るようになっている。イラン制裁の場合、決議の付帯文書に十分な情報が記載されていないため、制裁委員会が専門家パネルに依頼して情報収集し、それに基づいて統合リストに記載しているが、必ずしも十分ではない。

こうしたリストを作成し一般に公開することで、民間企業や銀行などがこのリストをデータベースに取り込み、取引があった場合に瞬時に警告がなるような仕組みを取ったり、また入国管理システムに取り込むことで出入国の際に旅行禁止違反かどうかを確認することが出来る。しかし、個人の場合は知られていない偽名や偽造パスポートを用いたり、団体の場合もフロント企業を登記してリストとは異なる名称で活動することで、こうしたシステムでのチェックを困難にしている[17]。

また、名称変更が明白な場合でも実際に資産凍結が困難な場合がある。例えば、Pars Aviation Service Company という安保理決議 1747 で制裁指定されていた IRGC 傘下の企業は、Pars Air という航空会社を保有していた。しかし、制裁指定された直後、Yas Air という新たな会社を設立し、そこに航空機などの資産を譲渡していた。すでに Pars Aviation Service Company という会社は Pars Air とともに解散してしまったため「所有もしくはコントロール」という要件にも当てはまらず、関連が明確であっても決議の解釈上、対処が難しいケースであった。しかし、この Yas Air は専門家パネルの調査によっ

てイランからの武器輸出に関与したとして 2012 年にイラン制裁委員会で新たに制裁指定されることとなった。ところが、制裁指定された直後、Yas Air は Pars Air の時と同様、資産を全て Pouya Air に譲渡し、Yas Air は既に退役した航空機だけを持つ企業となってしまった。その後、専門家パネルから制裁委員会に Yas Air から Pouya Air への資産譲渡の情報が提供され、Pouya Air は Yas Air の変名（Alias）として認定されたため、制裁指定リストに変名が記載されることとなり、改めて Pouya Air を制裁指定する必要はなかった。

　米国の独自制裁の場合、核・ミサイル開発に関連した企業を制裁指定するだけでなく、その企業が保有し、違法な行為に関与している船舶や航空機なども制裁指定することで、その船舶の識別番号（IMO number）や航空機の機体番号（Registration number）といった、船舶や機体に固有な番号に基づいて所有や名称が変更されても制裁指定を継続することが出来るようにしている。なお、北朝鮮はこれらの固有の番号を偽造したりするケースもある。しかし、国連のイラン制裁の場合、制裁指定の対象となるのが個人と団体に限られるため、こうした名称や所属の変更に伴って資産凍結の対象となるべき経済的資源が制裁指定から外れるというケースがあり、資産凍結の際の厄介な問題となっている。

Ⅳ　拡散金融を巡る問題

　国連安保理制裁の金融上の措置とは言えないが、近年注目を集めている金融上のテーマとして「拡散金融（Proliferation Financing）」の問題がある。拡散金融とは「国内法ないしは国際的な義務が適用されるところで、核、化学もしくは生物兵器とその運搬手段および関連品目（不正な目的のための技術とデュアルユース品目を含む）の精算、取得、所有、開発、輸出、積替、ブローカー行為、輸送、移転、蓄積もしくは使用の全体もしくは一部に用いられる資金や金融サービスを提供すること[18]」である。

　拡散金融は比較的近年注目されるようになった金融上の措置であり、その転機となったのは 2012 年に発行された金融活動作業部会（Financial Action Task

Force, FATF）の勧告（Recommendation）である。ここでは第七勧告（Recommendation 7）として拡散金融の問題が取り上げられ、大量破壊兵器の拡散を支援するネットワークを解明し、制裁指定された個人や団体との取引関係や懸念される仕向先の取引動向を監視し、金融の流れから大量破壊兵器の拡散に関わる活動を防止しようとするものである。FATF はこれまでマネーロンダリングなど、グローバルな金融活動を監視し、金融インテリジェンス情報を収集・分析してきた経験もあり、それを大量破壊兵器の拡散活動に応用することを目指したものである。

　FATF の勧告自体は制裁ではないが、各国ごとに行われるピアレビューによって履行体制を強化するものである。不拡散に関しては、安保理決議1540 に基づく拡散防止活動の履行を確実にすることを目的としているが、この勧告が出されたのが 2012 年であり、イラン制裁に関しては 2010 年の安保理決議 1929 以降、イラン核合意まで新たな決議がなかったため、安保理決議の中に FATF の拡散金融に関する規定はない。また、現在の FATF の第七勧告にはイラン核合意を承認する安保理決議 2231 号に関連して、イラン核合意の履行を確実にするための金融上の取引監視が述べられているにとどまる。

Ⅴ　安保理決議1929に基づく金融取引の監視

　安保理決議 1929 には保険や再保険を含む金融サービスを核・ミサイル活動に関与する個人や団体およびそれらに関連するものに対して提供することを禁ずることが「要請」されていることは既に述べたとおりである。この条項に基づいて、専門家パネルは金融取引も監視の対象とし、年次報告書ではイランが不正な取引を行ったケース等についての調査をしている。2014 年の報告書では、フロント企業（Shell companies）を用いた取引の他、国連や各国制裁で制裁指定されていない中小規模の金融機関（多くは国際的な取引の実績がない）を用いた決済やイラン中央銀行の海外支店にある口座を通じた取引などに注意をするよう促している。イラン中央銀行はアメリカによって制

裁指定されているが、国連や EU などには指定されておらず、いくつかの国にあるイラン中央銀行の支店の口座は凍結されていないため、そこを通じた取引が行われているとみられており、不正な書類に基づいて取引を行ったケースも報告されている[19]。また、留学生がフロント企業を作り、そのフロント企業がイラン中央銀行の外国支店の口座を使って取引をしたケースも報告されている。

また 2014 年の報告書では、金融機関を通さない取引として、ハワラ (Hawala) と呼ばれるイスラム世界に特有の決済方法が紹介されている。これは外国送金の際、イラン国内における金融拠点がイラン国内の顧客から資金を引き受けると、電話で国外の金融拠点に口頭で伝達し、国外の取引先にその金融拠点が支払いをするという仕組みであり、イラン国内向け送金はその逆の流れとなる。ハワラのポイントは金融拠点間の取引が電話による口頭の決済のため記録が残らず、金融当局が規制することが出来ない、という点にある。巨額の取引の場合、一部を銀行間で送金し、残金をハワラで取引するというケースもあると紹介されているが、核・ミサイル開発でこの手法が使われたという報告はない[20]。

もう一つがバーター取引である。文字通り物々交換なのだが、安保理決議で取引を禁じられている品目をバーターによって金融システムを通さずに決済し、監視の目を逃れる方法でもある。2014 年の報告書ではアルミニウムの取引がバーターで行われたことが調査されたことが述べられているが、これはアルミニウムの原材料であるアルミナをイランに輸出する代わりに、精製されたアルミニウムを受け取るという取引であった。この過程で輸出されるアルミナを受け取るアルミニウムよりも多く提供することで、それを精製の手数料として提供するという取引になっていた。アルミナのイランへの輸出は禁じられていないため（一定の強度・形状のアルミニウムの輸入は禁じられている）、不正な取引とは言えないが、こうしたバーター取引は素材産業の中ではしばしば行われるため、決議違反の取引にも用いられる可能性がある[21]。

また、2015 年の報告書では、各国の独自制裁で制裁指定されているイラン企業がサービスを提供する際、そのイラン企業に直接支払いをすることが

図 11-1　金融システムを迂回する支払
（出典：Final Report of the Panel of Experts, 2015）

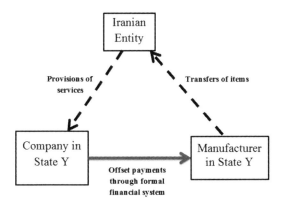

困難であるため、サービスを受けた企業は、そのイラン企業に部品を納入する企業に対して、その部品の代金をイラン企業に代わって支払うというケースが紹介されている。（図 11-1）この方法であれば、イラン企業は金融決済に関与することはなく、サービスを受けた企業が部品を提供する企業に支払いを行う形になるため、金融システムの監視の目を逃れることが出来る[22]。

しかし、これらの金融取引の監視と報告は国連安保理決議では「要請」にとどまっており、加盟国にとって義務にはなっていないため、安保理決議違反の事案として制裁委員会に報告が上がってくることはほとんどなく、また金融制裁を実施する義務もないため、十分な履行と監視を実現することは困難である。

VI　独自制裁

国連によるイラン制裁において金融上の措置は資産凍結が中心であり、しかも資産のうち動産の凍結の困難さが特筆されるべきこととして述べてきたが、それでもイラン制裁は「金融制裁が大きな効果を上げた制裁」として制

裁の歴史に記憶されることになるものである。ただし、それは国連による金融制裁ではなく、各国の独自制裁によるものであった。

本書は国連安保理による金融制裁を扱うため、各国の独自制裁を詳細に議論することは目的としないが、それでもイラン制裁が核合意へと至ったのは、疑いもなく各国の独自制裁の効果があったからである。とりわけ効果が認められるのは、アメリカによる二次制裁、すなわち非米国企業であっても、アメリカが制裁指定する個人や団体と取引をしたり、核・ミサイル活動に関連していると疑うだけの理由がある場合、アメリカ政府は非米国企業に制裁を科すことが出来る、というものである。その制裁とは米国における金融活動の許可を剥奪すると言うものであり、もしその許可を維持したければ莫大な課徴金を支払うことを求めるものである[23]。この根拠となるのは2011年末に採択された2012年の国防授権法（NDAA）であり、これによってBNPパリバやHSBC、さらには日本の三菱東京UFJ銀行（当時）を含む多くの銀行が課徴金を支払うこととなった。(表11-2)

表 11-2　イランを含む制裁規定違反で課徴金を課せられた非米国金融機関

実施年	金融機関	課徴額
2012	HSBC Bank Financial Services	$1,256,000,000
2012	Standard Chartered Bank Financial Services	$667,000,000
2012	ING Bank N.V. Financial Services	$619,000,000
2013	Bank of Tokyo-Mitsubishi UFJ Financial Services	$259,000,000[24]
2014	BNP Paribas S.A. Financial Services	$8,960,000,000
2015	Commerzbank AG Financial Services	$258,000,000

（出典：OFAC資料を基に筆者作成）

このような一方的な制裁は主要国の金融機関、とりわけ米国市場への参入が不可欠な国際業務を行う金融機関にとっては致命的なものであり、米国の独自制裁に違反するリスクの大きさを強く感じさせることとなり、イランと

の取引を萎縮させる効果を持った。これにより、イランとの貿易決済や金融サービスの提供が著しく困難となり、イランは制裁対象ではない品目に関しても輸入が困難になるという状況であった。

また、アメリカのイランに対する制裁は、議会で制定された法律だけでなく、大統領令も含めて多数の関連法令があり、その全容を把握することは極めて難しい[25]。そのため、米国の制裁関連法令を熟知していなければイランとの取引で何らかの形で法令に抵触する可能性があるという不安が高まり、それがさらに萎縮効果を高めたと言える。

また、アメリカだけでなく、EUによる金融上の制裁措置も大きな効果を持った。EUはブリュッセルに本拠を持つSWIFTに管轄権を持つため、EU規則によって、イランの主要な国際業務を行う銀行に対するメッセージングサービスを停止した[26]。SWIFTは国際的な銀行間の送金に際し、電信メッセージをやり取りすることで、取引を容易にするサービスであり、海外送金をする際に送金先の銀行コードがSWIFT Codeと言われるように、現代のグローバルな金融取引には不可欠なサービスである。そこからイランの主要銀行が切り離されることで、実質的にイランとの国際的な送金が出来ない状態になり、イランは金融的に孤立することとなった。

また、EUはイランとの石油取引も禁じていたが、その制裁をさらに強化するため、イランとの石油取引をする船舶に対する保険および再保険の提供も禁じられることとなった[27]。これにより、EU加盟国がイランから石油を輸入することが困難になっただけでなく、イランの原油や石油精製品を輸送する船舶に対して第三国に向けての輸出の場合でも保険が適用出来なくなり、国際的に競争力のある保険商品を提供してきた欧州の保険会社による保険が受けられなくなることになった。非EU加盟国の保険会社やP&I（Protection & Indemnity Insurance）組合は規制の対象にはならないが、イランの石油輸出が一層困難になり、イランが国連安保理制裁で指定した禁止品目の調達のための外貨獲得が困難になったことは確かであろう。

このように、各国の独自制裁による金融制裁は極めて効果的で、イランを経済的に孤立させたことで、イラン国内の経済に大きなダメージを与えた。

それが結果として、イラン国民の間に強い不満を生み出し、国連と各国制裁の根拠となる核開発を加速させた保守派のアフマディネジャド大統領に批判を強めた。2009 年の大統領選挙では不正選挙とみられる形でアフマディネジャドが再選されたが、それが「緑の運動（Green Movement）」と呼ばれる民衆運動を導き出し、その運動を武力によって鎮圧しようとしたため、アフマディネジャドの評判はさらに落ちた。そんな中で 2013 年の大統領選挙では交渉により制裁解除を実現することを公約する穏健派のロウハニが勝利し、2013 年 8 月に大統領に就任してすぐに P5 + 1（安保理常任理事国 5 ヶ国とドイツ）と交渉を開始し、同年 11 月には「第一段階の合意（Joint Plan of Action, JPOA）」を締結し、部分的な制裁解除を実現した。その後もザリフ外相を主席交渉者とするロウハニ政権は P5 + 1 と交渉を続け、2015 年 7 月にはイラン核合意となる JCPOA に合意するに至った[28]。

　イラン核合意が実現したのは、直接的には各国の独自制裁の効果であると言えるだろうが、しかし、これらの独自制裁の基礎を提供したのは国連安保理による制裁であることもまた確かであろう。国連による国際の平和と安全への脅威としての認定がなされ、その正統性に基づいてイランへの制裁が合理化されている。とりわけ EU による制裁は明白にその根拠を安保理決議においており、イラン核合意で制裁解除する際も、国連安保理制裁が解除されることに伴ってほとんどの EU 制裁が解除されている（アメリカはイラン・イスラム革命以来の制裁もあり、独自制裁を維持しているが、非米国企業に科す二次制裁は解除している）。

VII　安保理決議2231と金融制裁

　イラン核合意によって国連安保理の制裁決議は全て廃止（terminate）され、その効果は全て失われることになった。それを定めたのが安保理決議 2231である[29]。この決議では、P5+1 とイランによって結ばれた核合意を国際的に拘束力のある安保理決議として含めることで、国際社会に対してイランの核開発が合意に基づいて停止されたことを宣言し、これまで日本やカナダな

ど個別に安保理決議に基づいて独自制裁を実施してきた国々に対しても、それらの制裁を解除することを求めることとなった。

この安保理決議 2231 では、過去の国連安保理決議を全て廃止することになっているが、解除されたのは核開発に関連した制裁に限定されている。2231 の付帯文書である Statement では、安保理決議 1747 で定められた武器禁輸、1737 以来繰り返し規定されている弾道ミサイル活動に関する制裁は時限を区切られているとは言え、継続されることとなった。イランの求めで決議 2231 は「制裁」決議という位置づけにはしないとの取り決めがあるため、武器禁輸とミサイル活動に関するものは「制約（restriction）」と呼ばれているが、実質的には制裁の継続である。ここでは、過去の武器禁輸、ミサイル活動に関連した個人や団体の制裁指定を継続することが定められている。そのため、過去の安保理決議で制裁指定された、武器輸出とミサイル開発に関与した個人や団体の資産凍結は継続されることとなった。

また、イラン核合意でウラン濃縮のための遠心分離機を限られた数とはいえ、イランが保有することが認められ、アラクに建設していた重水炉も再設計し直した上で建設することが認められたが、その際、これらの合意された施設に必要な核関連の資材などの調達は、イラン核合意の履行を確認する合同委員会（Joint Commission）と国連安保理を通じて許可を得るという、いわゆる「調達チャンネル（Procurement channel）」の仕組みが導入された。この調達チャンネルを通じて資材を調達する際の決済や金融サービスに関しても、安保理が審議し、許可を与える仕組みとなっている。言い換えれば、この調達チャンネルを経由しないで提供される核開発関連の金融サービスなどは依然として禁じられている[30]。

安保理決議 2231 が採択されてから 2 年以上が経つが、イランは核合意に関する義務は履行していることが IAEA の査察などで確認されつつも、安保理決議に定められた義務を果たしているかどうかは疑われている状態である。イランは継続してミサイル開発を進めているが、その根拠として、決議 2231 では「核弾頭を搭載することを可能にするよう設計された弾道ミサイル（ballistic missiles designed to be capable of delivering nuclear weapons）」の活動が禁じら

れているが、イランは核弾頭を搭載すると設計していないと主張して、安保理決議違反ではないという立場を取っている。また武器禁輸に関しても、シリア内戦への介入やイエメンのフーシ派への支援などで武器ないし関連する品目を輸出しているのではないかとの疑いがあるが、これについてもイランは公式に認めてはおらず、国連もイエメン制裁パネルがイランからフーシ派へのミサイル輸出を認定したが、安保理ではロシアの拒否権により、具体的な行動はとれていない。

　しかしながら、イランがミサイル開発を続けているのであれば、ミサイルの資材となるものを安保理の許可なしに外国から輸入することは、それが核弾頭搭載可能かどうかは別として安保理決議に違反している。その点から見ても、イランは核合意を遵守するコミットメントはしていても、安保理決議2231を遵守する姿勢は十分に認められない。こうした姿勢が、アメリカのトランプ政権をしてイランの安保理決議違反や核合意を維持することに対する誠意を疑わせるものとなっていると考えられる。こうしたイランの態度に業を煮やしたトランプ政権は、2018年5月8日にイラン核合意からの離脱を表明した。

　また、安保理決議2231では、スナップバックの仕組みが導入されていることも注目しておく必要がある[31]。これは、イランが仮に核合意違反の疑いのある行為があった場合、上述した合同委員会でその行為が核合意違反かどうかを認定するが、全会一致（すなわちP5＋1もイランも同意する）で結論が得られれば過去の制裁が復活する。もし結論が得られない場合、安保理（イランは非常任理事国でない限り投票権を持たない）に付託され、安保理で認定されれば過去の制裁が復活するが、安保理でも違反かどうか認定されない場合、過去の制裁を廃止し続けるという決議案が提出され、それが採択されなければ（つまり常任理事国が1カ国でも拒否権を発動すれば）過去の制裁が復活するというものである。この過去の制裁の復活は同時に各国の制裁も復活することとなり、アメリカによる非米国企業への二次制裁も復活すると考えられている。つまり、イラン核合意が結ばれたとはいえ、イランが合意に違反すれば過去の制裁が復活し、民間企業が制裁解除期間中に結んだ契約などが許可されな

い可能性があるとして、多くの企業や投資家がイランへの進出を躊躇している。米財務省はスナップバックとなった場合でも過去に遡及して制裁を適用することはないと表明してはいるが、それを額面通り受け取らない企業や投資家も多い。これが結果として制裁解除以降のイラン経済が期待された通りに成長していない原因となっているのだが、そうした状況が生まれているのも、特にアメリカのトランプ政権が選挙期間中からイラン核合意の破棄を公約とし、実際に核合意から離脱したことで、過去に絶大な影響を誇った金融制裁の二次制裁を復活させたからであろう。なお、トランプ政権は核合意を「破棄」するのではなく、核合意から「離脱」したため、核合意および安保理決議 2231 は維持される。しかし、アメリカが二次制裁を復活させることになり、イラン経済を核合意以前に戻そうとしているため、イランが核合意にコミットしつづけることは期待しにくい。

Ⅷ　おわりに

　国連安保理によるイラン制裁の金融上の措置は、主として資産凍結に限られてはいるが、金融資産以外の動産を含む資産凍結は一定程度の効果があったとは言え、やはり制裁としてその効果が強く表れたのは各国の独自制裁、とりわけアメリカと EU による金融制裁であった。これらの金融制裁は事実上の全面的経済制裁であり、イラン国内の経済に大きな影響を与え、それがイラン国民の生活を厳しくしたことは確かだが、そうした国民の不満が選挙を通じてイランの政策変更に繋がり、核交渉から核合意へと平和的に問題を解決することを可能にした。

　こうした経緯を専門家パネルに勤務した経験に重ねてまとめると、ある国家が国際の平和と安全を破壊する行為を、何らかの意図とコミットメントを持って行った場合、それを変更させるのは容易ではない。ターゲット制裁として限られた品目やそれに関連する金融サービスを禁じたとしても、国連の制裁の履行を徹底させることも難しく、またイランは様々な手段を通じて制裁を迂回する方法を開発し続ける。そんな中で、国連安保理制裁と各国の独

自制裁が平仄を合わせてイランに圧力をかけたことで、結果的には平和的な問題解決へと繋がったと理解している。その意味ではターゲット制裁を前提とする国連安保理制裁のみで問題を解決することは著しく困難であり、制裁の効果を発揮し、対象国の政策を変更させるためには、ターゲット制裁の範疇を超えた制裁を科していくことが不可欠となるであろう。しかし、ターゲット制裁の概念は、過去のイラク制裁のように、全面的な経済制裁が国民生活に多大な打撃を与える一方、独裁的な政権への影響は限られており、制裁では政策の変更が期待出来ないという反省から生まれたものである。

　現在、北朝鮮に対して、核開発やミサイル発射などを契機に数次にわたって制裁の強化が進められ、ターゲット制裁の範疇を超えた経済制裁に近づく措置をとっている。それは北朝鮮を巡る特殊な事情があるとは言え、ターゲット制裁の範疇を超えた経済制裁は、北朝鮮国民の生活を著しく阻害し、ただでさえ生活が苦しいところに追い打ちをかける結果になりかねない。とはいえ、北朝鮮の経済構造・貿易構造から考えると、開放的な経済構造を持っていたイランのケースとは比較にならないほど、国連安保理の制裁も、各国の独自制裁も効果を上げることが難しく、北朝鮮の最大の貿易相手国である中国の対応次第で制裁の効果が変化する状況にある。中国は、安保理による制裁は認めつつも独自制裁は認めないという姿勢を一貫して見せており、それ故に各国の独自制裁を強引に適用することは中国の制裁への協力をも失いかねない状況を作るため困難である。故に、イランの制裁で実施した様々な制裁の手法は必ずしも有効とは言えず、イランをモデルにした制裁を北朝鮮に適用することは出来ない。

　しかしながら、イラン制裁における国連と各国の独自制裁の役割分担や、制裁における金融制裁の影響力などを考える上で、イラン制裁の経験から学ぶことは多くあると思われる。イランの事例をモデルとすることなく、この事例から制裁のエッセンスを理解し、それを応用していくことが重要なのである。

注

1 S/RES/1696（2006）, 31 July 2006

2 S/RES/1737（2006）, 27 December 2006

3 S/RES/1747（2007）, 24 March 2007

4 S/RES/1803（2008）, 3 March 2008

5 S/RES/1929（2010）, 9 June 2010

6 安保理決議1929（2010）の主文第14項および第15項を参照。

7 本章では、「要請（call upon）」については義務的な履行が求められていないことを踏まえ、それを強制的措置を伴う「国連制裁」としてはとらえず、あくまでも加盟国が任意で「各国の独自制裁」として履行することを正当化するものとして位置付けている。

8 資産凍結のプロセスに関しては国連の北朝鮮制裁専門家パネルで勤務した古川勝久の著書に詳細が記されている。古川勝久『北朝鮮 核の資金源：「国連捜査」秘録』（新潮社、2017年）。

9 例えば2017年10月13日の「新イラン戦略」演説など。Remarks by President Trump on Iran Strategy, 13 October 2017, at https://www.whitehouse.gov/briefings-statements/remarks-president-trump-iran-strategy/（2018年1月30日アクセス）

10 S/RES/1737（2006）主文第12項.

11 Admiralty in Rem No 166 of 2010（Summons Nos 5744 of 2010, 5800 of 2010 and 23 of 2011）, Admiralty in Rem No 176 of 2010（Summons Nos 5735 of 2010, 5799 of 2010 and 24 of 2011）and Admiralty in Rem No 178 of 2010（Summons Nos 5734 of 2010, 5798 of 2010 and 25 of 2011）, 31 January 2011, at http://www.singaporelaw.sg/sglaw/laws-of-singapore/case-law/free-law/high-court-judgments/14452-the-ldquo-sahand-rdquo-and-other-applications-2011-sghc-27（2018年1月30日アクセス）

12 S/RES/1929（2010）主文第22項.

13 S/RES/1737（2006）主文第12項.

14 Final report of the Panel of Experts established pursuant to resolution 1929（2010）, S/2015/401, 2 June 2015.

15 Steven O'Hern, *Iran's Revolutionary Guard: The Threat That Grows While America Sleeps*, （Potomac Books, 2012）, esp. Chapter 6 および Frederic Wehrey *et al.*, *The Rise of the Pasdaran: Assessing the Domestic Roles of Iran's Islamic Revolutionary Guards Corps*, （RAND Corporation, 2009）, esp. Chapter 5.

16 Consolidated United Nations Security Council Sanctions List, at https://www.un.org/sc/suborg/en/sanctions/un-sc-consolidated-list（2018年1月30日アクセス）

17 Emanuele Ottolenghi, "In Latest Sanctions, U.S. Again Targets Iranians Holding Caribbean Passports", *Foundation for Defense of Democracies*, 30th December 2014, at http://www.defenddemocracy.org/media-hit/emanuele-ottolenghi-in-latest-sanctions-us-again-targets-iranians-holding-caribbean-passports/（2018年2月5日アクセス）

18 Financial Action Task Force（FATF）, International Standards on Combating Money Laundering and the Financing of Terrorism & Proliferation, FATF Recommendations,

February 2012, at http://www.fatf-gafi.org/media/fatf/documents/recommendations/pdfs/FATF_Recommendations.pdf（2018 年 2 月 5 日アクセス）

19 Final report of the Panel of Experts established pursuant to resolution 1929（2010），S/2014/394, 11 June 2014

20 *ibid.*

21 *ibid.*

22 Final report of the Panel of Experts established pursuant to resolution 1929（2010），S/2015/401, 2 June 2015

23 イランに対するアメリカの独自制裁に関しては Richard Nephew, The Art of Sanctions: A View from the Field,（Columbia University Press, 2017）が詳しい。

24 三菱東京 UFJ 銀行はこの課徴金の支払の際に提出した報告書で重要な情報を削除したとして、追加課徴金として $315,000,000 を支払うこととなった。

25 米国の制裁に関する法律・大統領令などに関しては、米財務省のホームページにまとまっている。https://www.treasury.gov/resource-center/sanctions/Programs/Pages/iran.aspx（2018 年 2 月 5 日アクセス）

26 COUNCIL REGULATION（EU）No 267/2012, 23 March 2012, OJ L 88, 24.3.2012

27 *ibid.*

28 この過程については拙稿「イラン核合意の米・イラン関係への影響」『中東研究』第 525 号（2016 年 1 月）15-23 頁を参照。

29 S/RES/2231（2015），20 July 2015

30 「調達チャンネル」に関してはイラン核合意に基づく合同委員会が国連安保理に提出したメモランダムが公開されている。Information on the Procurement Channel, Revised September 2017, at http://www.un.org/en/sc/2231/pdf/Information%20note_EN.pdf（2018 年 1 月 30 日アクセス）

31 Steven F. Hill, "OFAC Provides Prospective Guidance on Potential "Snap-Back" of Iran Sanctions", *The National Law Review*, 21 December 2016, at https://www.natlawreview.com/article/ofac-provides-prospective-guidance-potential-snap-back-iran-sanctions（2018 年 1 月 30 日アクセス）

資　料

Ⅰ　国連金融制裁に関連する国際・国内文書（2018 年 3 月現在）

Ⅱ　国連安全保障理事会により憲章第 7 章に基づいて経済制裁措置が
決定された事例（決議は主要なもの）

Ⅲ　米国財務省外国資産管理室（Office of Foreign Assets Control, OFAC）
による近年の制裁違反認定と和解の主要事例

資料I　国連金融制裁に関連する国際・国内文書（2018年3月現在）

1　国際連合憲章（抄）

署名1945年6月26日（サン・フランシスコ）

効力発生1945年10月24日

われら連合国の人民は、

われらの一生のうちに二度まで言語に絶する悲哀を人類に与えた戦争の惨害から将来の世代を救い、

基本的人権と人間の尊厳及び価値と男女及び大小各国の同権とに関する信念をあらためて確認し、…

並びに、このために、

寛容を実行し、且つ、善良な隣人として互に平和に生活し、

国際の平和及び安全を維持するためにわれらの力を合わせ、

共同の利益の場合を除く外は武力を用いないことを原則の受諾と方法の設定によって確保し、…

これらの目的を達成するために、われらの努力を結集することに決定した。

よって、われらの各自の政府は、サン・フランシスコ市に会合し、全権委任状を示してそれが良好妥当であると認められた代表者を通じて、この国際連合憲章に同意したので、ここに国際連合という国際機関を設ける。

第1章　目的及び原則

第1条〔目的〕国際連合の目的は、次のとおりである。

1　国際の平和及び安全を維持すること。そのために、平和に対する脅威の防止及び除去と侵略行為その他の平和の破壊の鎮圧とのため有効な集団的措置をとること並びに平和を破壊するに至る虞のある国際的の紛争又は事態の調整又は解決を平和的手段によって且つ正義及び国際法の原則に従って実現すること。…

3　経済的、社会的、文化的又は人道的性質を有する国際問題を解決することについて、並びに人種、性、言語又は宗教による差別なくすべての者のために人権及び基本的自由を尊重するように助長奨励することについて、国際協力を達成すること。

資料I　国連金融制裁に関連する国際・国内文書　237

4　これらの共通の目的の達成に当って諸国の行動を調和するための中心となること。

第2条〔原則〕この機構及びその加盟国は、第1条に掲げる目的を達成するに当っては、次の原則に従って行動しなければならない。

1　この機構は、そのすべての加盟国の主権平等の原則に基礎をおいている。…

3　すべての加盟国は、その国際紛争を平和的手段によって国際の平和及び安全並びに正義を危くしないように解決しなければならない。

4　すべての加盟国は、その国際関係において、武力による威嚇又は武力の行使を、いかなる国の領土保全又は政治的独立に対するものも、また、国際連合の目的と両立しない他のいかなる方法によるものも慎まなければならない。

5　すべての加盟国は、国際連合がこの憲章に従ってとるいかなる行動についても国際連合にあらゆる援助を与え、且つ、国際連合の防止行動又は強制行動の対象となっているいかなる国に対しても援助の供与を慎まなければならない。

6　この機構は、国際連合加盟国でない国が、国際の平和及び安全の維持に必要な限り、これらの原則に従って行動することを確保しなければならない。

7　この憲章のいかなる規定も、本質上いずれかの国の国内管轄権内にある事項に干渉する権限を国際連合に与えるものではなく、また、その事項をこの憲章に基く解決に付託することを加盟国に要求するものでもない。但し、この原則は、第7条に基く強制措置の適用を妨げるものではない。

…

第3章　機関

第7条〔機関〕1　国際連合の主要機関として、総会、安全保障理事会、経済社会理事会、信託統治理事会、国際司法裁判所及び事務局を設ける。

2　必要と認められる補助機関は、この憲章に従って設けることができる。

…

第4章　総会

構成

第9条〔構成〕1　総会は、すべての国際連合加盟国で構成する。…

任務及び権限

第10条〔総則〕総会は、この憲章の範囲内にある問題若しくは事項又はこの憲章に規定する機関の権限及び任務に関する問題若しくは事項を討議し、並びに、第12

条に規定する場合を除く外、このような問題又は事項について国際連合加盟国若しくは安全保障理事会又はこの両者に対して勧告をすることができる。

第11条〔平和と安全の維持〕1　総会は、国際の平和及び安全の維持についての協力に関する一般原則を、軍備縮少及び軍備規制を律する原則も含めて、審議し、並びにこの様な原則について加盟国若しくは安全保障理事会又はこの両者に対して勧告をすることができる。

2　総会は、国際連合加盟国若しくは安全保障理事会によって、又は第35条2に従い国際連合加盟国でない国によって総会に付託される国際の平和及び安全の維持に関するいかなる問題も討議し、並びに、第12条に規定する場合を除く外、このような問題について、一若しくは二以上の関係国又は安全保障理事会あるいはこの両者に対して勧告をすることができる。このような問題で行動を必要とするものは、討議の前又は後に、総会によって安全保障理事会に付託されなければならない。

3　総会は、国際の平和及び安全を危くする虞のある事態について、安全保障理事会の注意を促すことができる。…

表決

第18条〔表決手続〕1　総会の各構成国は、一個の投票権を有する。

2　重要問題に関する総会の決定は、出席し且つ投票する構成国の3分の2の多数によって行われる。重要問題には、国際の平和及び安全の維持に関する勧告、安全保障理事会の非常任理事国の選挙、経済社会理事会の理事国の選挙、第86条1 c による信託統治理事会の理事国の選挙、新加盟国の国際連合への加盟の承認、加盟国としての権利及び特権の停止、加盟国の除名、信託統治制度の運用に関する問題並びに予算問題が含まれる。

3　その他の問題に関する決定は、3分の2の多数によって決定されるべき問題の新たな部類の決定を含めて、出席し且つ投票する構成国の過半数によって行われる。…

第5章　安全保障理事会

構成

第23条〔構成〕1　安全保障理事会は、15の国際連合加盟国で構成する。中華民国、フランス、ソヴィエト社会主義共和国連邦、グレート・ブリテン及び北部アイルランド連合王国及びアメリカ合衆国は、安全保障理事会の常任理事国となる。総会は、第一に国際の平和及び安全の維持とこの機構のその他の目的とに対する国際連合加盟国の貢献に、更に衡平な地理的分配に特に妥当な考慮を払って、安全

保障理事会の非常任理事国となる他の 10 の国際連合加盟国を選挙する。

2　安全保障理事会の非常任理事国は、二年の任期で選挙される。…退任理事国は、引き続いて再選される資格がない。…

任務及び権限

第 24 条〔平和と安全の維持〕1　国際連合の迅速且つ有効な行動を確保するために、国際連合加盟国は、国際の平和及び安全の維持に関する主要な責任を安全保障理事会に負わせるものとし、且つ、安全保障理事会がこの責任に基く義務を果すに当って加盟国に代わって行動することに同意する。

2　前記の義務を果すに当っては、安全保障理事会は、国際連合の目的及び原則に従って行動しなければならない。この義務を果すために安全保障理事会に与えられる特定の権限は、第 6 章、第 7 章、第 8 章及び第 12 章で定める。…

第 25 条〔決定の拘束力〕国際連合加盟国は、安全保障理事会の決定をこの憲章に従って受諾し且つ履行することに同意する。…

第 27 条〔表決手続〕1　安全保障理事会の各理事国は、一個の投票権を有する。

2　手続事項に関する安全保障理事会の決定は、9 理事国の賛成投票によって行われる。

3　その他のすべての事項に関する安全保障理事会の決定は、常任理事国の同意投票を含む 9 理事国の賛成投票によって行われる。…

第 29 条〔補助機関〕安全保障理事会は、その任務の遂行に必要と認める補助機関を認めることができる。

…

第 6 章　紛争の平和的解決

第 33 条〔平和的解決の義務〕1　いかなる紛争でもその継続が国際の平和及び安全の維持を危くする虞のあるものについては、その当事者は、まず第一に、交渉、審査、仲介、調停、仲裁裁判、司法的解決、地域的機関又は地域的取極の利用その他の当事者が選ぶ平和的手段による解決を求めなければならない。

2　安全保障理事会は、必要と認めるときは、当事者に対して、その紛争を前記の手段によって解決するように要請する。…

第 7 章　平和に対する脅威、平和の破壊及び侵略行為に関する行動

第 39 条〔安全保障理事会の一般的権能〕安全保障理事会は、平和に対する脅威、平和の破壊又は侵略行為の存在を決定し、並びに、国際の平和及び安全を維持し又は回復するために、勧告をし、又は第 41 条及び第 42 条に従っていかなる措置を

とるかを決定する。

第40条〔暫定措置〕事態の悪化を防ぐため、第39条の規定により勧告をし、又は措置を決定する前に、安全保障理事会は、必要又は望ましいと認める暫定措置に従うように関係当事者に要請することができる。…

第41条〔非軍事的措置〕安全保障理事会は、その決定を実施するために、兵力の使用を伴わないいかなる措置を使用すべきかを決定することができ、且つ、この措置を適用するように国際連合加盟国に要請することができる。この措置は、経済関係及び鉄道、航海、航空、郵便、電信、無線通信その他の運輸通信の手段の全部又は一部の中断並びに外交関係の断絶を含むことができる。

第42条〔軍事的措置〕安全保障理事会は、第41条に定める措置では不充分であろうと認め、又は不充分なことが判明したと認めるときは、国際の平和及び安全の維持又は回復に必要な空軍、海軍又は陸軍の行動をとることができる。この行動は、国際連合加盟国の空軍、海軍又は陸軍による示威、封鎖その他の行動を含むことができる。

第43条〔特別協定〕1　国際の平和及び安全の維持に貢献するため、すべての国際連合加盟国は、安全保障理事会の要請に基き且つ一つ又は二つ以上の特別協定に従って、国際の平和及び安全の維持に必要な兵力、援助及び便益を安全保障理事会に利用させることを約束する。この便益には、通過の権利が含まれる。

2　前記の協定は、兵力の数及び種類、その出動準備程度及び一般的配置並びに提供されるべき便益及び援助の性質を規定する。

3　前記の協定は、安全保障理事会の発議によって、なるべくすみやかに交渉する。この協定は、安全保障理事会と加盟国群との間に締結され、且つ、署名国によって各自の憲法上の手続に従って批准されなければならない。…

第46条〔兵力の使用計画〕兵力の使用計画は、軍事参謀委員会の援助を得て安全保障理事会が作成する。

第47条〔軍事参謀委員会〕1　国際の平和及び安全の維持のための安全保障理事会の軍事的要求、理事会の自由に任された兵力の使用及び指揮、軍備規制並びに可能な軍備縮小に関するすべての問題について理事会に助言及び援助を与えるために、軍事参謀委員会を設ける。

2　軍事参謀委員会は、安全保障理事会の常任理事国の参謀総長又はその代表者で構成する。…

3　軍事参謀委員会は、安全保障理事会の下で、理事会の自由に任された兵力の戦略的指導について責任を負う。…

第48条〔決定の履行〕1　国際の平和及び安全の維持のための安全保障理事会の決

資料 I　国連金融制裁に関連する国際・国内文書　241

定を履行するのに必要な行動は、安全保障理事会が定めるところに従って国際連合加盟国の全部又は一部によってとられる。…

第50条〔経済的困難についての協議〕安全保障理事会がある国に対して防止措置又は強制措置をとったときは、他の国でこの措置の履行から生ずる特別の経済問題に自国が当面したと認めるものは、国際連合加盟国であるかどうかを問わず、この問題の解決について安全保障理事会と協議する権利を有する。

第8章　地域的取極

第52条〔地域的取極、地方的紛争の解決〕1　この憲章のいかなる規定も、国際の平和及び安全の維持に関する事項で地域的行動に適当なものを処理するための地域的取極又は地域的機関が存在することを妨げるものではない。但し、この取極又は機関及びその行動が国際連合の目的及び原則と一致することを条件とする。

第53条〔強制行動〕1　安全保障理事会は、その権威の下における強制行動のために、適当な場合には、前記の地域的取極又は地域的機関を利用する。但し、いかなる強制行動も、安全保障理事会の許可がなければ、地域的取極に基いて又は地域的機関によってとられてはならない。…

第15章　事務局

第97条〔構成〕事務局は、一人の事務総長及びこの機構が必要とする職員からなる。事務総長は、安全保障理事会の勧告に基いて総会が任命する。事務総長は、この機構の行政職員の長である。

第98条〔事務総長の任務〕事務総長は、総会、安全保障理事会、経済社会理事会及び信託統治理事会のすべての会議において事務総長の資格で行動し、且つ、これらの機関から委託される他の任務を遂行する。事務総長は、この機構の事業について総会に年次報告を行う。

第99条〔平和維持に関する任務〕事務総長は、国際の平和及び安全の維持を脅威すると認める事項について、安全保障理事会の注意を促すことができる。

第16章　雑則

第103条〔憲章義務の優先〕国際連合加盟国のこの憲章に基く義務と他のいずれかの国際協定に基く義務とが抵触するときは、この憲章に基く義務が優先する。…

第18章　改正

第108条〔改正〕この憲章の改正は、総会の構成国の三分の二の多数で採択され、且つ、

安全保障理事会のすべての常任理事国を含む国際連合加盟国の三分の二によって各自の憲法上の手続きに従って批准された時に、すべての国際連合加盟国に対して効力を生ずる。

第19章　批准及び署名

第111条〔正文〕この憲章は、中国語、フランス語、ロシア語、英語及びスペイン語の本文をひとしく正文とし、アメリカ合衆国政府の記録に寄託しておく。この憲章の認証謄本は、同政府が他の署名国の政府に送付する。

2　安全保障理事会仮手続規則（抄）

（1946年1月17日安全保障理事会第1回会合、その後複数回の変更を経て現行はS/96/Rev.7, 21 December 1982）

規則28　安全保障理事会は、特定の問題のため、委員会（コミッション若しくはコミッティー）を設け、又は報告者を任命することができる。

3　外国為替及び外国貿易法（日本）

（昭和二十四年法律第二百二十八号）

施行日：平成二十九年十月一日

（支払等）

第十六条　主務大臣は、我が国が締結した条約その他の国際約束を誠実に履行するため必要があると認めるとき、国際平和のための国際的な努力に我が国として寄与するため特に必要があると認めるとき又は第十条第一項の閣議決定が行われたときは、当該支払等が、これらと同一の見地から許可又は承認を受ける義務を課した取引又は行為に係る支払等である場合を除き、政令で定めるところにより、本邦から外国へ向けた支払をしようとする居住者若しくは非居住者又は非居住者との間で支払等をしようとする居住者に対し、当該支払又は支払等について、許可を受ける義務を課することができる。

2　前項に定める場合のほか、主務大臣は、我が国の国際収支の均衡を維持するため特に必要があると認めるときは、当該支払が、次章から第六章までの規定により許可を受け、若しくは届出をする義務が課され、又は許可若しくは承認を受ける義務を課することができることとされている取引又は行為に係る支払である場合を除き、政令で定めるところにより、本邦から外国へ向けた支払をしようとする居住者若しくは非居住者又は非居住者に対して支払をしようとする居住者に対し、これらの支払について、許可を受ける義務を課することができる。

資料Ⅰ　国連金融制裁に関連する国際・国内文書　243

3　前二項に定める場合のほか、主務大臣は、この法律又はこの法律に基づく命令の規定の確実な実施を図るため必要があると認めるときは、当該支払等が、次章から第六章までの規定により許可を受け、若しくは届出をする義務が課され、又は許可若しくは承認を受ける義務を課することができることとされている取引又は行為に係る支払等である場合を除き、政令で定めるところにより、本邦から外国へ向けた支払をしようとする居住者若しくは非居住者又は非居住者との間で支払等をしようとする居住者に対し、当該支払又は支払等について、許可を受ける義務を課することができる。

4　前三項の規定により許可を受ける義務を課することができることとされる支払等についてこれらの規定の二以上の規定により許可を受ける義務が課された場合には、当該支払等をしようとする者は、政令で定めるところにより、当該二以上の規定による許可の申請を併せて行うことができる。この場合において、主務大臣は、当該申請に係る支払等について許可を受ける義務を課することとなつた事情を併せ考慮して、許可をするかどうかを判断するものとする。

5　この法律又はこの法律に基づく命令の規定により、取引又は行為を行うことにつき許可若しくは承認を受け、又は届出をする義務が課されているときは、政令で定める場合を除き、当該許可若しくは承認を受けないで、又は当該届出をしないで当該取引又は行為に係る支払等をしてはならない。

（支払等の制限）

第十六条の二　主務大臣は、前条第一項の規定により許可を受ける義務を課した場合において、当該許可を受ける義務が課された支払等を当該許可を受けないで行つた者が再び同項の規定により許可を受ける義務が課された支払等を当該許可を受けないで行うおそれがあると認めるときは、その者に対し、一年以内の期間を限り、本邦から外国へ向けた支払（銀行（銀行法（昭和五十六年法律第五十九号）第二条第一項に規定する銀行をいう。以下同じ。）その他の政令で定める金融機関（以下「銀行等」という。）又は資金移動業者（資金決済に関する法律（平成二十一年法律第五十九号）第二条第三項に規定する資金移動業者をいう。以下同じ。）が行う為替取引によつてされるものを除く。）及び居住者と非居住者との間でする支払等（銀行等又は資金移動業者が行う為替取引によつてされるものその他政令で定めるものを除く。）について、その全部若しくは一部を禁止し、又は政令で定めるところにより許可を受ける義務を課することができる。

（支払手段等の輸出入）

第十九条　財務大臣は、この法律又はこの法律に基づく命令の規定の確実な実施を図るため必要があると認めるときは、支払手段（第六条第一項第七号ハに掲げる

支払手段が入力されている証票等を含む。）又は証券を輸出し、又は輸入しよう
とする居住者又は非居住者に対し、政令で定めるところにより、許可を受ける義
務を課することができる。

2　財務大臣は、この法律若しくはこの法律に基づく命令の規定の確実な実施を図る
ため必要があると認めるとき又は国際収支の均衡若しくは通貨の安定を維持する
ため特に必要があると認めるときは、貴金属を輸出し又は輸入しようとする居住
者又は非居住者に対し、政令で定めるところにより、許可を受ける義務を課する
ことができる。

3　居住者又は非居住者は、第一項に規定する支払手段又は証券若しくは貴金属を輸
出し、又は輸入しようとするときは、当該支払手段又は当該証券若しくは貴金属
の輸出又は輸入が前二項の規定に基づく命令の規定により財務大臣の許可を受け
たものである場合その他政令で定める場合を除き、政令で定めるところにより、
あらかじめ、当該輸出又は輸入の内容、実行の時期その他の政令で定める事項を
財務大臣に届け出なければならない。

第四章　資本取引等

（資本取引の定義）

第二十条　資本取引とは、次に掲げる取引又は行為（第二十六条第一項各号に掲げ
るものが行う同条第二項に規定する対内直接投資等に該当する行為を除く。）を
いう。

　　一　居住者と非居住者との間の預金契約（定期積金契約、掛金契約、預け金契約
　　　その他これらに類するものとして政令で定めるものを含む。第四号、次条第
　　　三項及び第五十五条の三第一項において同じ。）又は信託契約に基づく債権の
　　　発生、変更又は消滅に係る取引（以下この条、次条第三項及び第五十五条の
　　　三第一項において「債権の発生等に係る取引」という。）

　　二　居住者と非居住者との間の金銭の貸借契約又は債務の保証契約に基づく債権
　　　の発生等に係る取引

　　三　居住者と非居住者との間の対外支払手段又は債権の売買契約に基づく債権の
　　　発生等に係る取引

　　四　居住者と他の居住者との間の預金契約、信託契約、金銭の貸借契約、債務の
　　　保証契約又は対外支払手段若しくは債権その他の売買契約に基づく外国通貨
　　　をもつて支払を受けることができる債権の発生等に係る取引

　　五　居住者による非居住者からの証券の取得（これらの者の一方の意思表示によ
　　　り、居住者による非居住者からの証券の取得が行われる権利の当該一方の者

資料Ⅰ　国連金融制裁に関連する国際・国内文書　245

による取得を含む。）又は居住者による非居住者に対する証券の譲渡（これらの者の一方の意思表示により、居住者による非居住者に対する証券の譲渡が行われる権利の当該一方の者による取得を含む。）

六　居住者による外国における証券の発行若しくは募集若しくは本邦における外貨証券の発行若しくは募集又は非居住者による本邦における証券の発行若しくは募集

七　非居住者による本邦通貨をもって表示され又は支払われる証券の外国における発行又は募集

八　居住者と非居住者との間の金融指標等先物契約に基づく債権の発生等に係る取引

九　居住者と他の居住者との間の金融指標等先物契約に基づく外国通貨をもって支払を受けることができる債権の発生等に係る取引又は金融指標等先物契約（外国通貨の金融指標（金融商品取引法第二条第二十五項に規定する金融指標をいう。）に係るものに限る。）に基づく本邦通貨をもって支払を受けることができる債権の発生等に係る取引

十　居住者による外国にある不動産若しくはこれに関する権利の取得又は非居住者による本邦にある不動産若しくはこれに関する権利の取得

十一　第一号及び第二号に掲げるもののほか、法人の本邦にある事務所と当該法人の外国にある事務所との間の資金の授受（当該事務所の運営に必要な経常的経費及び経常的な取引に係る資金の授受として政令で定めるものを除く。）

十二　前各号のいずれかに準ずる取引又は行為として政令で定めるもの

（財務大臣の許可を受ける義務を課する資本取引等）

第二十一条　財務大臣は、居住者又は非居住者による資本取引（第二十四条第一項に規定する特定資本取引に該当するものを除く。）が何らの制限なしに行われた場合には、我が国が締結した条約その他の国際約束を誠実に履行することを妨げ、若しくは国際平和のための国際的な努力に我が国として寄与することを妨げることとなる事態を生じ、この法律の目的を達成することが困難になると認めるとき又は第十条第一項の閣議決定が行われたときは、政令で定めるところにより、当該資本取引を行おうとする居住者又は非居住者に対し、当該資本取引を行うことについて、許可を受ける義務を課することができる。

2　前項に定める場合のほか、財務大臣は、居住者又は非居住者による同項に規定する資本取引（特別国際金融取引勘定で経理されるものを除く。）が何らの制限なしに行われた場合には、次に掲げるいずれかの事態を生じ、この法律の目的を達成することが困難になると認めるときは、政令で定めるところにより、当該資本

取引を行おうとする居住者又は非居住者に対し、当該資本取引を行うことについて、許可を受ける義務を課することができる。

一　我が国の国際収支の均衡を維持することが困難になること。

二　本邦通貨の外国為替相場に急激な変動をもたらすことになること。

三　本邦と外国との間の大量の資金の移動により我が国の金融市場又は資本市場に悪影響を及ぼすことになること。…

5　第二項に規定する資本取引について第一項及び第二項の規定により許可を受ける義務が課された場合には、当該資本取引を行おうとする者は、政令で定めるところにより、これらの規定による許可の申請を併せて行うことができる。この場合において、財務大臣は、当該申請に係る資本取引について許可を受ける義務を課することとなつた事態のいずれをも生じさせないかを併せ考慮して、許可をするかどうかを判断するものとする。

6　財務大臣は、第二十三条第一項の規定により届け出なければならないとされる同項に規定する対外直接投資を行うことについて第一項又は第二項の規定により許可を受ける義務を課したときは、当該許可の申請に係る対外直接投資については、当該許可を受ける義務を課することとなつた第一項に規定する事態又は第二項各号に掲げる事態のほか、同条第四項各号に掲げる事態のいずれをも生じさせないかを併せ考慮して、許可をするかどうかを判断するものとする。

（資本取引等の制限）

第二十二条　財務大臣は、前条第一項の規定により許可を受ける義務を課した場合において、当該許可を受ける義務が課された同項に規定する資本取引を当該許可を受けないで行つた者が再び同項の規定により許可を受ける義務が課された同項に規定する資本取引を当該許可を受けないで行うおそれがあると認めるときは、その者に対し、一年以内の期間を限り、同項に規定する資本取引を行うことについて、その全部若しくは一部を禁止し、又は政令で定めるところにより許可を受ける義務を課することができる。

第二十三条　居住者は、対外直接投資のうち第四項各号に掲げるいずれかの事態を生じるおそれがあるものとして政令で定めるものを行おうとするときは、政令で定めるところにより、あらかじめ、当該対外直接投資の内容、実行の時期その他の政令で定める事項を財務大臣に届け出なければならない。

2　前項の「対外直接投資」とは、居住者による外国法令に基づいて設立された法人の発行に係る証券の取得若しくは当該法人に対する金銭の貸付けであつて当該法人との間に永続的な経済関係を樹立するために行われるものとして政令で定めるもの又は外国における支店、工場その他の事業所（以下「支店等」という。）の設

置若しくは拡張に係る資金の支払をいう。…

4　財務大臣は、前項の届出に係る対外直接投資が行われた場合には、次に掲げるいずれかの事態を生じ、この法律の目的を達成することが困難になると認められるとき又は第十条第一項の閣議決定が行われたときに限り、当該対外直接投資の届出をした者に対し、政令で定めるところにより、当該対外直接投資の内容の変更又は中止を勧告することができる。ただし、当該変更又は中止を勧告することができる期間は、当該届出を受理した日から起算して二十日以内とする。

　一　我が国経済の円滑な運営に著しい悪影響を及ぼすことになること。

　二　国際的な平和及び安全を損ない、又は公の秩序の維持を妨げることになること。…

11　第一項の規定により届け出なければならないとされる対外直接投資について第二十一条第一項又は第二項の規定により財務大臣の許可を受ける義務が課された場合には、当該対外直接投資を行う居住者は、第一項の規定にかかわらず、その届出をすることを要しない。この場合において、当該対外直接投資について既に同項の規定による届出がされているときは、当該届出（同条第一項又は第二項の規定により許可を受ける義務が課された際現に行つていない対外直接投資（第六項の規定により中止の勧告を応諾する旨の通知がされたもの及び第九項の規定により中止を命ぜられたものを除く。）に係るものに限る。）については、これを当該届出のあつた日にされた同条第一項又は第二項の規定により受ける義務を課された許可に係る申請とみなし、当該届出に係る対外直接投資について第四項の規定による勧告、第六項の規定による通知（内容の変更を応諾する旨のものに限る。）又は第九項の規定による命令（内容の変更に係るものに限る。）があつたときは、当該勧告、通知又は命令については、これをなかつたものとみなす。

（経済産業大臣の許可を受ける義務を課する特定資本取引）

第二十四条　経済産業大臣は、居住者による特定資本取引（第二十条第二号に掲げる資本取引（同条第十二号の規定により同条第二号に準ずる取引として政令で定めるものを含む。）のうち、貨物を輸出し、又は輸入する者が貨物の輸出又は輸入に直接伴つてする取引又は行為として政令で定めるもの及び鉱業権、工業所有権その他これらに類する権利の移転又はこれらの権利の使用権の設定に係る取引又は行為として政令で定めるもの（短期の国際商業取引の決済のための資本取引として政令で定めるものを除く。）をいう。以下同じ。）が何らの制限なしに行われた場合には、我が国が締結した条約その他の国際約束を誠実に履行することを妨げ、若しくは国際平和のための国際的な努力に我が国として寄与することを妨げることとなる事態を生じ、この法律の目的を達成することが困難になると認める

とき又は第十条第一項の閣議決定が行われたときは、政令で定めるところにより、当該特定資本取引を行おうとする居住者に対し、当該特定資本取引を行うことについて、許可を受ける義務を課することができる。

2　前項に定める場合のほか、経済産業大臣は、居住者による特定資本取引が何らの制限なしに行われた場合には、第二十一条第二項各号に掲げるいずれかの事態を生じ、この法律の目的を達成することが困難になると認めるときは、政令で定めるところにより、当該特定資本取引を行おうとする居住者に対し、当該特定資本取引を行うことについて、許可を受ける義務を課することができる。

3　特定資本取引について第一項及び前項の規定により許可を受ける義務が課された場合には、当該特定資本取引を行おうとする者は、政令で定めるところにより、これらの規定による許可の申請を併せて行うことができる。この場合において、経済産業大臣は、当該申請に係る特定資本取引について許可を受ける義務を課することとなつた事態のいずれをも生じさせないかを併せ考慮して、許可をするかどうかを判断するものとする。

（特定資本取引の制限）

第二十四条の二　経済産業大臣は、前条第一項の規定により許可を受ける義務を課した場合において、当該許可を受ける義務が課された特定資本取引を当該許可を受けないで行つた者が再び同項の規定により許可を受ける義務が課された特定資本取引を当該許可を受けないで行うおそれがあると認めるときは、その者に対し、一年以内の期間を限り、特定資本取引を行うことについて、その全部若しくは一部を禁止し、又は政令で定めるところにより許可を受ける義務を課することができる。

（役務取引等）

第二十五条　国際的な平和及び安全の維持を妨げることとなると認められるものとして政令で定める特定の種類の貨物の設計、製造若しくは使用に係る技術（以下「特定技術」という。）を特定の外国（以下「特定国」という。）において提供することを目的とする取引を行おうとする居住者若しくは非居住者又は特定技術を特定国の非居住者に提供することを目的とする取引を行おうとする居住者は、政令で定めるところにより、当該取引について、経済産業大臣の許可を受けなければならない。

2　経済産業大臣は、前項の規定の確実な実施を図るため必要があると認めるときは、特定技術を特定国以外の外国において提供することを目的とする取引を行おうとする居住者若しくは非居住者又は特定技術を特定国以外の外国の非居住者に提供することを目的とする取引を行おうとする居住者に対し、政令で定めるところに

より、当該取引について、許可を受ける義務を課することができる。

3　経済産業大臣は、次の各号に掲げる場合には、当該各号に定める行為をしようとする者に対し、政令で定めるところにより、当該行為について、許可を受ける義務を課することができる。

　一　第一項の規定の確実な実施を図るため必要があると認めるとき　同項の取引に関する次に掲げる行為

　　イ　特定国を仕向地とする特定技術を内容とする情報が記載され、又は記録された文書、図画又は記録媒体（以下「特定記録媒体等」という。）の輸出

　　ロ　特定国において受信されることを目的として行う電気通信（電気通信事業法（昭和五十九年法律第八十六号）第二条第一号に規定する電気通信をいう。以下同じ。）による特定技術を内容とする情報の送信（本邦内にある電気通信設備（同条第二号に規定する電気通信設備をいう。）からの送信に限る。以下同じ。）

　二　前項の規定の確実な実施を図るため必要があると認めるとき　同項の取引に関する次に掲げる行為

　　イ　特定国以外の外国を仕向地とする特定記録媒体等の輸出

　　ロ　特定国以外の外国において受信されることを目的として行う電気通信による特定技術を内容とする情報の送信

4　居住者は、非居住者との間で、国際的な平和及び安全の維持を妨げることとなると認められるものとして政令で定める外国相互間の貨物の移動を伴う貨物の売買、貸借又は贈与に関する取引を行おうとするときは、政令で定めるところにより、当該取引について、経済産業大臣の許可を受けなければならない。…

6　主務大臣は、居住者が非居住者との間で行う役務取引（第一項に規定する特定技術に係るもの及び第三十条第一項に規定する技術導入契約の締結等に該当するものを除く。）又は外国相互間の貨物の移動を伴う貨物の売買、貸借若しくは贈与に関する取引（第四項に規定するものを除く。）（以下「役務取引等」という。）が何らの制限なしに行われた場合には、我が国が締結した条約その他の国際約束を誠実に履行することを妨げ、若しくは国際平和のための国際的な努力に我が国として寄与することを妨げることとなる事態を生じ、この法律の目的を達成することが困難になると認めるとき又は第十条第一項の閣議決定が行われたときは、政令で定めるところにより、当該役務取引等を行おうとする居住者に対し、当該役務取引等を行うことについて、許可を受ける義務を課することができる。

（制裁等）

第二十五条の二　経済産業大臣は、前条第一項の規定による許可を受けないで同項に規定する取引を行つた者に対し、三年以内の期間を限り、貨物の設計、製造若しくは使用に係る技術（以下この条において「貨物設計等技術」という。）を外国において提供し、若しくは非居住者に提供することを目的とする取引若しくは当該取引に関する貨物設計等技術を内容とする情報が記載され、若しくは記録された文書、図画若しくは記録媒体の輸出（以下「技術記録媒体等輸出」という。）若しくは外国において受信されることを目的として行う電気通信による貨物設計等技術を内容とする情報の送信（以下「国外技術送信」という。）を行い、又は特定技術に係る特定の種類の貨物の輸出を行うことを禁止することができる。

2　経済産業大臣は、前条第二項又は第三項の規定により経済産業大臣の許可を受ける義務が課された場合において当該許可を受けないでこれらの項に規定する取引又は行為を行つた者に対し、一年以内の期間を限り、貨物設計等技術を外国において提供し、若しくは非居住者に提供することを目的とする取引若しくは当該取引に関する技術記録媒体等輸出若しくは国外技術送信を行い、又は特定技術に係る特定の種類の貨物の輸出を行うことを禁止することができる。

3　経済産業大臣は、前条第四項の規定による許可を受けないで同項に規定する取引を行つた者に対し、三年以内の期間を限り、非居住者との間で外国相互間の貨物の移動を伴う貨物の売買、貸借若しくは贈与に関する取引を行い、又は貨物の輸出を行うことを禁止することができる。

4　主務大臣は、前条第六項の規定により役務取引等を行うことについて許可を受ける義務を課した場合において、当該許可を受ける義務が課された役務取引等を当該許可を受けないで行つた者が再び同項の規定により許可を受ける義務が課された役務取引等を当該許可を受けないで行うおそれがあると認めるときは、その者に対し、一年以内の期間を限り、役務取引等を行うことについて、その全部若しくは一部を禁止し、又は政令で定めるところにより許可を受ける義務を課することができる。

第二十七条　外国投資家は、対内直接投資等（相続、遺贈、法人の合併その他の事情を勘案して政令で定めるものを除く。以下この条において同じ。）のうち第三項の規定による審査が必要となる対内直接投資等に該当するおそれがあるものとして政令で定めるものを行おうとするときは、政令で定めるところにより、あらかじめ、当該対内直接投資等について、事業目的、金額、実行の時期その他の政令で定める事項を財務大臣及び事業所管大臣に届け出なければならない。…

3　財務大臣及び事業所管大臣は、第一項の規定による届出があつた場合において、

当該届出に係る対内直接投資等が次に掲げるいずれかの対内直接投資等（次項、第五項及び第十一項において「国の安全等に係る対内直接投資等」という。）に該当しないかどうかを審査する必要があると認めるときは、当該届出に係る対内直接投資等を行つてはならない期間を、当該届出を受理した日から起算して四月間に限り、延長することができる。

一　イ又はロに掲げるいずれかの事態を生ずるおそれがある対内直接投資等（我が国が加盟する対内直接投資等に関する多数国間の条約その他の国際約束で政令で定めるもの（以下この号において「条約等」という。）の加盟国の外国投資家が行う対内直接投資等で対内直接投資等に関する制限の除去について当該条約等に基づく義務がないもの及び当該条約等の加盟国以外の国の外国投資家が行う対内直接投資等でその国が当該条約等の加盟国であるものとした場合に当該義務がないこととなるものに限る。）

イ　国の安全を損ない、公の秩序の維持を妨げ、又は公衆の安全の保護に支障を来すことになること。

ロ　我が国経済の円滑な運営に著しい悪影響を及ぼすことになること。

二　当該対内直接投資等が我が国との間に対内直接投資等に関し条約その他の国際約束がない国の外国投資家により行われるものであることにより、これに対する取扱いを我が国の投資家が当該国において行う直接投資等（前条第二項各号に掲げる対内直接投資等に相当するものをいう。）に対する取扱いと実質的に同等なものとするため、その内容の変更又は中止をさせる必要があると認められる対内直接投資等

三　資金の使途その他からみて、当該対内直接投資等の全部又は一部が第二十一条第一項又は第二項の規定により許可を受ける義務を課されている資本取引に当たるものとしてその内容の変更又は中止をさせる必要があると認められる対内直接投資等

4　米国国連参加法及び国際緊急経済権限法（抄）

（米国財務省 HP　https://www.treasury.gov/resource-center/Pages/default.aspx、及び United States Code Annotated から抜粋）

＊ United Nations Participation Act ("UNPA")

United States Code Annotated Title 22. Foreign Relations and Intercourse

Chapter 7. International Bureaus, Congresses, and the Like United Nations Organization

Sec. 287c. Economic and communication sanctions pursuant to United Nations Security Council Resolution

(a) Enforcement measures;···. Notwithstanding the provisions of any other law, whenever the United States is called upon by the Security Council to apply measures which said Council has decided, pursuant to article 41 of said Charter, are to be employed to give effect to its decisions under said Charter, the President may, to the extent necessary to apply such measures, through any agency which he may designate, and under such orders, rules, and regulations as may be prescribed by him, investigate, regulate, or prohibit, in whole or in part, economic relations or rail, sea, air, postal, telegraphic, radio, and other means of communication between any foreign country or any national thereof or any person therein and the United States or any person subject to the jurisdiction thereof, or involving any property subject to the jurisdiction of the United States···.

(b) Penalties; Any person who willfully violates or evades or attempts to violate or evade any order, rule, or regulation issued by the President pursuant to paragraph (a) of this section shall, upon conviction, be find [fined] not more than $ 10,000 or, if a natural person, be imprisoned for not more than ten years, or both; and the officer, director, or agent of any corporation who knowingly participates in such violation or evasion shall be punished by a like fine, imprisonment, or both, and any property, funds, securities, papers, or other articles or documents, or any vessel, together with her tackle, apparel, furniture, and equipment, or vehicle, or aircraft, concerned in such violation shall be forfeited to the United States···.

* International Emergency Economic Powers Act (IEEPA)

United States Code Annotated Title 50. War and National Defense

Chapter 35 International Emergency Economic Powers

§ 1701. Unusual and extraordinary threat; declaration of national emergency; exercise of Presidential authorities

(a) Any authority granted to the President by section 1702 of this title may be exercised to deal with any unusual and extraordinary threat, which has its source in whole or substantial part outside the United States, to the national security, foreign policy, or economy of the United States, if the President declares a national emergency with respect to such threat.

(b) The authorities granted to the President by section 1702 of this title may only be exercised to deal with an unusual and extraordinary threat with respect to which a national emergency has been declared for purposes of this chapter and may not be exercised for any other purpose. Any exercise of such authorities to deal with any new threat shall be based on a new declaration of national emergency which must be with respect to such threat.

§ 1702. Presidential authorities

資料 I 国連金融制裁に関連する国際・国内文書 **253**

(a) (1) At the times and to the extent specified in section 1701 of this title, the President may, under such regulations as he may prescribe, by means of instructions, licenses, or otherwise--

(A) investigate, regulate, or prohibit—

(i) any transactions in foreign exchange,

(ii) transfers of credit or payments between, by, through, or to any banking institution, to the extent that such transfers or payments involve any interest of any foreign country or a national thereof,

(iii) the importing or exporting of currency or securities,

by any person, or with respect to any property, subject to the jurisdiction of the United States;

(B) investigate, block during the pendency of an investigation, regulate, direct and compel, nullify, void, prevent or prohibit, any acquisition, holding, withholding, use, transfer, withdrawal, transportation, importation or exportation of, or dealing in, or exercising any right, power, or privilege with respect to, or transactions involving, any property in which any foreign country or a national thereof has any interest by any person, or with respect to any property, subject to the jurisdiction of the United States; and

(C) when the United States is engaged in armed hostilities or has been attacked by a foreign country or foreign nationals, confiscate any property, subject to the jurisdiction of the United States, of any foreign person, foreign organization, or foreign country that he determines has planned, authorized, aided, or engaged in such hostilities or attacks against the United States; and all right, title, and interest in any property so confiscated shall vest, when, as, and upon the terms directed by the President, in such agency or person as the President may designate from time to time, and upon such terms and conditions as the President may prescribe, such interest or property shall be held, used, administered, liquidated, sold, or otherwise dealt with in the interest of and for the benefit of the United States, and such designated agency or person may perform any and all acts incident to the accomplishment or furtherance of these purposes.

(2) In exercising the authorities granted by paragraph (1), the President may require any person to keep a full record of, and to furnish under oath, in the form of reports or otherwise, complete information relative to any act or transaction referred to in paragraph (1) either before, during, or after the completion thereof, or relative to any interest in foreign property, or relative to any property in which any foreign country or any national thereof has or has had any interest, or as may be otherwise necessary to enforce the provisions of such paragraph. In any case in which a report by a person could be required under this paragraph, the President may require the production of any books of account, records, contracts, letters, memoranda, or other papers, in the custody or control of such person.

(3) Compliance with any regulation, instruction, or direction issued under this chapter shall to the extent thereof be a full acquittance and discharge for all purposes of the obligation of the person making the same. No person shall be held liable in any court for or with respect to anything done or omitted in good faith in connection with the administration of, or pursuant to and in reliance on, this chapter, or any regulation, instruction, or direction issued under this chapter.

(b) The authority granted to the President by this section does not include the authority to regulate or prohibit, directly or indirectly--

(1) any postal, telegraphic, telephonic, or other personal communication, which does not involve a transfer of anything of value;

(2) donations, by persons subject to the jurisdiction of the United States, of articles, such as food, clothing, and medicine, intended to be used to relieve human suffering, except to the extent that the President determines that such donations (A) would seriously impair his ability to deal with any national emergency declared under section 1701 of this title, (B) are in response to coercion against the proposed recipient or donor, or (C) would endanger Armed Forces of the United States which are engaged in hostilities or are in a situation where imminent involvement in hostilities is clearly indicated by the circumstances; or

(3) the importation from any country, or the exportation to any country, whether commercial or otherwise, regardless of format or medium of transmission, of any information or informational materials, including but not limited to, publications, films, posters, phonograph records, photographs, microfilms, microfiche, tapes, compact disks, CD ROMs, artworks, and news wire feeds. The exports exempted from regulation or prohibition by this paragraph do not include those which are otherwise controlled for export under section 2404 of the Appendix to this title, or under section 2405 of the Appendix to this title to the extent that such controls promote the nonproliferation or antiterrorism policies of the United States, or with respect to which acts are prohibited by chapter 37 of Title 18;

(4) any transactions ordinarily incident to travel to or from any country, including importation of accompanied baggage for personal use, maintenance within any country including payment of living expenses and acquisition of goods or services for personal use, and arrangement or facilitation of such travel including nonscheduled air, sea, or land voyages.

(c) Classified information.--In any judicial review of a determination made under this section, if the determination was based on classified information (as defined in section 1(a) of the Classified Information Procedures Act) such information may be submitted to the reviewing court ex parte and in camera. This subsection does not confer or imply any right to judicial review.

5 欧州連合条約及び EU 運営条約（抄）

(OJ C 202, 7 June 2016 から抜粋)

CONSOLIDATED VERSION OF THE TREATY ON EUROPEAN UNION

TITLE V

GENERAL PROVISIONS ON THE UNION'S EXTERNAL ACTION AND SPECIFIC PROVISIONS ON THE COMMON FOREIGN AND SECURITY POLICY

CHAPTER 2 SPECIFIC PROVISIONS ON THE COMMON FOREIGN AND SECURITY POLICY

Article 29 (ex Article 15 TEU)

The Council shall adopt decisions which shall define the approach of the Union to a particular matter of a geographical or thematic nature. Member States shall ensure that their national policies conform to the Union positions.

Article 31 (ex Article 23 TEU)

1. Decisions under this Chapter shall be taken by the European Council and the Council acting unanimously, except where this Chapter provides otherwise. The adoption of legislative acts shall be excluded. ⋯

2. By derogation from the provisions of paragraph 1, the Council shall act by qualified majority:

— when adopting a decision defining a Union action or position on the basis of a decision of the European Council relating to the Union's strategic interests and objectives, as referred to in Article 22(1),

— when adopting a decision defining a Union action or position, on a proposal which the High Representative of the Union for Foreign Affairs and Security Policy has presented following a specific request from the European Council, made on its own initiative or that of the High Representative,

— when adopting any decision implementing a decision defining a Union action or position,

— when appointing a special representative in accordance with Article 33.

If a member of the Council declares that, for vital and stated reasons of national policy, it intends to oppose the adoption of a decision to be taken by qualified majority, a vote shall not be taken. The High Representative will, in close consultation with the Member State involved, search for a solution acceptable to it. If he does not succeed, the Council may, acting by a qualified majority, request that the matter be referred to the European Council for a decision by unanimity. ⋯

AREA OF FREEDOM, SECURITY AND JUSTICE

CHAPTER 1 GENERAL PROVISIONS

Article 75 (ex Article 60 TEC)

Where necessary to achieve the objectives set out in Article 67, as regards preventing and combating terrorism and related activities, the European Parliament and the Council, acting by means of regulations in accordance with the ordinary legislative procedure, shall define a framework for administrative measures with regard to capital movements and payments, such as the freezing of funds, financial assets or economic gains belonging to, or owned or held by, natural or legal persons, groups or non-State entities.

The Council, on a proposal from the Commission, shall adopt measures to implement the framework referred to in the first paragraph.

The acts referred to in this Article shall include necessary provisions on legal safeguards.

CONSOLIDATED VERSION OF THE TREATY ON THE FUNCTIONING OF THE EUROPEAN UNION

PART FIVE THE UNION'S EXTERNAL ACTION

TITLE IV RESTRICTIVE MEASURES

Article 215 (ex Article 301 TEC)

1. Where a decision, adopted in accordance with Chapter 2 of Title V of the Treaty on European Union, provides for the interruption or reduction, in part or completely, of economic and financial relations with one or more third countries, the Council, acting by a qualified majority on a joint proposal from the High Representative of the Union for Foreign Affairs and Security Policy and the Commission, shall adopt the necessary measures. It shall inform the European Parliament thereof.

2. Where a decision adopted in accordance with Chapter 2 of Title V of the Treaty on European Union so provides, the Council may adopt restrictive measures under the procedure referred to in paragraph 1 against natural or legal persons and groups or non-State entities.

3. The acts referred to in this Article shall include necessary provisions on legal safeguards.

PART SIX INSTITUTIONAL AND FINANCIAL PROVISIONS
TITLE I INSTITUTIONAL PROVISIONS
CHAPTER 1 THE INSTITUTIONS
SECTION 5 THE COURT OF JUSTICE OF THE EUROPEAN UNION
Article 275

The Court of Justice of the European Union shall not have jurisdiction with respect to the provisions relating to the common foreign and security policy nor with respect to acts adopted on the basis of those provisions.

However, the Court shall have jurisdiction to monitor compliance with Article 40 of the Treaty on European Union and to rule on proceedings, brought in accordance with the conditions laid down in the fourth paragraph of Article 263 of this Treaty, reviewing the legality of decisions providing for restrictive measures against natural or legal persons adopted by the Council on the basis of Chapter 2 of Title V of the Treaty on European Union.

資料 II 国連安全保障理事会により憲章第7章に基づいて経済制裁措置が決定された事例（決議は主要なもの）

（2018年3月現在）

（国連決議等を基に吉村祥子が作成、補足的な資料収集等を高田陽奈子が担当）

特定の国家等を対象としているもの

経済制裁の対象	安全保障理事会決議とその内容	経済制裁の理由
南ローデシア（現在のジンバブエ）（1979年に解除）	S/Res/232 (16 December 1966)：対南ローデシア部分的禁輸 S/Res/253 (29 May 1968)：対南ローデシア全面禁輸	南ローデシアの白人少数政権による一方的独立宣言
南アフリカ共和国（1994年に解除）	S/Res/418 (4 November 1977)：対南アフリカ武器禁輸 S/Res/421 (9 December 1977)：制裁委員会の設置	南アフリカにおいて行われていたアパルトヘイト（人種隔離）政策
イラク（2003年に解除、武器禁輸及び制裁委員会が指定した個人と団体に対する資産凍結は継続）	S/Res/661 (6 August 1990)：対イラク全面禁輸 S/Res/687 (3 April 1991)：イラク大量兵器査察と禁輸等 S/Res/986 (14 April 1995)：Oil-for-Foodの合意と開始 S/Res/1137 (12 November 1997)：イラク軍・公務員等の自国への入国禁止 S/Res/1483 (22 May 2003)：武器禁輸、サダム・フセインや政府高官等の資産凍結等を除く対イラク制裁の解除 S/Res/1518 (24 November 2003)：決議661による制裁委員会に代えて、制裁対象者等のリストを作成する委員会の設置 S/Res/1957 (15 December 2010)：イラクに対する大量破壊兵器禁輸の解除 S/Res/1958 (15 December 2010)：Oil-for-Food活動の停止	イラクによるクウェート侵攻、イラク国内における査察の拒否等
旧ユーゴスラビア（1995年に解除、ボスニアのセルビアに対する制裁は1996年に解除）	S/Res/713 (25 September 1991)：対ユーゴスラビア武器禁輸 S/Res/724 (15 December 1991)：制裁委員会の設置 S/Res/757(30 May 1992)：対新ユーゴスラビア（セルビア及びモンテネグロ）全面禁輸、航空機の離発着	ユーゴスラビアにおいて発生した紛争

資料II　国連安全保障理事会により憲章第7章に基づいて経済制裁措置が決定された事例　259

旧ユーゴスラビア（1995 年に解除、ボスニアのセルビアに対する制裁は 1996 年に解除）	禁止、外交関係の縮小、スポーツ及び文化交流の停止 S/Res/820 (17 April 1993)：ボスニアのセルビアの支配下にある地域からの輸出入禁止等 S/Res/942 (23 September 1994)：対ボスニアのセルビア資産凍結、貿易禁止等 S/Res/1021 (22 November 1995)：武器禁輸の解除の条件を提示	
ソマリア（現在も継続中）	S/Res/733 (23 January 1992)：対ソマリア武器禁輸 S/Res/1356 (19 June 2001)：対ソマリア武器禁輸の例外措置（国連要員、人道援助要員等へは適用しない） S/Res/1519 (16 December 2003)：制裁違反等を調査する監視グループの設置 S/Res/1744 (21 February 2007)：対ソマリア武器禁輸の例外措置 (AMISOM には適用しない等) S/Res/1844 (20 November 2008)：ジブチ合意に反してソマリアの暫定連邦「政府」（TFI）などの安定化を脅かす個人等、及び対ソマリア武器禁輸に違反する個人等、人道援助活動を妨害する個人等に対する渡航禁止、資産凍結、武器等の禁輸 S/Res/2036 (22 February 2012)：対ソマリア木炭輸出入の禁止 S/Res/2093 (6 March 2013)：対ソマリア武器禁輸の適用除外（ソマリア連邦政府安全部隊、国連要員など）を決定（1 年ごとに更新） S/Res/2182 (24 October 2014)：対ソマリア武器禁輸や木炭禁輸等の制裁措置履行確保のため、多国籍海軍による近隣海域での臨検実施及び加盟国による制裁違反品の押収や処分を許可、人道上の目的による資産凍結の適用除外など	ソマリア氏族による内戦、ソマリア沖における海賊行為
リビア（1999 年に停止、2003 年に解除）（2011 年に再制裁）	S/Res/748 (31 March 1992)：対リビア武器禁輸・航空機離発着禁止など S/Res/883 (11 November 1993)：対リビア追加的経済制裁（資産凍結など） S/Res/1970 (26 February 2011)：対リビア武器等禁輸、制裁委員会により指定された個人及び団体に対する資産凍結 S/Res/1973 (17 March 2011)：飛行禁止区域の設定、リビア航空機等の離発着禁止、資産凍結対象の拡大	リビアによる（とされる）テロ活動リビアにおける政府と反政府勢力の対立時における組織的な民間人に対する攻撃

	S/Res/2009 (16 September 2011)：武器禁輸・資産凍結の適用除外、資産凍結の一部解除（リビア国立石油会社、リビア中央銀行資産凍結などが解除の対象）	
	S/Res/2016 (27 October 2011)：市民保護のための飛行禁止区域設定の終了	
	S/Res/2040 (12 March 2012)：対リビア武器禁輸・臨検の終了	
	S/Res/2146 (19 March 2014)：違法な原油輸出を規制する目的での公海上の臨検の実施を決定、制裁委員会が指定した船舶に対する燃料補給等の禁止、リビアからの原油輸出に関連し制裁委員会が指定した船舶に対する金融取引の禁止	
	S/Res/2174 (27 August 2014)：リビアの安定化を妨害する個人や団体等に対する武器禁輸	
	S/Res/2292 (14 June 2016)：対リビア武器禁輸履行確保のための加盟国による公海上における船舶臨検及び制裁違反品の没収・処分を許可	
	S/Res/2362 (29 June 2017)：対リビア原油等禁輸履行確保目的のための加盟国による公海上における船舶臨検及び制裁違反品の募集・処分を許可	
リベリア（2016年に解除）	/Res/788 (19 November 1992)：対リベリア武器禁輸 S/Res/985 (13 April 1995)：制裁委員会の設置 S/Res/1343 (7 March 2001)：S/Res/788 の解除と、リベリア産ダイヤの輸入禁止、対リベリア政府高官等渡航禁止、制裁違反等を調査する専門家パネルの設置 S/Res/1521 (22 December 2003)：S/Res/1343 の解除と、リベリアに対する武器禁輸、制裁委員会指定の人物の渡航禁止、ダイヤ及び木材の輸入禁止等 S/Res/1532 (12 March 2004)：チャールズ・テイラー元大統領及びその家族等に対する資産凍結 S/Res/1689 (20 June 2006)：木材に対する制裁の解除 S/Res/1753 (27 April 2007)：ダイヤモンドに対する制裁の解除 SS/Res/1903 (17 December 2009)：リベリア政府に対する武器禁輸の解除、リベリア国内の非政府組織及び個人に対する武器禁輸 S/Res/2237 (2 September 2015)：渡航禁止及び資産凍結措置の解除	リベリア国内における内戦

資料II　国連安全保障理事会により憲章第7章に基づいて経済制裁措置が決定された事例　261

ハイチ（1994 年に解除）	S/Res/841 (16 June 1993)：対ハイチ武器・石油禁輸、資産凍結等 S/Res/873 (13 October 1993)：対ハイチ再経済制裁 S/Res/917 (6 May 1994)：対ハイチ全面禁輸	ハイチにおけるクーデター
アンゴラ (UNITA)（2002 年に解除）	S/Res/864 (15 September 1993)：対 UNITA 武器・石油禁輸 S/Res/1127 (28 August 1997)：対 UNITA 追加的禁輸（航空機の離発着禁止など） S/Res/1173 (12 June 1998)：アンゴラ産ダイヤの購買禁止、アンゴラ政府の支配地域外への輸出禁止など S/Res/1237 (7 May 1999)：制裁違反等を調査する専門家パネルを承認 S/Res/1295 (18 April 2000)：専門家による対アンゴラ制裁監視メカニズムを設置	アンゴラ国内における内戦
ルワンダ（2008 年に解除）	S/Res/918 (17 May 1994)：対ルワンダ武器禁輸 S/Res/1011 (16 August 1995)：ルワンダ政府に対する武器禁輸の解除、ルワンダ政府に対抗する勢力への武器禁輸 S/Res/1013 (7 September 1995)：制裁に反する武器等の取引を調査する国際諮問委員会の設置	ルワンダ国内における内戦
スーダン（解除されたが、2004 年に再制裁）	S/Res/1054 (26 April 1996)：対スーダン外交関係の縮小 S/Res/1070 (16 August 1996)：（条件付きで）対スーダン航空機離発着禁止 S/Res/1372 (28 September 2001)：決議 1054 と 1070 による制裁措置の解除 S/Res/1556(30 July 2004)：ダルフール地域の非政府組織に対する武器禁輸 S/Res/1591 (29 March 2005)：制裁委員会の設置、専門家パネルの設置、ダルフールにおける和平プロセスに対する妨害等を行った者に対する渡航禁止、資産凍結など S/Res/1945 (14 October 2010)：全ての国家に対し、対スーダン武器禁輸を徹底させるため、武器売却に際しエンドユーザーに関する書類を条件にすることなどを決定	スーダンによるテロ活動支援、スーダンにおける内戦
シェラレオネ（ダイヤモンド制裁等は 2003 年に解除、	S/Res/1132 (8 October 1997)：対シェラレオネ武器・石油禁輸、制裁委員会によって指定された軍事政権構成員に対する渡航禁止	シェラレオネにおけるクーデター

その他の制裁は2010年に解除）	S/Res/1156 (16 March 1998)：石油禁輸の解除 S/Res/1171(5 June 1998)：S/Res/1132の解除、非政府の軍事組織に対する武器禁輸、元軍事政権及びRUF構成員等に対する渡航禁止 S/Res/1306 (5 July 2000)：シエラレオネ産ダイヤモンドの輸入禁止、専門家パネルの設置	
ユーゴスラビア連邦共和国（2001年に解除）	S/Res/1160 (31 March 1998)：対ユーゴスラビア連邦共和国（含コソボ）武器禁輸 S/Res/1203 (24 October 1998), S/Res/1244 (10 June 1999)：コソボ安定化目的の団体等に対する武器禁輸の適用除外を決定	コソボに関する紛争
アフガニスタン・タリバーン／アルカイダ（安保理決議1988及び1989以降は、タリバーンとアルカイダに対し、別個の手続を適用）	S/Res/1267 (15 October 1999)：タリバーンによって所有される航空機離発着禁止、タリバーン資産凍結 S/Res/1333 (19 December 2000)：アフガニスタン領域内のタリバーンに対する武器禁輸、軍事訓練の禁止、タリバーン事務所の閉鎖、武器禁輸等の監視などについて報告する専門家委員会の設置など S/Res/1363 (30 July 2001)：決議1267及び1333による制裁の履行監視等を行う監視メカニズムの設立など S/Res/1388 (15 July 2001)：アフガニスタン航空に対する離発着禁止の解除 S/Res/1390 (16 January 2002)：航空機離発着禁止の解除、オサマ・ビン・ラーデン及びアルカイダ組織に対する資産凍結、渡航禁止 S/Res/1730 (19 December 2006)：非リスト化フォーカル・ポイントの設立 S/Res/1735 (22 December 2006)：制裁リスト掲載の際に提供すべき情報等を決定	タリバーンによる（とされる）米国大使館爆破事件を含むテロ活動、オサマ・ビン・ラーデン氏の引き渡し要請拒否、ニューヨークにおけるテロ事件
エチオピア・エリトリア（2001年に解除）	S/Res/1298 (17 May 2000)：対エチオピア・エリトリア武器禁輸	エチオピア・エリトリアにおける紛争
コンゴ民主共和国（DRC）（現在も継続中）	S/Res/1493 (28 July 2003)：コンゴ民主共和国特定地域及び国内における集団に対する武器禁輸等 S/Res/1533 (12 March 2004)：制裁委員会の設置、制裁違反等を調査する専門家グループの設置 S/Res/1596(18 April 2005)：制裁委員会が指名した人物に対する渡航禁止、資産凍結 S/Res/1698 (31 July 2006)：渡航禁止及び資産凍結等の対象を、DRC内で武装解除等を妨害する者等にも拡大	コンゴにおける内戦

	S/Res/1807 (31 March 2008)：武器禁輸の対象を、DRC 内の非政府団体及び個人に拡大（DRC 政府やPKO には適用せず）、DRC 内において武装解除を妨害する者や、子ども兵を使用した者、国際法に反し子どもや女性に対する暴力を行った者で、制裁委員会が指名した人物に対する渡航禁止及び資産凍結（2008年12月31日まで）（その後年に1度進展を鑑みて更新） S/Res/2078(28 November 2012)：資産凍結と渡航禁止の対象を、武器禁輸の違反者や DRC での武装解除等を妨害する者や、子ども兵を使用した者、PKO 要員への攻撃に参加した個人や団体等にも拡大	
コートジボワール（2016 年に解除）	S/Res/1572(15 November 2004)：対コートジボワール武器禁輸、制裁委員会が指名した人物の渡航禁止と資産凍結 S/Res/1584(1 February 2005)：国連コートジボワール活動およびフランス軍に対して武器禁輸の監視、専門家グループの設置 S/Res/1643 (15 December 2005)：コートジボワール産ダイヤモンドの輸入禁止（武器禁輸、資産凍結、渡航禁止、ダイヤモンド輸入禁止を合わせて1年ごとに更新） S/Res/1975 (2011)：コートジボワールの和平プロセスや UNOCI の活動を妨害する個人等に対する武器禁輸、渡航禁止及び資産凍結を決定 S/Res/2153(29 April 2014)：コートジボワール産ダイヤモンド輸入禁止措置の解除	コートジボワールにおける内戦
ハリーリ元首相暗殺に関与したとされる人物（現在も継続中）	S/Res/1636(31 October 2005)：ハリーリ元首相暗殺に関与し、国際独立調査委員会あるいはレバノン政府によって指名され、制裁委員会によって登録された者への渡航禁止、資産等の凍結	レバノンで起きたハリーリレバノン元首相暗殺事件
レバノン（現在も継続中）	S/Res/1701(11 August 2006)：対レバノン武器禁輸（UNIFIL に関するものは除く）（制裁委員会等は設置されていない）	レバノンとイスラエルの武力紛争
北朝鮮（現在も継続中）	S/Res/1718 (14 October 2006)：対北朝鮮大量破壊物資禁輸、ぜいたく品の供給禁止、制裁委員会によって指名された核やミサイル計画関与の個人及び団体の金融資産の凍結、渡航禁止 S/Res/1874 (12 June 2009)：対北朝鮮制裁品目の拡大、武器禁輸等に関連する金融取引の禁止、加盟国による決議違反品の没収・処分の許可、船舶に対する燃	北朝鮮によって実施された核実験など

料供給禁止など

S/Res/2094 (7 March 2013)：対北朝鮮経済制裁対象の拡大、北朝鮮の核計画を支援する金融支援（輸出保険等を含む）の停止、制裁違反品を有すると確信する貨物検査、検査を拒否する船舶の入港禁止など

S/Res/2270 (2 March 2016)：武器禁輸の範囲拡大、制裁違反に携わった北朝鮮外交官の追放等北朝鮮との外交関係縮小、北朝鮮国民への核関連技術等訓練禁止、北朝鮮発又は北朝鮮向け貨物検査、対北朝鮮船舶・航空機貸与等禁止、北朝鮮登録の船舶使用禁止、制裁違反を行なっていると確信する航空機の離発着及び船舶の入港禁止、北朝鮮に対する燃料等売却禁止、北朝鮮銀行の支店開設及び合弁会社設立禁止、北朝鮮国内での銀行支店開設禁止及び既存支店等の撤退、北朝鮮との取引に関連する公的・民間金融支援（輸出保険等）の禁止など

S/Res/2321 (30 November 2016)：武器禁輸の範囲拡大、北朝鮮との科学技術協力禁止、北朝鮮外交官の銀行口座制限、北朝鮮による不動産使用制限、北朝鮮船舶への保険等供与及び登録禁止、北朝鮮からの石炭及び鉄鋼等輸出制限、北朝鮮産特定鉱物（銅、ニッケル等）などの輸入禁止、北朝鮮による銅像の供給禁止、北朝鮮向けヘリコプター及び船舶の輸出禁止、北朝鮮銀行及び金融機関での業務従事者の本国送還など

S/Res/2371 (5 August 2017)：北朝鮮産石炭・鉄鋼等・海産物及び鉛等の輸入禁止、新規合弁会社設立等禁止など

S/Res/2375 (11 September 2017)：北朝鮮籍船舶との物品移動禁止、天然ガス等の対北朝鮮輸出入禁止、対北朝鮮石油輸出制限、北朝鮮産繊維製品輸入禁止、北朝鮮労働者への新規労働許可禁止、全ての北朝鮮との合弁会社等設立禁止など

S/Res/2397 (22 December 2017)：対北朝鮮原油及び石油精製品輸出制限、北朝鮮産特定産品（農産品、機械等）輸入禁止及び対北朝鮮特定産品（輸送機械、鉄等）輸出禁止、北朝鮮労働者の送還（特定のロシアと北朝鮮間を結ぶロシア産の石炭輸送には適用しない）等

資料II　国連安全保障理事会により憲章第7章に基づいて経済制裁措置が決定された事例　265

イラン（2016年に国連による制裁は解除）	S/Res/1737 (23 December 2006)：対イラン核関連物資や弾道ミサイル関連物資の禁輸、国連安保理あるいは制裁委員会によって指名された、イランの核開発に関与する者あるいは企業の資産凍結 S/Res/1747 (24 March 2007)：決議1737による制裁の対象拡大 S/Res/1803 (3 March 2008)：国連安保理あるいは制裁委員会によって指名された、イランの核開発に関与する者の渡航禁止 S/Res/1929 (9 June 2010)：対イラン通常兵器等の禁輸及び必要時における臨検、イランの核拡散に協力する企業等との取引禁止	イランによる核濃縮活動など
エリトリア（現在も継続中）	S/Res/1907 (23 December 2009)：対エリトリア武器等禁輸、エリトリア政府及び軍幹部に対する渡航禁止、資産凍結、ソマリア／エリトリア向け貨物の臨検など S/Res/2111 (24 July 2013)：対エリトリア武器禁輸の適用除外（人道上の物資、国連要員、人道支援従事者などが使用する防護服等）を決定 S/Res/2023(5 December 2011)：エリトリアに対し「ディアポスラ税」などの手段で国外からの税金徴収の停止を決定、国家に対し、領域内の個人がエリトリアに対し送金等を行わないよう措置をとることを決定、エリトリア鉱物産業からの資金を阻止するため、従事者に対するデュー・ディリジェンスの確保	エリトリア・ジブチ間の国境紛争、ソマリア沖における海賊活動など
アルカイダ（安保理決議2253採択後、ISIL（ダーイシュ）を追加、現在も継続中）	S/Res/1989 (2011) (17 June 2011)：アルカイダ及び関係する個人や団体に対する資産凍結、渡航禁止、武器等の禁輸、リスト削除を勧告するオンブズパーソンの設置、監視チームの設置 S/Res/2161 (17 June 2014)：アルカイダ及び関連する個人や団体に対する爆発物及びその原料の譲渡等禁止 S/Res/2178 (24 September 2014)：自国民等がテロ活動に関与するための国外渡航禁止、アルカイダや関係する組織等への参加目的を有する個人の入国等禁止 S/Res/2199：ISIL（ダーイシュ）等から運ばれた石油製品等につき、自国領域内での阻止から30日以内に制裁委員会に通知 S/Res/2253 (17 December 2015)：対アルカイダ制裁と同様の措置（資産凍結、渡航禁止、武器禁輸等）を、ISIL（ダーイシュ）を支持する個人及び団体に適用	ISIL（ダーイシュ）及びアルカイダによるテロ活動など

	S/Res/2368 (20 July 2017)：資産凍結の範囲につき、石油及び石油製品、化学製品及び農産品、骨董品等の取引等に加え、誘拐、人身取引、銀行強盗等の違法行為で得た資金や経済資源の金融取引にも適用	
タリバーン（現在も継続中）	S/Res/1988 (2011) (17 June 2011)：タリバーンに関係する個人や団体、アフガニスタンの平和に対する脅威を構成する個人や団体に対する資産凍結、渡航禁止、武器等の禁輸、制裁分析・監視チームによる支援継続など S/Res/2082 (17 December 2012)：アフガニスタンの和平を妨害する個人や団体等の追加的な口座凍結を加盟国に許可、渡航禁止の適用除外を決定、アフガニスタン政府によるリスト化／非リスト化の支援を歓迎 S/Res/2160 (17 June 2014)：資産凍結の対象を拡大（インターネット上の活動を支援する金融や経済上のあらゆる資源や身代金支払などにも適用） S/Res/2225 (21 December 2015)：資産凍結、渡航禁止、武器禁輸の対象をアフガニスタンの平和・安定・安全に脅威を与えた個人や団体等にも拡大	タリバーンによるアフガニスタン和平に対する妨害など
ギニアビサウ（現在も継続中）	S/Res/2048 (18 May 2012)：ギニアビサウの安定化を害する個人に対する渡航禁止	ギニアビサウの平和構築プロセスに対する軍部の妨害など
中央アフリカ（現在も継続中）	S/Res/2127 (5 December 2013)：対中央アフリカ武器禁輸及び加盟国に対する制裁対象品の押収等を許可 S/Res/2134 (28 January 2014)：中央アフリカの和平を脅かす個人及び団体に対する渡航禁止及び資産凍結 S/Res/2196 (22 January 2015)：武器禁輸・渡航禁止・資産凍結の適用除外の決定、武器禁輸決議に違反した物資の押収や破棄を許可、	中央アフリカにおける内戦及び停戦合意違反
イエメン（現在も継続中）	S/Res/2140 (26 February 2014)：GCC イニシアチブ（湾岸協力理事会による政権移行プロセス）を妨害するなど、イエメンの平和と安定を脅かす個人と団体に対する渡航禁止と資産凍結（決議採択より1年間） S/Res/2216 (14 April 2015)：元イエメン大統領サーレハ等に対する武器禁輸、周辺国による臨検の要請など	イエメンにおける内紛など
南スーダン（現在も継続中）	S/Res/2206 (3 March 2015)：南スーダンの安定化を害する個人に対する渡航禁止、資産凍結	南スーダンにおける和平協定違反など

資料II　国連安全保障理事会により憲章第7章に基づいて経済制裁措置が決定された事例　267

| マリ（現在も継続中） | S/Res/2374 (5 September 2017)：和平協定違反者、人道支援を妨害する者、国際人道法や人権法の違反者、子どもを兵士に徴用した者等に対する渡航禁止、資産凍結 | マリにおける和平協定の遵守違反、テロ行為など |

特定の国家等を対象としていないもの

	安保理決議の内容	経済制裁の理由
テロ行為に関与する個人あるいは集団（現在も継続中）	S/Res/1373 (28 September 2001)：テロ行為に関与する個人に対する資産凍結、テロ行為に関与する集団あるいは個人に対する援助の停止など	ニューヨーク等におけるテロ攻撃（いわゆる9.11テロ）
大量破壊兵器の製造／保持等を行っている非国家主体（現在も継続中）	S/Res/1540 (28 April 2004)：大量破壊兵器等の製造／保持等を行っている非国家主体に対する援助等の禁止、非国家主体による大量破壊兵器の製造／保持等を禁止する国内法の整備、1540委員会の設立	大量破壊兵器の拡散（特にテロリストなどの非国家主体）

268

資料Ⅲ　米国財務省外国資産管理室（Office of Foreign Assets Control, OFAC）による近年の制裁違反認定と和解の主要事例

（OFAC の HP を基に高田陽奈子が作成）

〔略称一覧〕

BSR：ミャンマー制裁規則

CACR：キューバ資産管理規則

FACR：外国資産管理規則

GTSR：グローバルテロリズム制裁規則

IEEPA：国際緊急経済権限法

ITSR：イランに対する取引及び制裁規則

NKSR：北朝鮮制裁規則

SDN：制裁対象者

SSR：スーダン制裁規則

WMDPSR：大量破壊兵器拡散に関する制裁規則

〔**2015 年**〕

OFAC との和解年月日 OFAC に制裁違反を認定された当事者 課徴金（米ドル）	制裁違反の事由となった主な米国制裁関連規則	制裁違反の事由となった事実の概要	制裁違反とみられる行為の開示／違反の悪質性
2015/3/12 Commerzbank AG 258,660,796	ITSR、大統領令 13382 号（Blocking Property of Weapons of Mass Destruction Proliferators and Their Supporters）、WMDPSR、SSR、CACR、BSR	数年間の間、数千回にわたり、米国の金融機関を通じて、制裁対象の国、主体および個人が関与する取引を処理した。通常の処理とは異なる手動操作で、制裁対象国の銀行の関与に関する情報を削除し、取引を行っていた。	違反とみられる行為を自発的に開示しなかった。悪質な事例である。
2015/3/25 Life for Relief and Development 780,000	イラク制裁規則	ヨルダンからのまたはヨルダンを通じた、米国からイラクへの資金の移転に共謀した。	違反と見られる行為を自発的に開示しなかった。悪質な事例である。

資料Ⅲ　米国財務省外国資産管理室（Office of Foreign Assets Control, OFAC）による近年の制裁違反認定と和解の主要事例　269

2015/3/25 PayPal, Inc. 7,658,300	ITSR、WMDPSR、SSR、CACR、GTSR	数年の間、同社が処理する取引に制裁対象が含まれていないかを適切に審査するための技術や手続きを導入しなかった。その結果として、制裁対象が関与する数百の取引を処理してしまった。	違反とみられる行為を自発的に開示した。悪質な事例ではない。
2015/6/18 National Bank of Pakistan New York 28,800	GTSR	キルギス共和国所在の National Bank of Pakistan 支店にある制裁対象企業の口座への、および同口座からの、7回の資金移動を行った。資金移動の際、OFAC の SDN リストに照らした審査は行ったものの、制裁対象者を識別することができなかった。	違反とみられる行為を自発的に開示しなかった。悪質な事例ではない。
2015/6/19 John Bean Technologies Corporation（JBT） 391,950	大統領令 13382 号、WMDPSR	中国企業に産品を売った際、海上輸送のためにイランの船社 IRISL の凍結対象たる船舶を利用し、代金を受領するために貿易関連書類を米国の銀行に提示した。また同銀行が信用状を通知することを拒否したのちに、貿易関連書類をスペインの銀行に提示した。そして、JBT AeroTech Spain に対し、IRISL によって提供された運送サービスに関して運送業者に支払われた代金等の払い戻しを行った。	違反とみられる行為を自発的に開示しなかった。悪質な事例ではない。
2015/7/24 Great Plains Stainless Co. 214,000	大統領令 13382 号、WMDPSR	中国企業が凍結財産として指定された船舶を使って輸送した産品を売った。また、WMDPSR による禁止を迂回することを目的とした取引に従事した。	違反とみられる行為を自発的に開示しなかった。悪質な事例ではない。
2015/7/29 Blue Robin, Inc. 82,260	ITSR	イランの企業から、web 開発サービスを輸入した。	違反とみられる行為を自発的に開示した。悪質な事例ではない。
2015/8/5 Production Products, Inc. 78,750	WMDPSR	ダクト製造機を、SDN である企業に対して、OFAC からの許可を得ることなく輸出し代金を受領した。	違反とみられる行為を自発的に開示しなかった。悪質な事例ではない。

2015/8/6 Navigators Insurance Company 271,815	FACR、大統領令13466号(Continuing Certain Restrictions With Respect to North Korea and North Korean Nationals)、NKSR、ITSR、SSR、CACR	制裁対象国船籍の船に対して保険を提供し、保険金の支払を行った。	違反とみられる行為を自発的に開示した。悪質な事例ではない。
2015/8/27 UBS AG 1,700,100	GTSR	米国において、保護預かりにされている有価証券に関する222の取引を、大統領令13224号(Blocking Property and Prohibiting Transactions With Persons Who Commit, Threaten to Commit, or Support Terrorism)によって制裁対象とされた個人顧客のために処理した。	違反とみられる行為をすべて明らかにしたものの、自ら開示したとはいえない。悪質な事例ではない。
2015/10/20 Crédit Agricole Corporate and Investment Bank 329,593,585	SSR、CACR、BSR、ITSR	管理職を含む職員が、米国による金融制裁やそれに伴う金融機関の義務を知っていたにもかかわらず、Crédit Agricole Corporate and Investment およびその前身や子会社等は、米国の金融機関に対してあるいは米国の金融機関を通じて、制裁対象国・者が関連する数千の取引を処理した。	違反とみられる行為を自発的に開示しなかった。悪質な事例である。
2015/11/4 Banco do Brasil, S.A., New York 139,500	ITSR	禁止された取引を阻止するためのソフトウェアが、Isfahan Internacional Importadora Ltda に関して警告を発したにもかかわらず、同社による口頭の説明を受け入れ、同社を手動で適用除外リストに加えた。その後、イランが関連しているという蓋然性があるにかかわらず、数度にわたり、資金の移転を行った。	違反とみられる行為を自発的に開示しなかった。悪質な事例ではない。
2015/11/24 Barracuda Networks, Inc. 38,930	ITSR、SSR、シリア制裁規則	Barracuda Networks, Inc. の英国子会社が、Web フィルタリング製品、インターネットセキュリティ製品およびその関連ソフトウェアを、イランとスーダンにおける個人や主体およびシリア制裁規則における SDN に売った。	違反とみられる行為を自発的に開示した。悪質な事例ではない。

資料Ⅲ　米国財務省外国資産管理室 (Office of Foreign Assets Control, OFAC) による近年の制裁違反認定と和解の主要事例　271

〔2016 年〕

OFAC との和解年月日 OFAC に制裁違反を認定された当事者 課徴金（米ドル）	制裁違反の事由となった主な米国制裁関連規則	制裁違反の事由となった事実の概要	制裁違反とみられる行為の開示／違反の悪質性
2016/6/23 HyperBranch Medical Technology, Inc. 107,691	ITSR	当該産品が、最終的にはイランに輸出されるということを知りながら、アラブ首長国連邦の流通業者に医療用機材を輸出した。	違反とみられる行為を自発的に開示した。悪質な事例ではない。
2016/7/5 Alcon Laboratories, Inc.、Alcon Pharmaceuticals Ltd. および Alcon Management, SA 7,617,150	ITSR、SSR	OFAC の許可を得ることなく、米国から、イランおよびスーダンに所在する流通業者に対し、外科的および製薬的用途で使用される製品を輸出した。	違反とみられる行為を自発的に開示しなかった。悪質な事例ではない。
2016/9/7 World Class Technology Corporation 43,200	ITSR	当該積荷が、イランへの再輸出を目的としていることを知っていたあるいは知っているべき状況にあったにもかかわらず、米国からドイツ、アラブ首長国連邦およびレバノンに歯科矯正装置の積荷を輸出した。	違反とみられる行為を自発的に開示しなかった。悪質な事例ではない。
2016/9/13 PanAmerican Seed Company 4,320,000	ITSR	花の種を、イランの 2 つの流通業者に間接的に輸出した。	違反とみられる行為を自発的に開示しなかった。悪質な事例である。
2016/11/14 National Oilwell Varco, Inc. 5,976,028	ITSR、CACR、SSR	直接的または間接的にイランおよびスーダンへの産品の輸出に従事した。また、その子会社が、イラン、キューバおよびスーダンに直接的・間接的に産品の輸出を行い、National Oilwell Varco, Inc. は、その一部について、子会社が手数料の支払を行うことを承認した。	違反とみられる行為を自発的に開示しなかった。Dreco による手数料の支払およびその承認は悪質である。その他の行為は悪質ではない。

〔2017 年〕

OFAC との和解年月日 OFAC に制裁違反を認定された当事者 課徴金（米ドル）	制裁違反の事由となった主な米国制裁関連規則	制裁違反の事由となった事実の概要	制裁違反とみられる行為の開示 / 違反の悪質性
2017/1/12 Aban Offshoe Limited 17,500	ITSR	米国にある販売会社から石油掘削関連備品を購入し、イランの領海内にあるジャッキアップ式石油掘削施設に再輸出した。	違反とみられる行為を自発的に開示しなかった。悪質な事例ではない。
2017/1/13 Toronto-Dominion Bank 516,105	CACR、ITSR	OFAC の SDN リストに記載された主体の販売代理店やキューバ国民の口座を設け、それらの顧客のために、米国へのまたは米国を通じた商取引を処理した。	違反とみられる行為を自発的に開示した。悪質な事例ではない。
2017/2/28 United Medical Instruments Inc. 515,400	ITSR	少なくとも 56 回にわたり、イラン内の消費者に供給されると知りながら、あるいは知っているべき状況で、医療用撮像装置を米国から輸出し、また、アラブ首長国連邦にある会社からイランへの医療用撮像装置の輸出を促進した。United Medical Instruments Inc. には、米国法に違反する可能性を知りながらイランへの輸出に従事した等の悪質な事情もあったが、それは会社全体による体系的な行動ではなく、1 人の職員によってなされた行動である等の斟酌すべき事情もあった。	（なし）
2017/3/7 Zhongxing Telecommunications Equipment Corporation 100,871,266	ITSR	米国からイラン国内およびイラン政府への産品の輸出、ならびに、輸出管理規則の管理対象となっている米国原産の産品の、第三国からイラン国内およびイラン政府への再輸出に従事した。	違反とみられる行為を自発的に開示しなかった。悪質な事例である。

資料Ⅲ　米国財務省外国資産管理室 (Office of Foreign Assets Control, OFAC) による近年の制裁違反認定と和解の主要事例　273

2017/6/26 American International Group, Inc 148,698	ITSR、WMDPSR、SSR、 CACR	イラン、スーダンおよびキューバを目的地とした、ならびに制裁対象者に宛てられた、様々な産品や原材料の海上運送保険に関する取引を 555 回行った。	違反とみられる行為を自発的に開示した。悪質な事例ではない。
2017/7/27 CSE Global Limited および CSE TransTel Pte. Ltd. 12,027,066	IEEPA、ITSR	イラン国内およびイラン領海内への通信機器の輸送・設置のため、イラン企業と契約を締結し発注書を受領したり、それら契約や発注書との関係で産品やサービスを提供するためにイラン企業を含む他の販売会社を雇ったりした。そして、それらの販売会社への電信送金をシンガポールの銀行の米ドル建て口座から行った。	違反とみられる行為を自発的に開示しなかった。悪質な事例である。
2017/8/10 PSA International Services, Inc. 259,200	ITSR	イラン原産のサービスを44回にわたって米国に輸入し、そのほかにも 28 回、自らの外国子会社からイラン原産のサービスの供給者への支払いを承認し促進することにより、イラン原産のサービスに関連する取引に従事した。	違反とみられる行為を自発的に開示しなかった。悪質な事例ではない。
2017/8/17 American Export Lines 518,063	ITSR	140 回、廃棄車やそのパーツを、イランを通じてアフガニスタンに積み替え輸送を行った。	違反とみられる行為を自発的に開示しなかった。悪質な事例ではない。
2017/8/24 COSL Singapore Ltd 415,350	ITSR	油田掘削関連用品を米国からシンガポールおよびアラブ首長国連邦に輸出し、それらを、イラン領海に位置する石油プラットフォームに再輸出した。	違反とみられる行為を自発的に開示しなかった。悪質な事例ではない。
2017/10/5 BD White Birch Investment LLC 372,465	SSR	カナダ産の紙のスーダンへの売却および輸送を促進した。	違反とみられる行為を自発的に開示しなかった。悪質な事例ではない。
2017/12/06 DENTSPLY SIRONA Inc. 1,220,400	ITSR	歯科装置を、最終的にはイランに輸出されることを知りながら、あるいは知るべき状況にありながら、米国から第三国の流通業者に輸出した。	違反とみられる行為を自発的に開示しなかった。悪質な事例ではない。

人名索引

ウッドロー・ウィルソン ……………………6
オバマ大統領 ……………………………133
カダフィ ……………………………………36
カディ ………………………………………80
サヤディ ……………………………………81
サラーテ ………… 124, 125-128, 133, 137, 138

トランプ …………………………………135
メンゴッツィ法務官 ……………………164
モルテザ・バーマニヤール ……………220
モルテザ・ラザイー ……………………219
ロウハニ …………………………134, 135

事項索引

【英字】

Al-Aqsa 事件 ………………149, 154, 158
Al-Ghabra 事件 …………………………165
Al Matri 判決 ……………………………165
Alphabay 事件 …………………………138
AMF 構想 …………………………………125
AML/CFT ………………………124, 138
Banca UBAE ………………………………37
Banco Delta Asia（BDA）………………125
BNP パリバ銀行 …………………126, 129

CISADA ……………………………130, 133
Coincheck 事件 …………………………139

DPA（Deferred Prosecution Agreement、起訴猶予合意）………………………………136
EU+3 ………………………………………134
EU3 ………………………………………131
EU 理事会規則 2271（EC2271/96）…………124

facilitate：幇助 …………………………130
FATF ………………………………………117
FATF 勧告 …………………………………124
financial isolation ………………………126
FRB ………………………………………137
IAEA ………………………………………133
IEEPA ……………………………………130
IMF8 条国 ……………………………110, 121
International Emergency Economic Powers Act,
 IEEPA ………………………………170
Iranian Transactions and Sanction Regulations
 （ITSR）………………………………130
Iran Sanctions Act of 1996（ISA）…………130
ISA …………………………………………134
JCPOA ………………134, 135, 214, 228
JCPOA 違反 ………………………………134
JCPOA 合意 ………………………………134
Kadi II判決 ………………………………165
"know your target" ……………………18
LFS ………………126, 127, 133, 137, 139

人名索引、事項索引　275

LTTE 事件 ……………………………144, 152

Mail & Wire Fraud（郵便通信詐欺）………137

Mt.Gox 事件 …………………………………139

NAM 首脳宣言 …………………………90, 91

NAM 諸国 ………………… 90-92, 99, 102

NPA（Non Prosecution Agreement、不起訴合意）…………………………………………136

OFAC ……………………………130, 136, 137

OFAC Economic Sanctions Enforcement Guidelines ………………………………130

peer pressure ………………………………124

Recusal Policy ………………………………171

Safer Corridor ………………………………181

Sanction Decade（制裁の 10 年）………73

Security Council Report ………………………62

Silk Road 事件 ……………………………138, 139

SWIFT ………18, 45, 124, 125, 129, 132, 215, 227

UniCredit Banca ……………………………37

U.S.Person ……………………………………168

U.S. Person との関与 ………………………130

【ア行】

アジア決済同盟 ………………………………45

アパルトヘイト ……………………………90, 91

アフガニスタン（タリバーン・アルカイダ）……13

アルカイダ …………………………………80

アルカイダ・タリバーン制裁 ………………91

アル・ジェッダ事件 ……………199, 200-205, 207

アル・デュリミ事件 ………………………199, 202

アンゴラ（UNITA）………………………13

安保理決議 …………………………………124

イエメン ……………………………………13

域外適用 ……………………124, 129, 136, 138

意見書（Amicus Curiae Brief, アミカス・キュリエ・ブリーフ）………………………………137

イタリア ……………………………………37

イタリアの対アビシニア ……………………8

一般裁判所 …………………………………152

イラク ………………………………………13

イラクによるクウェート侵攻 ………………112

イラン ……………………………………13, 39

イラン・イスラム共和国シッピングラインズ …217

イラン核合意 ………………………………214

イラン制裁委員会 …………………………222

イラン中央銀行 ……………………………39, 42

イラン米国請求権裁判所の Hyatt International Corporation v. Government of the Islamic Republic of Iran 判決 ………………………40

イラン・リアル ………………………………44

インターネット …………………………153, 154

インターラーケン（・プロセス）I ………18, 75

インターラーケン（・プロセス）II ………18, 23, 75

インターラーケン・プロセス ……………17, 20

疑わしい金融取引 …………………………125

宇宙の平和的な利用 …………………………92

英国 HSBC 銀行 ……………………………129

役務取引 ……………………………………112, 121

エチオピア・エリトリア ……………………13

欧州委員会 ………………………………80, 163

欧州共同体裁判所 ……………………………80

欧州（EU）司法裁判所 ………………80, 91, 143

欧州人権裁判所 ………………………………91

欧州連合（EU）……………………………143

オーストラリア・グループ（Australia Group, AG）…………………………………………110

オンブズパーソン（Ombudsperson, OP）……14, 22, 61, 62, 82, 196-198, 201, 205, 208-210

【カ行】

外貨予算制度 ………………………………110

外国為替及び外国貿易法（外為法）…108, 128, 168

外為法の主務大臣 …………………………121

拡散金融（Proliferation Financing）………222

確認義務 ……………………………………114

革命防衛隊 …………………………………219

隠れた戦争（The Hidden War）……………125

仮想通貨 ……………………95, 117, 118, 139

仮想通貨ペトロ……………………48, 140
為替管理…………………………………110
監視機関……………………………………61
規則……………………………………145, 146
機体番号（Registration number）…………222
北朝鮮………………13, 15, 45, 114, 125, 139
北朝鮮に対する支払の原則禁止措置等……116
ギニアビサウ…………………………………13
基本権（人権）……………………………143
キャッチオール規制………………………110
救済法…………………………52, 55, 66
旧ユーゴスラビア……………………………13
強制執行からの免除……………………………43
共通外交安全保障政策（CFSP）…………145
共通の立場…………………………………146
共謀（conspiracy）………………………137
居住者と非居住者…………………………111
銀行法………………………………………129
金融活動作業部会（Financial Action Task Force,
　　FATF）……………………………116, 222
金融制裁……………………… 123-125, 140
金融の生態系（the Financial Ecosystem）……126
金融排除……………………………………138
クウェート侵攻…………………………88, 91
クラウドファンディング…………………117
軍事的措置……………………………………71
経済安全保障………………………120, 122
経済制裁…………………………………5, 8
経済的資源…………………………217, 218
経済的な対抗策……………………………137
ゲートキーパー………………24, 114, 119
決定………………………………………145, 146
権限委任……………………53, 54, 62, 64
権限を有する当局……………148, 150, 153, 155
原子力供給国グループ（Nuclear Suppliers Group,
　　NSG）……………………………………110
原子力の平和利用………………………………92
効果主義……………………………………136
航空法………………………………………108

公告国際テロリスト………………………116
コートジボワール……………………………13
国際機構（機関）の正統性………………21
国際協調……………………………………138
国際緊急経済権限法………………………170
国際金融システムの不安定化……………139
国際原子力機関（IAEA）………………131
国際司法裁判所……………………………137
国際責任法……………………………………64
国際組織法……………………………52, 66
国際テロリスト財産凍結法…………116, 128
国際法のフラグメンテーション…………207
国際連盟………………4, 5, 6, 8, 87
国内担保法…………………………………107
国連安保理……………………………………70
国連安保理決議……………………124, 131
国連の経済制裁…………………………………4
国家責任に関する条約草案作成審議………6
国家の単独の決定による経済制裁…………5
国家の単独の決定に基づく経済制裁………7
コルレス関係………………………………109
コンゴ民主共和国……………………………13
混合口座………………………………………43

【サ行】

サイバー攻撃………………………………122
財務省外国資産管理室（Office of Foreign Assets
　　Control, OFAC）…………126, 129, 168
裁量…………………………………… 63-65
サヤディ事件……………………………………80
作用法………………………51, 54, 63, 66
シエラレオネ…………………………………13
識別番号（IMO number）………………222
資金洗浄……………………………………96
資産（assets）………………………………19
資産凍結…………… 26, 35-37, 42, 43, 216
「資産」の範囲………………………………26
私人…………………………………………143
執行管轄権…………………………………138

事項索引　277

実効的司法的保護の権利·············153, 160
実質的支配者··174
支払···111
司法裁判所··152
司法省（DOJ）·····································136
資本逃避防止法······································109
資本取引···111
自由権規約委員会···································81
集権性···55, 63
集団安全保障·······························5, 21, 52
集団安全保障体制·································71
十分に強固な事実的基礎（a sufficiently solid
　factual bases）·····················149, 159
出入国管理及び難民認定法（入管法）·······108
シリア（ハリーリ元レバノン首相暗殺関与者）
　···13
シリア中央銀行·····································39
自律的制裁（autonomous sanction）·······145
スーダン···13
ストックホルム・プロセス（Stockholm Process）
　···75
スナップバック······································230
スマート・サンクション（smart sanctions）·····16,
　　17, 20, 25, 26, 50, 70, 132, 135
制限措置···145
制裁委員会·····························22, 58, 74, 144
制裁対象者（Specially Designated National, SDN）
　···129, 130
制裁の実効性·······················50, 51, 63, 65
制裁パネル··79
誠実協力義務································155, 156
正当な金融システム（Legitimate Financial System,
　LFS）···126
政府系ファンド·························34, 35, 39
専門家委員会····································57, 60
専門家機関··60
専門家パネル·············22, 23, 57, 60, 215, 219
戦略的説得（public suasion）·············127
総領事館···42

属人主義···································24, 129, 136
属地主義···24, 136
組織法·······························51, 53, 62, 66
ソマリア···13

【タ行】

ターゲット制裁···················215, 231, 232
第1カディ事件（Kadi I 事件）·······80, 144, 194,
　　197, 201, 203-206, 210
第1カディ上訴審判決····························25
第2カディ事件（Kadi II 事件）·········159, 163,
　　197, 198, 205, 206
対アルカイダ／ ISIL（ダーイシュ）制裁·······16
対アルカイダ金融制裁···························125
第一段階の合意（Joint Plan of Action, JPOA）
　···228
対イラン制裁··131
対イラン単独制裁·································132
対エリトリア制裁·································16
対外直接投資··112
対北朝鮮経済制裁·································16
対共産圏輸出統制委員会（Coordinating
　Committee for Multilateral Export Controls,
　COCOM）···110
対抗立法·······································124, 137
第三国制裁··145
大使館···42
対スペイン制裁······························12, 14
対内直接投資··112
第七勧告···223
対南アフリカ武器禁輸···························12
対南ローデシア経済制裁··················15, 16
大量破壊兵器（Weapons of Mass Destruction,
　WMD）·················92, 94, 97-99, 117
タジッチ事件··54
タミル・イーラム解放の虎（LTTE）·········152
タリバーン··80
タリバーン及びアルカイダ関係者·······114, 115
単独制裁···132

地下銀行······95
中央アフリカ······13
中央銀行······34, 35, 38
調達チャンネル（Procurement channel）······229
通貨主権······44
適正手続（due process of law）······91
デジタル法貨······140
デリスキング······126, 138, 180
テロリスト······115, 143, 146, 154, 160
統合国連安保理制裁リスト······220
同等の保護······157
独自制裁······226
特定技術の移転······111
特定船舶の入港の禁止に関する特別措置法（特定船舶入港禁止法）······108
特定通貨······44
取引先スクリーニング······172
取引フィルタリング······172
トリポリ······38

【ナ行】

ナダ事件······198-206
二次（的）制裁······129, 130, 142, 215
2層（two-tier）システム······147
人間の安全保障······74
ネーム・アンド・シェイム（name and shame）······80
狙い撃ち······17, 18, 24, 25, 50, 57, 65, 79
能力構築（capacity building）······96

【ハ行】

バーター取引······133, 224
ハイチ······13
ハッキング······139
ハマス······157
ハマス事件······144, 152
ハワラ······126, 224
犯罪による収益の移転防止に関する法律（犯収法）······177

汎用品（dual use item/material）······94
非軍事的措置······71
ビットコイン······95, 126, 139
非同盟諸国運動（Non-Aligned Movement, NAM）······88, 90
非リスト化（delisting）······59, 61, 62, 65, 81
ファラル······58
フィンテック······117, 118
フォーカル・ポイント······22, 62, 82, 196, 201, 204, 205, 209
武器禁輸······216
普及主義······136, 137
ブロックチェーン······124, 127, 139, 184
フロントカンパニー······95, 100
分権性······52, 55, 63
分析支援及び制裁監視チーム······22
米国 IEEPA······129
米財務省対外資産管理局······219
平成 29 事務年度 金融行政方針······119, 122
米ドルの覇権的地位······125
米ドル・コルレス口座······136
平和のための結集決議······11
ベネズエラ······48
ベルギー······45
防御権······153
貿易管理······110
法貨（法定通貨）······140
包括的共同行動計画（Joint Comprehensive Plan of Action, JCPOA）······134, 214
包括的禁輸措置······135
保守主義······136, 137
補償裁定事件······54
補助機関······49
ボン－ベルリン・プロセス（Bonn-Berlin Process）······75

【マ行】

マネー・ローンダリング及びテロ資金対策······117, 122

マリ·······································13
マルタ······································38
マルチ制裁スキーム ·················124, 128
ミサイル技術管理レジーム（Missile Technology
　Control Regime, MTCR）·············110
三菱東京 UFJ 銀行·······················129
南アフリカ·························88, 90, 91
南スーダン··································13
南ローデシア···························88, 90
南ローデシアに対し部分的経済制裁 ··········12

【ヤ行】

ユーゴスラビア共和国連邦（セルビア・モンテネ
　グロ）···································13
有事規制·····························109, 119
輸出管理···································110
横田··51

【ラ行】

リスト化（listing）·······25, 50, 59, 61, 62, 64, 79
リスト管理·····················59, 60, 62-64

リビア····································13, 35
リビア・アフリカ投資ポートフォリオ··········35
リビア外国銀行·····························35
リビア国営石油会社·························36
リビア住宅インフラ局·······················35
リビア中央銀行·····························35
リビア投資庁·······························35
リベリア····································13
旅行禁止···································216
ルワンダ····································13
連邦規則···································130
ロシア······································39
ロシア国営開発銀行·························39
ロシア制裁································159
ロシア直接投資ファンド·····················39
ロッカビー事件·······················88, 192

【ワ行】

ワッセナー・アレンジメント（Wassenaar Arrangement,
　WA）····································110
湾岸戦争····································88

条約・条文索引

EU 基本権憲章·················150, 153

安保理決議 253·······················108

安保理決議 661···················13, 112

安保理決議 687························42

安保理決議 748························193

安保理決議 1267·······14, 114, 116, 144, 194

安保理決議 1333························14

安保理決議 1373·······13, 96, 114, 116, 144

安保理決議 1390···················200, 201

安保理決議 1483···················202, 204

安保理決議 1540···················13, 96

安保理決議 1546···················199, 207

安保理決議 1695························15

安保理決議 1696························131

安保理決議 1718························15

安保理決議 1730························196

安保理決議 1737························132

安保理決議 1747························132

安保理決議 1803························132

安保理決議 1874························15

安保理決議 1904························14

安保理決議 1929························132

安保理決議 1970·················35, 37, 38

安保理決議 1973···················36, 37

安保理決議 1988························14

安保理決議 1989···················14, 196

安保理決議 2009························36

安保理決議 2094························45

安保理決議 2231···················134, 228

安保理決議 2253························14

安保理決議 2270························112

欧州人権条約·················150, 153

欧州連合条約·····················145

欧州連合の運営に関する条約·················145

外交関係ウィーン条約·························43

外国為替及び外国貿易法における主務大臣を定める政令（昭和 25 年総理府・大蔵省・通商産業省令第 1 号）第 1 条·········121

外為法第 5 条···················129, 141

外為法第 10 条 1 項·····················113

外為法第 16 条···················111, 128

外為法第 16 条 1 項···················112, 141

外為法第 17 条························114

外為法第 17 条の 2·····················114

外為法第 19 条···················112, 113

外為法第 19 条 1、2 項·····················113

外為法第 19 条 3 項·····················113

外為法第 20 条························111

外為法第 21 条························111

外為法第 23 条························112

外為法第 24 条························111

外為法第 25 条 1 項·····················111

外為法第 25 条 5、6 項·····················112

外為法第 26 条························112

外為法第 27 条························112

外為法第 55 条························113

外為法第 55 条の 3·····················113

外為法第 55 条の 5·····················113

外為法第 70 条等·····················129

外為法第 70 条 1 項 5 号·················114

核不拡散条約（NPT）·················131

規則 2580/2001·····················147

共通の立場 2001/931·················147

国際緊急経済権限法（International Economic Emergency Powers Act, IEEPA）·················128

国際テロリスト財産凍結法施行令第 4 条·····116

国際テロリスト財産凍結法第 9 条·················116
国際連盟規約···5, 7, 10
国際連盟規約第 16 条··7
国際連盟規約第 16 条 1 項·····························5
国際連盟規約第 16 条 3··································11
国連憲章·····································9, 71, 153
国連憲章第 2 条 4 項··································9
国連憲章第 5 条·······································10
国連憲章第 6 条·······································10
国連憲章第 10 条·····································12
国連憲章第 23 条 1 項·····························11
国連憲章第 23 条 2 項·····························9, 11
国連憲章第 24 条·····································89
国連憲章第 24 条 2 項·····························9
国連憲章第 25 条·····················10, 194, 200, 202
国連憲章第 27 条·····································11
国連憲章第 39 条·······································9
国連憲章第 41 条·····························9, 10, 87
国連憲章第 42 条·····································10
国連憲章第 43 条·····································10
国連憲章第 50 条·····································11
国連憲章第 103 条·······192, 194, 199, 200, 202, 203, 206-209

国連国家免除条約··································40
国家責任条文···40, 43
大統領令···130
大統領令 12170 号·····································39
大統領令 13465 号·····································44
大統領令 13590 号···································133
大統領令 13599 号·····································39
大統領令 13622 号···································133
大統領令（Executive Order）13694 号·······122
大統領令 13827 号·····································48
大統領令 E.O.13827 号·····························140
包括的イラン制裁責任剥奪法（Comprehensive Iran Sanctions, Accountability and Divestment Act 2010, CISADA）····························129
理事会決定 2012/35/CFSP··························39
リスボン条約···146
領事関係ウィーン条約 43
40 の勧告··117
2012 年の国防授権法（NDAA）··················226
1996 年イラン・リビア制裁法（Iran and Libya Sanctions Act of 1996、2004 年以降イラン制裁法、ISA）·····································132

執筆者紹介（担当章順）

吉村祥子（よしむら　さちこ）　編著者略歴参照

中谷和弘（なかたに　かずひろ）　東京大学大学院法学政治学研究科　教授

佐藤量介（さとう　りょうすけ）　成城大学法学部　専任講師

本多美樹（ほんだ　みき）　法政大学法学部　教授

石垣友明（いしがき　ともあき）　外務省国際協力局　気候変動課長／慶應義塾大学法学部　非常勤講師

福島俊一（ふくしま　しゅんいち）　財務省北海道財務局　金融監督官／前財務省国際局外国為替室長

久保田隆（くぼた　たかし）　早稲田大学大学院法務研究科　教授

柳生一成（やぎゅう　かずしげ）　広島修道大学国際コミュニティ学部　准教授

中雄大輔（なかお　だいすけ）　三菱東京 UFJ 銀行グローバル金融犯罪対策部マネー・ローンダリング防止対策室　チーフ・アドバイザー

加藤陽（かとう　あきら）　近畿大学法学部　准教授

鈴木一人（すずき　かずと）　北海道大学公共政策大学院　教授／元国連イラン制裁委員会専門家パネル委員

編集補助・資料作成者紹介

高田陽奈子（たかた　ひなこ）　京都大学大学院法学研究科博士後期課程　院生／日本学術振興会特別研究員

編著者紹介

吉村祥子（よしむら　さちこ）

　1991 年　国際基督教大学卒業
　1997 年　国際基督教大学大学院行政学研究科修了（学術博士）
　　　　　広島修道大学法学部講師を経て
　1998 年　広島修道大学法学部助教授／准教授
　2002 年　オックスフォード大学・コーパス・クリスティ・カレッジ／法学部客員
　　　　　研究員（2013 年まで）
　2008 年　広島修道大学法学部教授（2010 年まで）
　2010 年　関西学院大学国際学部教授（現在に至る）

主要著作　『国連非軍事的制裁の法的問題』(国際書院、2003 年)、川端正久・武内進一・
落合雄彦編著『紛争解決　アフリカの経験と展望』「アフリカの紛争と国連の経済
制裁」(ミネルヴァ書房、2010 年)、横田洋三編著『国際人権入門』(第 2 版)(共著、法律
文化社、2013 年)、渡部茂己・望月康恵編著『国際機構論　総合編』(共著、国際書院、
2015 年)、横田洋三監修『入門　国際機構』(共編著、法律文化社、2016 年) など

専攻　国際法、国際機構論

国連の金融制裁―法と実務

2018 年 8 月 30 日　初　版第 1 刷発行　〔検印省略〕

＊定価はカバーに表示してあります。

編著者 © 吉村祥子　発行者 下田勝司

印刷・製本／中央精版印刷株式会社

東京都文京区向丘 1-20-6　郵便振替 00110-6-37828
〒 113-0023　TEL 03-3818-5521 (代)　FAX 03-3818-5514

発　行　所
株式
会社 **東信堂**

Published by TOSHINDO PUBLISHING CO., LTD.

1-20-6, Mukougaoka, Bunkyo-ku, Tokyo, 113-0023 Japan

E-Mail：tk203444@fsinet.or.jp　http://www.toshindo-pub.com

ISBN978-4-7989-1490-9　C3032　©YOSHIMURA Sachiko

東信堂

国連の金融制裁 —法と実務	吉村祥子編著	三二〇〇円
国連行政とアカウンタビリティーの概念 —国連再生への道標	蓮生郁代	三二〇〇円
2008年アメリカ大統領選挙 —オバマの当選は何を意味するのか	吉野孝・前嶋和弘編著	二〇〇〇円
オバマ政権はアメリカをどのように変えたのか —支持連合・政策成果・中間選挙	吉野孝・前嶋和弘編著	二六〇〇円
オバマ政権と過渡期のアメリカ社会 —選挙、政党、制度、メディア、対外援助	吉野孝・前嶋和弘編著	二四〇〇円
オバマ後のアメリカ政治 —二〇一二年大統領選挙と分断された政治の行方	吉野孝・前嶋和弘編著	二五〇〇円
ホワイトハウスの広報戦略 —大統領のメッセージを国民に伝えるために	M・J・クマー 吉牟田剛訳	二八〇〇円
「帝国」の国際政治学 —冷戦後の国際システムとアメリカ	山本吉宣	四七〇〇円
アメリカの介入政策と米州秩序 —複雑システムとしての国際政治	草野大希	五四〇〇円
国際開発協力の政治過程 —国際規範の制度化とアメリカ対外援助政策の変容	小川裕子	四〇〇〇円
国際関係入門 —共生の観点から	黒澤満編	一八〇〇円
国際共生とは何か —平和で公正な社会へ	黒澤満編	二〇〇〇円
国際共生と広義の安全保障	黒澤満編	二〇〇〇円
国際交流のための現代プロトコール	阿曽村智子	二八〇〇円
聖書と科学のカルチャー・ウォー —概説 アメリカの「創造vs生物進化」論争	E・C・スコット著 鵜浦裕・井上徹訳	三六〇〇円
現代アメリカのガン・ポリティクス	鵜浦裕	二〇〇〇円
暴走するアメリカ大学スポーツの経済学	宮田由紀夫	二六〇〇円
揺らぐ国際システムの中の日本	柳田辰雄編著	二〇〇〇円
開発援助の介入論 —インドの河川浄化政策に見る国境と文化を越える困難	西谷内博美	四六〇〇円
資源問題の正義 —コンゴの紛争資源問題と消費者の責任	華井和代	三九〇〇円

〒 113-0023　東京都文京区向丘 1-20-6　　TEL 03-3818-5521　FAX03-3818-5514　振替 00110-6-37828
Email tk203444@fsinet.or.jp　URL:http://www.toshindo-pub.com/

※定価：表示価格（本体）＋税

東信堂

- 国際法新講〔上〕〔下〕　編集代表 田畑茂二郎　〔上〕二九〇〇円／〔下〕二七〇〇円
- ハンディ条約集〔二〇一八年版〕　編集代表 薬師寺・坂元・浅田　二六〇〇円
- 国際環境条約集〔第2版〕　編集代表 薬師寺・坂元・浅田　一五〇〇円
- 国際人権条約・宣言集〔第3版〕　編集代表 松井・富岡・田中・薬師寺・坂元・小畑・徳川　三八〇〇円
- 国際機構条約・資料集〔第2版〕　編集代表 香西・安藤・中村　三二〇〇円
- 判例国際法〔第2版〕　編集代表 松井芳郎　三八〇〇円
- 日中戦後賠償と国際法　浅田正彦　五二〇〇円
- 国際法〔第3版〕　浅田正彦編著　二九〇〇円
- 国際環境法の基本原則　松井芳郎編著　三八〇〇円
- 国際民事訴訟法・国際私法論集　高桑昭　六五〇〇円
- 国際機構法の研究　中村道　八六〇〇円
- 21世紀の国際法の研究　編集 薬師寺・桐山・西村　七八〇〇円
- 21世紀の国際法と海洋法の課題　田中則夫　六八〇〇円
- 国際海洋法の現代的形成　坂元茂樹編著　四六〇〇円
- 国際海洋法の理論と実際　坂元茂樹　四二〇〇円
- 条約法の理論と実際　坂元茂樹編著　六八〇〇円
- 国際立法 ——国際法の法源論　村瀬信也　六八〇〇円
- 国際海峡　小田滋　七六〇〇円
- 国際法/はじめて学ぶ人のための〔新訂版〕　松井芳郎　四八〇〇円
- 国際法から世界を見る ——市民のための国際法入門〔第3版〕　小田滋 R・フォーク　川崎孝子訳　六八〇〇円
- 21世紀の国際法秩序 ——ポスト・ウェストファリアの展望　小田滋　三八〇〇円
- 国際法と共に歩んだ六〇年 ——学者として 裁判官として　小田滋　二八〇〇円
- 小田滋・回想の法学研究　小田滋　三六〇〇円
- 小田滋・回想の海洋法　小田滋　三二〇〇円
- 国際規範としての人権法と人道法　大沼保昭　二四〇〇円
- 戦争と国際人道法 ——赤十字の歴史とあゆみ　井上忠男　三三〇〇円
- 人道研究ジャーナル5・6・7号　日本赤十字国際人道研究センター編　各二〇〇〇円
- プレリュード国際関係学　篠原梓　二四〇〇円
- 核兵器のない世界へ ——理想への現実的アプローチ　黒澤満 編　山本・下名・範久　二三〇〇円
- 軍縮問題入門〔第4版〕　黒澤満編著　二四〇〇円

〒113-0023　東京都文京区向丘1-20-6
TEL 03-3818-5521　FAX03-3818-5514　振替 00110-6-37828
Email tk203444@fsinet.or.jp　URL:http://www.toshindo-pub.com/

※定価：表示価格（本体）＋税

東信堂

国際刑事裁判所〔第二版〕	洪恵子・村瀬信也 編	四二〇〇円
武力紛争の国際法	村瀬信也 編	一四、二八六円
国連安保理の機能変化	真山全 編	二七〇〇円
海洋境界確定の国際法	村瀬信也 編	二八〇〇円
自衛権の現代的展開	江藤淳一 編	二八〇〇円
国連安全保障理事会―その限界と可能性	村瀬信也 編	三三〇〇円
集団安全保障の本質	松浦博司	三三〇〇円
貨幣ゲームの政治経済学	柏山堯司	四六〇〇円
相対覇権国家システム安定化論―東アジア統合の行方	柳田辰雄 編	二〇〇〇円
国際政治経済システム学―共生への俯瞰	柳田辰雄	二四〇〇円

〔現代国際法叢書〕

国際法における承認―その法的機能及び効果の再検討	王志安	一八〇〇円
国際社会と法	高野雄一	五二〇〇円
集団安保と自衛権	高野雄一	四三〇〇円
国際「合意」論序説―国際「合意」の法的拘束力を有しない「合意」について	中村耕一郎	四八〇〇円
法と力―国際平和の模索	寺沢一	三〇〇〇円

シリーズ《制度のメカニズム》

憲法と自衛隊―法の支配と平和的生存権	幡新大実	五二〇〇円
イギリス憲法I 憲政	幡新大実	二八〇〇円
イギリス債権法	幡新大実	三八〇〇円
根証文から根抵当へ	幡新大実	四二〇〇円
アメリカ連邦最高裁判所	大越康夫	一八〇〇円
衆議院―そのシステムとメカニズム	向大野新治	一八〇〇円
フランスの政治制度〔改訂版〕	大山礼子	二八〇〇円
イギリスの司法制度	幡新大実	二〇〇〇円
判例 ウィーン売買条約	井原宏・河村寛治 編著	二〇〇〇円
グローバル企業法	井原宏	四二〇〇円
国際ジョイントベンチャー契約	井原宏	三八〇〇円
		五八〇〇円

〒113-0023 東京都文京区向丘1-20-6　TEL 03-3818-5521　FAX03-3818-5514　振替 00110-6-37828
Email tk203444@fsinet.or.jp　URL:http://www.toshindo-pub.com/

※定価：表示価格（本体）＋税

東信堂

放射能汚染はなぜくりかえされるのか―地域の経験をつなぐ　藤川賢・除本理史編著　二〇〇〇円

原発災害と地元コミュニティ―福島県川内村奮闘記　鳥越皓之編著　三六〇〇円

東京は世界最悪の災害危険都市―日本の主要都市の自然災害リスク　水谷武司　二〇〇〇円

故郷喪失と再生への時間―新潟県への原発避難と支援の社会学　松井克浩　三二〇〇円

被災と避難の社会学　関礼子編著　二三〇〇円

多層性とダイナミズム―沖縄・石垣島の社会学　高木恒一・関礼子編著　二四〇〇円

豊田とトヨタ―産業グローバル化先進地域の現在　山口博史・岡村徹也・丹辺宣彦編著　六五〇〇円

社会階層と集団形成の変容―集合行為と「物象化」のメカニズム　丹辺宣彦　四六〇〇円

（アーバン・ソーシャル・プランニングを考える　全2巻）

世界の都市社会計画―グローバル時代の都市社会計画　橋本和孝・吉原直樹・藤田弘夫編著　二三〇〇円

都市社会計画の思想と展開　橋本和孝・吉原直樹・藤田弘夫編著　二三〇〇円

【現代社会学叢書より】

現代大都市社会論―分極化する都市？　園部雅久　三八〇〇円

インナーシティのコミュニティ形成―神戸市真野住民のまちづくり　今野裕昭　五四〇〇円

【地域社会学講座　全3巻】

地域社会学の視座と方法　似田貝香門監修　二五〇〇円

グローバリゼーション/ポスト・モダンと地域社会　古城利明監修　二五〇〇円

地域社会の政策とガバナンス　岩崎信彦・矢澤澄子監修　二七〇〇円

（シリーズ防災を考える・全6巻）

防災の社会学［第二版］―防災コミュニティの社会設計へ向けて　吉原直樹編　三八〇〇円

防災の心理学―ほんとうの安心とは何か　仁平義明編　三〇〇〇円

防災の法と仕組み　生田長人編　三〇〇〇円

防災教育の展開　今村文彦編　三二〇〇円

防災と都市・地域計画　増田聡編　続刊

防災の歴史と文化　平川新編　続刊

〒113-0023　東京都文京区向丘1-20-6　　TEL 03-3818-5521　FAX03-3818-5514　振替 00110-6-37828

Email tk203444@fsinet.or.jp　URL:http://www.toshindo-pub.com/

※定価：表示価格（本体）＋税

東信堂

放送大学に学んで —未来を拓く学びの軌跡　放送大学中国・四国ブロック学習センター編　二〇〇〇円

ソーシャルキャピタルと生涯学習　J・フィールド　矢野裕俊監訳著　二五〇〇円

成人教育の社会学—パワー・アート・ライフコース　高橋満編著　三二〇〇円

NPOの公共性と生涯学習のガバナンス　高橋満　二八〇〇円

コミュニティワークの教育的実践　高橋満　二〇〇〇円

学級規模と指導方法の社会学—実態と教育効果　山崎博敏　三二〇〇円

高等専修学校における適応と進路—後期中等教育のセーフティネット　伊藤秀樹　四六〇〇円

「夢追い」型進路形成の功罪—高校改革の社会学　荒川葉　二八〇〇円

進路形成に対する「在り方生き方指導」の功罪—高校進路指導の社会学　望月由起　三六〇〇円

教育から職業へのトランジション—若者の就労と進路職業選択の社会学　山内乾史編著　二六〇〇円

教育と不平等の社会理論—再生産論をこえて　小内透　三三〇〇円

マナーと作法の社会学　加野芳正編著　二四〇〇円

マナーと作法の人間学　矢野智司編著　二〇〇〇円

《シリーズ 日本の教育を問いなおす》

拡大する社会格差に挑む教育　西村和雄・大森不二雄編　二四〇〇円

混迷する評価の時代—教育評価を根底から問う　西村和雄・大森不二雄　倉元直樹・木村拓也編　二四〇〇円

教育における評価とモラル　倉元直樹・木村拓也編　二四〇〇円

《大転換期と教育社会構造：地域社会変革の学習社会論的考察》戸瀬信之編

第1巻 教育社会史—日本とイタリアと　小林甫　七八〇〇円

第2巻 現代的教養 I—生活者生涯学習の地域的展開　小林甫　六八〇〇円

第3巻 現代的教養 II—技術者生涯学習の生成と展望　小林甫　六八〇〇円

第3巻 学習力変革—地域自治と社会構築　小林甫　近刊

第4巻 社会共生力—東アジアと成人学習　小林甫　近刊

〒 113-0023　東京都文京区向丘 1-20-6　　TEL 03-3818-5521　FAX03-3818-5514　振替 00110-6-37828
Email tk203444@fsinet.or.jp　URL:http://www.toshindo-pub.com/

※定価：表示価格（本体）＋税

東信堂

責任という原理――科学技術文明のための倫理学の試み〔新装版〕
　　H・ヨナス／加藤尚武監訳　四八〇〇円

主観性の復権――心身問題から『責任という原理』へ
　　H・ヨナス／盛永・木下・馬渕・山本訳　四八〇〇円

ハンス・ヨナス『回想記』
　　H・ヨナス／宇佐美・滝口訳　二〇〇〇円

生命の神聖性説批判
　　H・クーゼ著／飯野・石川・小野谷・片桐・水野訳　四六〇〇円

生命科学とバイオセキュリティ――デュアルユース・ジレンマとその対応
　　四ノ宮成祥・河原直人編著　二四〇〇円

医学の歴史
　　今井道夫監訳　四六〇〇円

安楽死法：ベネルクス3国の比較と資料
　　石渡隆司訳　二七〇〇円

死の質――エンド・オブ・ライフケア世界ランキング
　　盛永審一郎監修　一二〇〇円

バイオエシックスの展望
　　丸祐一・小野谷加奈恵・飯田亘之訳　三二〇〇円

生命の問い――生命倫理学と死生学の間で
　　松坂・浦井・悦子編著　三三〇〇円

生命の淵――バイオシックスの歴史・哲学・課題
　　大林雅之　二〇〇〇円

今問い直す脳死と臓器移植【第2版】
　　大林雅之　二〇〇〇円

キリスト教から見た生命と死の医療倫理
　　澤田愛子　二〇〇〇円

動物実験の生命倫理――個体倫理から分子倫理へ
　　浜口吉隆　二三八一円

医療・看護倫理の要点
　　大上泰弘　四〇〇〇円
　　水野俊誠　二〇〇〇円

テクノシステム時代の人間の責任と良心
　　H・レンク／山本・盛永訳　三五〇〇円

原子力と倫理――原子力時代の自己理解
　　小笠原道雄編　一八〇〇円

科学の公的責任――科学者と私たちに問われていること
　　小Th・リット／小笠原・野平編訳　一八〇〇円

歴史と責任――科学者は歴史にどう責任をとるか
　　小Th・リット／小笠原・野平訳　一八〇〇円

〔ジョルダーノ・ブルーノ著作集〕より

カンデライオ
　　加藤守通訳　三二〇〇円

原因・原理・一者について
　　加藤守通訳　三二〇〇円

傲れる野獣の追放
　　加藤守通訳　四八〇〇円

英雄的狂気
　　加藤守通訳　三六〇〇円

ロバのカバラ――ジョルダーノ・ブルーノにおける文学と哲学
　　N・オルディネ／加藤守通監訳　三六〇〇円

〒113-0023　東京都文京区向丘1・20-6
TEL 03-3818-5521　FAX03-3818-5514　振替 00110-6-37828
Email tk203444@fsinet.or.jp　URL:http://www.toshindo-pub.com/
※定価：表示価格（本体）＋税

東信堂

オックスフォード キリスト教美術・建築事典 … P&L・マレー著／中森義宗監訳 … 三〇〇〇円

イタリア・ルネサンス事典 … J・R・ヘイル編／中森義宗監訳／P・デューロ他 … 七八〇〇円

美術史の辞典 … 中森義宗・清水忠訳 … 三六〇〇円

涙と眼の文化史——中世ヨーロッパの標章と恋愛思想 … 徳井淑子訳 … 三六〇〇円

青を着る人びと … 伊藤亜紀 … 三五〇〇円

社会表象としての服飾——近代フランスにおける異性装の研究 … 新實五穂 … 三六〇〇円

新版 ジャクソン・ポロック … 藤枝晃雄 … 三六〇〇円

西洋児童美術教育の思想 … 前田茂監訳／要真理子監訳 … 三六〇〇円

ロジャー・フライの批評理論——知性と感受性の間で … 要真理子 … 四二〇〇円

ドローイングは豊かな感性と創造性を育むか？ … 荻野厚志編著 … 二八〇〇円

レオノール・フィニ——境界を侵犯する新しい種 … 尾形希和子 … 二八〇〇円

バロックの魅力 … 小穴晶子編 … 二六〇〇円

美を究め美に遊ぶ——芸術と社会のあわい … 小穴晶子編 … 二八〇〇円

日本人画工 牧野義雄——平治ロンドン日記 … ますこ ひろしげ … 五四〇〇円

書に想い 時代を讀む … 河田悌一 … 一八〇〇円

〔世界美術双書〕

バルビゾン派 … 井出洋一郎 … 二〇〇〇円

キリスト教シンボル図典 … 中森義宗 … 二〇〇〇円

パルテノンとギリシア陶器 … 関隆志 … 二三〇〇円

中国の版画——唐代から清代まで … 小林宏光 … 二三〇〇円

象徴主義——モダニズムへの警鐘 … 中村隆夫 … 二三〇〇円

中国の仏教美術——後漢代から元代まで … 久野美樹 … 二三〇〇円

セザンヌとその時代 … 浅野春男 … 二三〇〇円

日本の南画 … 武田光一 … 二三〇〇円

画家とふるさと … 小林忠 … 二三〇〇円

ドイツの国民記念碑——一八一三— … 大原まゆみ … 二三〇〇円

日本・アジア美術探索——一九一三年 … 永井信一 … 二三〇〇円

インド、チョーラ朝の美術 … 袋井由布子 … 二三〇〇円

古代ギリシアのブロンズ彫刻 … 羽田康一 … 二三〇〇円

〒113-0023 東京都文京区向丘1-20-6　TEL 03-3818-5521　FAX03-3818-5514　振替 00110-6-37828
Email tk203444@fsinet.or.jp　URL:http://www.toshindo-pub.com/

※定価：表示価格（本体）＋税